北京第二外国语学院
BEIJING INTERNATIONAL STUDIES UNIVERSITY

2019 中国“一带一路”人文与外交发展报告

Annual Report on Cultural Diplomacy of China's Belt and Road Initiative in 2019

主编 / 梁昊光　张耀军

丝路文库

世界知识出版社

PREFACE

前　言

顺应时代变革内在需求的“一带一路”国际合作倡议，为完善全球治理体系提供了新思路、新方案。作为一项具有深厚历史渊源和文化底蕴的世纪工程和国际倡议，人文交流有利于建立和巩固中外友好关系，能使世界更好地认识中国、理解中国，更好地与中国建立友谊，也为文化的创新发展带来了全新的机遇和空间，是共建“一带一路”不可或缺的重要组成部分，日益成为近年来中国特色大国外交引人注目的新课题之一，也是“一带一路”领域专家学者热议的议题之一。本书从推动我国文化强国建设、世界文明交流互鉴的站位出发，以多维视角聚焦“一带一路”人文交流发展现状、面临的机遇与挑战及实践路径，力求为开展“一带一路”人文交流、促进沿线国家民心相通建言献策。全书由“总报告”“综合篇”“国别区域篇”“语言篇”“产业篇”五大部分组成，主题明确，内容丰富，逻辑缜密，文风清新。

“总报告”深入探讨了“一带一路”人文交流对构建人类命运共同体、推动中华文化国际传播、促进国家总体对外交往的重大意义，在深入解读“一带一路”人文交流发展现状、成就和面临挑战的基础之上，重点阐述了开展“一带一路”人文交流需要妥善处理的中外文化、传统文化与现代文化、文化自信与文化互尊、官方人文外交与民间人文往来等几组重要关系，指出“一带一路”人文交流具有复杂性、细致性与长期性的特点，详细解析了进一步推进“一带一路”人文交流的具体实践路径，包括坚定文化自信、弘扬传统文化、做强文化产业、推进数字文化、促进语言互通、加强话语建设等。

“综合篇”重点对“一带一路”人文环境风险进行量化分析与评估，以东南亚、南亚、中东地区人文环境为蓝本，以政治环境、经济环境、社会环境、海盗及恐怖主义风险为影响因子，并引入云模型理论，系统梳理了影响“21世纪海上丝绸之路”安全环境的主要因子，对“21世纪海上丝绸之路”沿线国家的人文环境风险进行了定量评估。相关研究有助于实现定量数值与定性概念之间的相互转换，度量了评估的不确定性与可预期性。本书分析认为，海上丝绸之路人文环境面临较高的动态性、复杂性和不确定性，需要在开展相关合作时予以密切关注。

“国别区域篇”集中研究了中国与泰国、日本、中东欧、澜沧江—湄公河地区开展的人文交流，阐述了中国与上述国家和地区人文交流所取得的进展及成就，深入总结了双边及地区间人文交流的特点与成因，全面探讨了人文交流过程中遇到的挑战与瓶颈，并尝试提供深化中国与相关国家及地区人文交流的对策与建议，为进一步提升中国与相关国家和地区人文交流合作水平，助力形成全方位、多层次、多领域人文交流格局贡献力量。本书认为，人文交流作为“一带一路”建设的重要抓手，不仅为“一带一路”沿线国家交往提供了新的合作领域，也为推动构建“人类命运共同体”理念的实现积累了有益的国别和区域人文交流经验。

“一带一路”倡议涉及众多国家，有着多样化的语言需求。语言沟通对“一带一路”倡议深入推进、“五通”实现和国家人文外交等方面有着重要的作用。“语言篇”重点关注“一带一路”话语权、旅游语言服务、非通用语人才培养、跨境民族语言等问题。在人文交流过程中，中国如何扮演好“首倡者”角色，特别是在当今“西方话语体系”占主导的背景下，如何打破西式思维在社会行为传统与意识价值判断领域的“垄断”，建立独具本土化与中国特色的新型传播话语体系与价值判断标准，是摆在“一带一路”国际合作面前的一道新课题，也是决定“一带一路”国际合作未来走向与成败的关键所在，本书将着力研究并试图解决这一问题。针对旅游服务语言存在普通话运用不规范、多语种语言翻译不当、口头解说语言欠严谨等问题，本书梳理中国“一带一路”沿线景区旅游语言服务标准化现状，剖析了中国“一带一路”景区旅游服务语言标准化过程中存在问题的原因，并就此提出相关建议，以提高旅游服务语言文化的传播效能。

“产业篇”关注“一带一路”数字文化产业、文化旅游、体育交流合作等。其深入梳理了“一带一路”与中国文化产业发展之间的关系，认为部分国家经济转型的需要、差异化的文化消费需求、沿线交通枢纽的发展以及大型金融体系的支撑等为中国文化产业在“一带一路”沿线发展提供了机遇。而数字文化产业的高渗透率和传播力，能够增进各国人民彼此间的文化认知，有利于消除偏见、增进共识，促进民心相通，同时也可释放巨大的市场需求并带动对外投资与贸易合作，为沿线各国的经济结构调整与转型提供契机。本书在此基础上提出利用国际关系、政策、资金等机遇，从管理体系、基础设施建设和产业发展互联互通等方面入手，推动构建文化产业共同体，加大“走出去”与“引进来”力度，精选文化产业合作共赢模式，形成差异化文化产业生态圈，构建文化产业的安全机制及其评估体系等，助力打造中国文化产业升级版和国际版。

此外，本书还从历史遗产视角研究了“一带一路”国际合作中国家形象的构建问题，探讨了“一带一路”国际合作与北京对外文化贸易外部环境之间的关系，解析了丝绸之路古契约遗存所带来的当代启示，研讨了“一带一路”视域下我国民族音乐走出去的路径选择等，为“一带一路”人文交流提供了丰富的背景资料、深入的学理分析和对策建议。

CONTENTS

目 录

第一部分 总报告

第二部分 综合篇

第三部分 国别区域篇

第四部分 语言篇

第五部分 产业篇

第一部分

总 报 告

张耀军　张彦中①

“一带一路”人文交流发展现状、面临挑战及实践路径

内容介绍

〔摘　要〕“一带一路”人文交流对构建人类命运共同体、推动中华文化国际传播、促进国家总体对外交往均具重大意义。本报告在深入解读“一带一路”人文交流发展现状和面临挑战的基础之上，重点阐述了开展“一带一路”人文交流需要妥善处理的重要关系，详细解析了进一步推进“一带一路”人文交流的具体实践路径。

〔关键词〕“一带一路”人文交流；人类命运共同体；中华文化国际传播；国家总体外交

---

①　张耀军，北京第二外国语学院中国“一带一路”战略研究院研究员；张彦中，黑龙江省大庆市肇源县委党校副教授。本文系北京市社科基金研究重点项目《北京文化“一带一路”国际传播战略路径研究》（18JDZGA003）阶段性成果。本文受北京市科技重大专项项目(Z171100004417032)、北京市朝阳区文化创意产业与旅游产业融合发展研究项目（410049）资助。

党的十九大报告强调要加强中外人文交流，且需"以我为主、兼收并蓄"。中外人文交流是党和国家对外工作的重要组成部分，是夯实中外关系社会民意基础、提高我国对外开放水平的重要途径。党的十八大以来，以习近平同志为核心的党中央高度重视人文交流工作，中外人文交流事业蓬勃发展，谱写了新的宏伟篇章，为推进我国对外开放事业做出了重要贡献，有力推动了全球范围内的人文交流与文明互鉴。①

"一带一路"既是我国倡议的一项合力推进全球发展的世纪工程，也是一项促进沿线国家人文交流与文明互鉴的重大举措。五年来，习近平同志在"一带一路"国际合作高峰论坛开幕式、上海合作组织成员国元首理事会第十八次会议和会见联合国教科文组织（UNESCO）总干事等多个重要外事场合中指出，尽管文明冲突、文明优越等论调不时沉渣泛起，但文明多样性是人类进步的不竭动力，要树立平等、互鉴、对话、包容的文明观，推动各国相互理解、相互尊重、相互信任；"一带一路"倡议既要促进共同发展，也要促进民心相通，要将"一带一路"建成文明之路，以文明交流超越文明隔阂、文明互鉴超越文明冲突、文明共存超越文明优越，在沿线国家民众中形成一个相互欣赏、相互理解、相互尊重的人文格局。

一、"一带一路"人文交流意义重大

从世界发展大势看，当今世界正处于大发展、大变革、大调整时期，世界多极化、经济全球化、社会信息化、文化多样化深入发展。世界上各种文化思潮相互激荡，交流交融交锋愈益频繁，文化在一国综合国力竞争中的地位和作用日益凸显，文化影响比以往任何时期都更具广泛而深远的意义。一些发达国家利用先发优势积累的文化话语权试图对他国进行文化渗透，针对别国文化、价值观和意识形态进行"软攻击"，企图制造并维系"文化霸权主义""文化殖民主义""文化沙文主义"等，固化旧有世界文化格局。2008年国际金融危机以来，美欧社会主流价值观动摇，逆全球化思想泛滥，民粹主义思潮兴起，文明歧视、文明偏见、文明冲突、文明

---

① 《关于加强和改进中外人文交流工作的若干意见》[载《人民日报》，2017年12月22日，第1版]。

对抗、文明优越感、文明不容忍等现象呈现高发态势。与此同时，科技进步、文化产业兴盛、文化贸易合作等也给国际人文交流合作提供了新的机遇。“一带一路”横跨欧亚非洲，穿越多个文化区域，文化交错是其最明显的标志。开展“一带一路”人文交流有助于使文明交流互鉴成为增进各国人民友谊的桥梁、推动人类社会文明进步的动力、维护世界和平发展的纽带；有助于提升“一带一路”人文交流理论建设，弱化或抵消西方“文化霸权主义”“文明冲突论”等对“一带一路”人文交流与合作的干扰，减少文化差异带来的文化折扣，避免文化焦虑造成的文化休克，占领全球文化治理和人文外交理论和道义的制高点；有助于营造良好的国际政治实践氛围，实现对传统国际关系的超越，形成多元共生、多态共融的文明交流格局和天下一家的归属感。

从中华文化国际传播看，习近平总书记指出，任何一个大国的发展进程，既是经济总量、军事力量等硬实力提高的进程，也是价值观念、思想文化等软实力提高的进程。当前，我国的综合实力和国际地位大幅提升，但世界文化格局和国际舆论场域中的“西强我弱”态势尚未根本改变，仍然存在着信息流进流出的“逆差”，中国真实形象和西方主观印象的“反差”，软实力和硬实力的“落差”。随着“一带一路”进入精耕细作阶段以及中国与外部世界的互动愈加频密，希望更加全面深入透彻了解中国发展道路、制度、理念的外国人士越来越多。加大“一带一路”人文交流力度，有助于对外展示中华文化“多元一体、兼容并包”的“和合”特色，推动中华文化真正走出去、走进去，不断扩大在世界人文领域的“朋友圈”，提升中华文化的国际话语权和影响力、吸引力、感召力，为我国发展营造更加良好的外部环境；有利于为中华优秀文化国际传播开辟新的路径，为我国与“一带一路”沿线国家人文交往探索新的模式，加强中华文化与世界各国文化之间的交流互鉴，并由此进一步提升中国国家形象和软实力。

从国家总体对外交往看，人文交流自古以来便是国际交往不可或缺的重要组成部分，古代希腊文明、罗马文明、波斯文明以及中国文明等都十分重视人文因素在对外交往中的重要作用。近代以来，人文交流在一国外交全局中的作用进一步凸显，世界主要国家纷纷推出人文战略，打造文化品牌，如英国文化委员会、法国法语联盟、德国歌德学院、西班牙塞万提斯学院、美国富布莱特等项目在其国家总体外交中的作用逐步扩大，在全球范围建立了有关语言教学、教育培训、文化交流、国际服务等人文交流网络。由此可见，人文交流已经成为世界各国普遍重视的国家战略。① 近年来，我国全面推进构建全方位、多层次、立体化的中国特色大国外交布局，在塑造国家形象、开展对外交往、增强中国国际话语权等方面发挥了不可或缺的作用。中国文化始终坚信“以利相交，利尽则散；以势相交，势去则倾；惟以心相交，方成其久远”。中外人文交流实质在于做人心沟通工作，它能够拉近交往国家普通民众心灵距离，增进彼此相互理解与信任，减少相互误解和疑虑，有利于夯实国与国之间关系的民意基础，有利于在日益复杂的国际形势下以更加自信开放、积极主动的姿态与世界展开深度互动。周恩来总理曾将文化交流和经贸交流视作政治外交的“两翼”，没有文化交流和经贸交流，政治外交就会失去左膀右臂。② “一带一路”国际合作为传承文化传统、交流人文情感、互通文化资源提供了崭新平台，人文交流则为“一带一路”可持续发展增添鲜活动力。在当前对外人文交流已经成为新时代中国特色大国外交重要组成部分的背景下，在政治互信、经贸合作两轮驱动的基础上，进一步发挥好“一带一路”人文交流这一“助推器”的独特作用，将为我国总体外交和改革开放事业顺利实施提供民心相通的“润滑剂”。

二、“一带一路”人文交流成效显著

党的十八大以来，在以习近平同志为核心的党中央领导下，中外人文交流以构建新型国际关系、构建人类命运共同体为引领，秉持“天下一家”、和合共生的中华优秀人文理念，既把握各种文明交流互鉴的大势，又重视不同思想文化相互激荡的现实，走出了一条具有鲜明中国特色的人文交流之路，加快中华文化走出去的步伐，国家软实力进一步提升。“一带一路”人文交流作为中国特色人文交流工作的重要组成部分，取得了显著成效。

① 柴如瑾,《中外人文交流的新方向》[载《光明日报》2018年2月8日，第6版]。

② 同上。

1. 加强顶层设计

中共中央办公厅、国务院办公厅2017年印发了《关于加强和改进中外人文交流工作的若干意见》。这是党和国家首次针对中外人文交流工作制定专门文件，为新时代中外人文交流确立了新方向，为更好发挥包括“一带一路”在内的中外人文交流机制在党和国家对外工作中的重要作用提供了根本遵循，指明了前进方向。此外，中共中央办公厅、国务院办公厅还印发了《国家“十三五”时期文化发展改革规划纲要》，中央全面深化改革领导小组第30次会议审议通过了《关于加强“一带一路”软力量建设的指导意见》，文化部对外发布了《“一带一路”文化发展行动计划（2016-2020）》等，为“一带一路”人文交流在政策、资金、机制、人才等方面提供了有力支撑。随着顶层设计的不断完善，“一带一路”人文交流内涵外延充分扩展，“一带一路”人文交流明显提速，中华文化国际影响力进一步提升，国际传播能力大幅提高。

2. 完善体制机制

5年来，我国与“一带一路”参与国家建立起形式多样、内容丰富的人文交流合作机制，人文交流共识不断增多，渠道更加畅通，平台更加多元，内容形式更加丰富。先后推动建立了中俄、中美、中欧、中英、中法、中印（尼）、中南（非）、中德等8个副总理级的高级别人文交流机制，通过搭建高水平人文对话平台、实现定期互访交流等方式促进人文交流。我国已与“一带一路”沿线国家全部签订政府间文化交流合作协定，在51个沿线国家设立了134所孔子学院和130个中小学孔子课堂，与53个沿线国家建立起734对友城关系，与24个沿线国家签订学历学位互认协议，与24个沿线国家实现公民免签或落地签，与沿线12个国家建有34条跨境路揽和多条国际海缆，与43个“一带一路”沿线国家实现空中直航，每周约4500个航班。中国政府每年向相关国家提供1万个政府奖学金名额，地方政府也设立了丝绸之路专项奖学金，鼓励国际文教交流。

3. 拓展领域活动

5年来，我国与“一带一路”参与国家在教育、科技、文化、卫生、旅游、体育等广泛领域开展了丰富多彩的人文交流合作。相关国家互办文化年、旅游年、艺术节、影视桥、研讨会、图书展、体育赛事、智库对话等多项活动，人才交流、版权合作、联合制作、合作出版、资本合作等创新合作方式持续推动汉语热、中医热、武术热的涌现。多层次、多领域的“一带一路”人文交流拉近了心与心的距离，得到越来越多国家的支持和积极参与，为沿线各国民众友好交往和商贸往来带来了便利和机遇。以旅游为例，近年来，随着国际出入境旅游以及文化旅游交流年、主题旅游年等的开展，旅游已成为“一带一路”跨文化交流的重要体现形式。这些以旅游为载体和平台的跨文化交流活动，不仅促进了文化旅游融合发展，而且助推中国文化走向世界，在文化交流中塑造中国国际形象，提升中国国际影响力。再以留学生为例，2017年共有48.92万名外国留学生在中国高校学习，其中来自“一带一路”沿线国家的留学生高达31.72万人，占比64.85%。2017年，中国图书版权输出89个国家和地区，其中越南、印度、黎巴嫩、泰国、马来西亚、俄罗斯等15个“一带一路”沿线国家成为我国版权输出主要国，总计输出4000多个品种，占比37%。

4. 树立交流品牌

文化品牌是提升国家文化软实力的重要手段。“一带一路”是推动中国文化产品向中国文化品牌转变的新平台。5年来，我国重点支持汉语、中医药、武术、美食、节日民俗及其他非物质文化遗产等代表性项目走出去，已经形成一批具有中国特色、国际影响的标志性人文交流品牌，中国文化品牌的国际传播力和吸引力显著提升。目前，我国已在“一带一路”沿线国家设立17个“中国文化中心”。该中心通过举办面向主流、贴近民众生活的各类活动，不断深化文化交流内涵，扩大交流影响，已成为巩固和增进我国与驻在国友好关系的平台。在教育领域，中国—东盟教育交流周、中亚国家大学校长论坛、中欧教育政策智库论坛等重要交流平台相继建立。5年来，丝绸之路电影节、金砖电影节、上合电影节等相继发起，电影作为时下最为流行的国际传播媒介，正成为人文交流的黏合剂和闪亮的国家名片。敦煌文博会则是目前我国唯一以“一带一路”国际文化交流为主题的综合性博览会，品牌效应逐步显现。我国与希腊共同发起“文明古国论坛”，参与“世界文化发展论坛”“首届世界人文大会”等跨文化人文交流品牌活动。总体看，讲好中国文化品牌故事的意识不断增强，人文交流品牌发展助推我国文化软实力不断提升。

三、“一带一路”人文交流面临的挑战

人文交流重在提升国家形象，而国家形象则是一种自我认知与他者认知的复合建构，具有多元、多维、多态的复杂特征。比如，2015年度中国国家形象全球调查分析报告显示，在海外受访者心目中，中医、武术和中餐是中华文化最具代表性的3张名片，而在日本、韩国等东亚国家中，“孔子、儒家思想”则被视为中国文化的代表。可见，不同受众群体对中华文化内在意涵有着差别化的认知。再如，对“一带一路”倡议的认识，中国的出发点在于以共商共建共享原则推动国际发展合作，而一些西方媒体却刻意将其视为中国谋求地缘政治优势的工具。

国际层面上，“一带一路”人文交流和中华文化国际传播面临着全球地缘政治文化差异以及西方凭借军事科技实力优势业已构建的文化霸权主义、信息帝国主义和媒介西化等的挑战。西方骨髓中的文明冲突、冷战思维、零和博弈等陈旧观念及其制造的“现代朝贡体系论”“中国版马歇尔计划论”“中国掠夺资源论”“中国新殖民主义”等政治疑虑和文化猜忌，一定程度上影响着“一带一路”人文交流发展。为此，需要深入研究“一带一路”沿线多元文化之间可能的碰撞、冲突甚至对峙现象及其对“一带一路”参与国家经济社会发展、文化交流合作的影响，从理论和战略高度提出应对之策。

国内层面上，我国对外人文交流虽然不断扩大，但有效的人文沟通依赖于经贸合作现实问题的合理解决。我国在开展人文交流过程中还存在诸如“重传统、轻当代”“重数量、轻质量”“重发达国家、轻发展中国家”“重双边、轻多边”“重国别、轻区域”“重精英、轻大众”“重官方、轻民间”等问题。对外话语体系建设尚待加强，价值的高度、话语的力度、共鸣的深度尚待挖掘。文化走出去还存在资源和项目同质化及扎堆现象，统筹协调尚需加强。总体看，“一带一路”人文交流目前仍处爬坡过坎阶段。

四、开展"一带一路"人文交流需要妥善处理的几组关系

1. 文化的多样性与共同性之间的关系

世界上有200多个国家和地区、2500多个民族和1万多种宗教。人类文明多样性是世界的基本特征，也是人类进步的源泉。UNESCO将文化多样性定义为各群体和社会借以表现其文化的多种不同形式。随着"一带一路"经贸产能合作、基础设施互联互通的不断推进，沿线国家之间的交流互动成为常态，各种文化群体之间的价值观念相互影响、碰撞、交融不可避免。文化的多样性与共同性不是简单的对立关系，而是一般与特殊、共性与个性的一体并行关系。文化的共同性是各国家、各民族、各地区文化普遍具有的属性；文化的多样性体现为各国家、各民族、各地区文化的独特性。对待"一带一路"参与国家文化，要承认其存在的客观性、包容其差异性，惟其如此才能使各国文化百花齐放、百家争鸣，始终充满融合互鉴的潜力和生机。"一带一路"人文交流要在留意文明异质性的前提下做好文明互鉴，既不能深陷某一文化中心主义的窠臼，也不能落入文化部落主义的泥潭。为此，开展"一带一路"人文交流要坚持因地制宜、因国施策，针对各国文化因其地理位置、资源禀赋、历史渊源的不同所带来的特色和差异，坚持精准施策，不搞"一刀切"，不搞统一模式。总体而言，要在立足文化共同性的基础之上，尊重沿线国家文化的多样性；尊重文化多样性，就要尊重不同民族文化的价值选择，尊重各国根据自身国情选择的适合自己国家的文化发展和人文交流道路。

2. 中华文化独立性与包容性的关系

中华优秀传统文化历经数千年传承，具有独特的包容性与应变调适能力，蕴含着丰富的思想价值、精神意蕴和道德理念，仍然对现代社会治理、国家治理、全球治理有着丰富的智慧启迪和借鉴意义。在全球化时代，我们仍需坚守中华文化，推动其实现创造性转化和创新性发展。而世界每种文化都有其独特魅力和深厚底蕴，都是人类的精神瑰宝。一种文化若要生生不息必须不断吸收借鉴外来文化并使其成为自身文化的有机组成部分。"一带一路"人文交流要处理好坚守中华文化传统与吸收世界优秀文

化的关系，既对自己文化更新转化，也对外来文化消化吸收；既拓展世界视野，以开放的胸襟面对世界文明的多样性，以包容精神吸收借鉴各国优秀文明成果，又增强文化自觉，深深植根于本民族文化，呵护好中华优秀传统文化，维护好我们在世界民族之林中独特的文化标识。文化的独立性源自文化的地域性和民族性，但文化独立性不是民族保守主义、民粹排外主义，更不是变相谋求民族文化霸权主义。任何文化自信和文化自觉强化无不是对“文化自大”“文化自卑”两种极端心态的抛弃。正如习近平同志所指出的，不同文明凝聚着不同民族的智慧和贡献，没有高低之别，更无优劣之分。文明之间要对话，不要排斥；要交流，不要取代。以此创造“文明交流、文明互鉴、文明共存”的新型文明观。而“一带一路”建设参与国家因其自然地理条件、劳动生产方式、民族风俗习惯、经济社会发展等因素的差异形成了各具特色的本土文化，为文明交流互鉴、融合创新发展提供了必要的先决条件。

3. 加强文化自信与遵循平等互尊的关系

“一带一路”沿线国家文化各异，本土文化与外来文化、传统文化与现代网络文化、主流文化与非主流文化、城市文化与农村文化、精英文化与大众文化等文化形态均有体现，错综复杂。通常而言，强国文化往往也表现出一种强势文化，对弱势文化形成一种威压态势。在近代以来的世界性文化交流中，经济军事实力强大的国家往往表现出一种文化强国心态，有的甚至蔑视其他民族的文化，并在文化输出方面出现“文化顺差”；相反，经济军事落后国家则容易出现文化自卑心态。[①] 人文交往是一个双向互动的发展过程。德国哲学家哈贝马斯认为，“不同文化类型应当超越各自传统的生活形式的基本价值局限，作为平等的对话伙伴相互尊重，并在一种和谐友好的气氛中消除误解，摒弃成见”。我们提倡的文化自信不是一种文化对另一种文化的“俯视”，而是文化互信、平等、协商基础上的多元共存。“一带一路”人文交流要站在人类文明发展的高度，以开放包容的文化共情态度，在理性分析和合理评估的基础上，具体分析沿线国家文化的优长、历史地位和性质及其成因、具体限度等相关背景条件，以平

① 董朝霞,《文化自信须以文化自觉为基础》[载《光明日报》，2018年7月16日]。

等的视角理解彼此的关系，处理好民族文化与外来文化特别是西方文化、传统文化与现代文化的关系。既对自身文明自尊、欣赏，也对异己文明理解、宽容。既立足本土，始终保持对中华文化的自信、自觉和战略定力，又面向世界，广泛吸收世界优秀文化的有益成分，实现创造性转化和创新性发展。

4. 开展官方人文外交与推进民间人文往来的关系

"一带一路"人文交流有利于进一步夯实国与国之间关系，丰富中国特色大国外交的内涵和外延，是一个多主体互动过程。官方人文外交与民间人文交往要注意区分层次和工作对象，力争形成分工合作、相互配合的局面。要充分发挥元首外交和首脑外交的引领作用，巩固深化我国同有关国家的人文合作。要充分发挥高级别人文交流机制的示范带动意义，依托该机制推动区域人文交流，扩大参与国家范围，进一步发挥机制在区域人文交流中的辐射和带动作用。同时，通过集成整合和改革创新，进一步汇聚资源、丰富内容，重心下沉、贴近民众和草根，探索新的交流形式和合作领域，以民间人文往来促进官方人文外交。

五、进一步开展"一带一路"人文交流的实践路径

加强"一带一路"人文交流要坚持平等互鉴、开放包容、以我为主、兼收并蓄等原则，从提升中华文化软实力和建设文化强国的高度，以服务国家改革发展和对外战略为根本，以促进中外民心相通和文明互鉴为宗旨，统筹各类资源，创新交流布局，完善体制机制，改革各领域人文交流内容、形式、工作机制，将人文交流与合作理念融入对外交往各个领域和环节。

1. 坚定文化自信

"文化自信是更基础、更广泛、更深厚的自信，是更基本、更深沉、更持久的力量。坚定文化自信，是事关国运兴衰、事关文化安全、事关民族精神独立性的大问题。"这是习近平同志倡导的新时代中国特色社会主义思想的重要内容，也是深刻把握当前我国文化发展规律和对外开展人

文交流的基本遵循。文化自信给了我们开展“一带一路”人文交流的底气，在提高国家文化软实力和国际话语权的过程中，文化自信发挥着重要的“定盘星”功能。坚定文化自信，要坚定不移走中国特色社会主义文化强国道路，广泛参与世界文明对话，增强国际话语权，展示中华文化独特魅力，更好发出中国声音、展现中国精神、提出中国主张，不断提高中华文化国际影响力，形成与我国国际地位和综合国力相匹配的国家文化软实力。坚定文化自信，要从战略高度重视挖掘“一带一路”倡议的人文合作潜力，进一步加强总体规划设计，科学构建“一带一路”人文交流的四梁八柱。坚定文化自信，既要反对文化自大主义，也要摒弃文化自卑主义，推动不同社会制度互容、不同发展模式互学、不同文明互鉴，把各国国情差异性和文明多样性转化成为促进互补发展的源头活水，为构建人类文化命运共同体贡献中华文化思想。[①]

2. 弘扬传统文化

“一带一路”参与国家众多，各国在政治体制、宗教制度、经济发展模式等方面尚存较大差异，亟需共同的文化载体作为交流与合作的桥梁。传统文化是各国文化实践的精神结晶，历史悠久，极富生命力。建议以各国传统文化为切入点，深入挖掘沿线国家传统文化中的共同性元素，在差异融合、异质重构中实现优秀传统文化的融合创新发展，凝聚形成民心相通的文化合力，为“一带一路”沿线国家之间建立互信、开展合作奠定良好人文基础。习近平同志指出，“中华优秀传统文化是我们最深厚的文化软实力，也是中国特色社会主义植根的文化沃土”；“提高国家文化软实力，要努力展示中华文化独特魅力”。为更好地在国际上传播当代中国价值观念、树立当代中国国家形象，建议可在具体项目上重点支持汉语、中医药、武术、美食、节日民俗以及其他非物质文化遗产等传统文化代表性项目走出去。

① 张耀军,《“一带一路”：人类命运共同体的重要实践路径》[载《人民论坛》，2017年10月，第47页]。

3. 做强文化产业

坚持经贸合作与人文交流共同推进，实现经贸合作与人文交流有机统一，是推动"一带一路"人文交流的重要路径之一。文化产业作为经贸合作与人文交流的结合点，是"一带一路"文化走出去最为坚实可靠的实体支撑。当前，"一带一路"沿线国家和地区已经成为我国文化贸易投资和产业国际合作的新疆域。要加大力度培育对外文化贸易主体，鼓励和引导各种所有制文化企业参与文化产品和服务出口，加大内容创新力度，增强文化产品贸易实力。鼓励各类企业在境外开展文化投资合作，建设国际营销网络，扩大境外优质文化资产规模。大力发展文化服务外包，支持文化企业参加重要国际性文化节展。降低文化折扣应是发展文化贸易产业的努力方向。一方面，要为中国制造注入更多中华文化元素和内涵，让中华优秀传统文化随着中国制造的发展壮大为国际文明交流互鉴做出更大贡献。另一方面，要理解并尊重不同文化价值观念的差异性所在，以中华文化产业发展促进跨文化沟通交流，并以此赢得更为广泛的全球文化市场，形成两者之间的良性互动。

4. 推进数字文化

大数据、物联网、区块链、云计算、移动互联等科技创新对文化的作用力度正在不断加大，数字技术和创意为优秀文创产品的开发提供了巨大的成长空间和多种可能性。作为世界数字经济第二大国，中国要充分利用这一契机开创数字文化国际交流新局面。可利用跨境电子商务、市场采购贸易等新兴贸易方式，提高数字文化产品的国际市场竞争力。大力推动数字文化建设和发展，加大对"文化+科技""文化+数字""文化+旅游""文化+金融"等新型业态的支持力度，促进虚拟现实（VR）、增强现实（AR）、全息成像、人工智能等科技热点与文化的充分融合，以数字中国、网络强国带动数字"一带一路"发展，在为我国数字化转型发展开拓国际空间的同时，用"一带一路"参与国家民众喜闻乐见的数字化方式将中华优秀传统文化理念传递出去，提升数字化时代中华文化的影响力和竞争力。

5. 促进语言互通

据统计，“一带一路”沿线65个国家中有53种官方语言，是全球语言多样性最为丰富的地区。“一带一路”本质在于互联互通，而语言互通是其前提和基础。在经济全球化、社会信息化深入发展，全球治理、大国竞争日趋激烈的大背景下，提升语言互通能力已经成为各国降低交易成本、促进经济发展，夯实话语能力、提升国际影响，推进跨文化交流的重要手段。[①] 建议构建“一带一路”语言交流互通工作机制，研究制定“一带一路”国别和区域语言服务平台、数据库等，开辟多层次语言文化交流渠道，推动我国与世界各国语言交流。将汉语国际传播纳入“一带一路”整体规划，加大汉语国际推广力度，支持更多国家将汉语教学纳入国民教育体系，支持孔子学院加大汉语国际推广。加强“一带一路”沿线国家语言文化国情和现状调研，建立语言文化风险预警、应急救援和舆情监测机制。加大“一带一路”外语人才特别是非通用语人才培养，着力打造精通相关国家语言、熟悉国际通行规则、具有开阔国际视野、适应全球高端竞争、擅长开展跨文化交流、具备高素质技能的语言人才。推动教育合作，扩大互派留学生规模，提升合作办学水平。

6. 加强话语建设

要以更具文化自觉意识的实践主体姿态推进文化自信，加强国家形象塑造，必须加强“一带一路”人文交流话语体系建设，“讲好中国特色社会主义的故事，讲好中国梦的故事，讲好中华优秀文化的故事，讲好中国和平发展的故事，讲好“‘一带一路’建设的故事”。要坚持内容为王和文化为魂，善于提炼具有标识性的话语概念、表述和范畴，积极构建具有中国特色、中国风格、中国气派的“一带一路”人文交流话语体系。坚持以我为主，丰富和拓展话语体系的内涵和领域，既展现传统中国文化，又展现当代中国精神，更要展现为人类文明做出贡献的中国，讲好中国与世界良性互动的故事。“新老结合”，用好中医药、中国美食、中国功夫、中国

---

① 梁昊光、张耀军，《“一带一路”语言战略规划与政策实践》[载《学术前沿》，2018年第5期（总第146期），第100页]。

园林、中国熊猫等“传统文化名片”以及移动支付、共享出行、中国高铁、网络购物等“现代文化名片”，精心培育和打造一批受欢迎、可持续的话语品牌项目。建设话语体系需要理论上的探索和学术上的支持，为此要发挥高校、科研机构和各类智库优势与作用，推动理论创新和学术创新，深化话语理论体系研究和建设，积极借鉴国外学术研究有益成果，彰显与我国综合国力相称的学术思想、理论观点和学术话语。

7. 改进传播机制

人文交流是心与心的沟通，要以人为本，久久为功。中华文化走出去要走进受众的内心，激起情感共鸣，激荡文化共振，为此要加强中外人文交流综合传播能力建设，向世界展示一个真实、立体、全面、多元、向好的中国。传播方式上，做大做强“互联网+人文交流”，实现实体与虚拟交流平台的相互补充；细化传播载体和传播形态，加强精准传播、草根传播、新媒体传播等新业态传播，实现传播渠道多元化、传播流程精巧化、传播形式多样化；善于借助外嘴、外脑进行传播，鼓励专业化、国际化的社会组织和民间力量参与具体人文交流项目运作。传播对象上，细分对象国传播主体和受众，实现传播对象精准化，以“一国一策”甚至“一国多策”为导向制定有针对性的国际传播方案，加强传播针对性、有效性；特别是要做好青年群体的人文交流，为中外友好可持续发展积蓄力量。传播人才上，建议制定专门的“一带一路”人文交流传播人才规划，着力打造精通相关国家语言、熟悉国际通行规则人才，使其成为人类文明互鉴的实践者、人文沟通理解的促进者、国际和平发展的推动者；推进国际汉学交流和中外智库合作，支持民间力量参与对外文化交流；引导海外华侨华人、留学人员、志愿者以及在海外投资的中资企业积极参与人文交流，将人文交流寓于中外民众日常交往之中。

8. 完善交流体制

中外人文交流工作必须加强党的领导，立足党和国家工作大局并加强统筹部署。要健全全社会广泛参与的“一带一路”人文交流体制机制，充分调动中央与地方、政府与社会的积极性，进一步挖掘各地方、各部门、各类组织和群体在“一带一路”人文交流中的潜力和资源，形成“各负其责、协同联动”的工作机制。推动形成政府引导、企业主体、社会参与、市场运作的多元主体协同推进态势，打造跨地区、跨部门、跨行业的文化交流合作路径。对于已有的八大高级别人文交流机制，要进一步发挥其在区域人文交流中的辐射和带动作用，并健全其中方委员会秘书处机制。

9. 善用国际组织

坚持“走出去”和“请进来”双向发力，深化我国与联合国文明联盟等国际组织和机构的交流合作，积极参与人文领域国际治理，积极向国际社会提供人文公共产品，分享我国在扶贫、教育、科技创新等领域的经验做法。搭建更多合作平台，开辟更多合作渠道，不断创新和丰富多边人文交流合作机制建设，建设丝路沿线民间组织合作网络。建立并完善新闻合作、音乐教育等人文交流机制，促进世界遗产保护与旅游产业的融合发展，举办文明互鉴主题论坛，通过深化各领域人文合作凝聚共识和情感，深入推进不同国家、不同地区、不同文明之间的交流互鉴。

10. 构建效果模型

近年来，“一带一路”人文交流步伐日益加快。如何建立有效的人文交流效果评估机制，进一步提升中华文化国际传播力、影响力，越来越成为各方关注的议题。建议探索构建““一带一路”人文交流效果指数模型”，从图书、电影、电视剧、音乐、旅游、教育等领域及相关项目入手，加强“一带一路”人文交流和中华文化走出去海外传播效果评估研究。按照定性与定量、宏观分析与微观实证相结合的方法，完善评估程序和标准，通过评估“一带一路”相关参与国家人文合作紧密度和实际效果，对“一带一路”人文交流和中华文化国际传播的路线图和时间表等提供大数据模型支撑，并对重大文化事件或风险的前景走势进行预判，为做好应对预案提供预警性信息和线索。建议在对“一带一路”人文交流实践评估基础上，开展学术探讨，进一步推进文化走出去评估理论和体系构建。

第二部分

综 合 篇

杨理智　张　韧　黎　鑫　洪　梅　侯太平[①]

“21世纪海上丝绸之路”人文环境分析与量化评估

内容介绍

〔摘　要〕本报告首先阐述了“21世纪海上丝绸之路”人文环境的现状，对东南亚、南亚、中东区域的人文环境进行了简要分析；梳理了影响“21世纪海上丝绸之路”安全环境的主要因子，从传统安全风险和非传统安全风险的角度入手，提取了政治环境、经济环境、社会环境、海盗及恐怖主义风险的影响因子，并引入云模型理论，量化了相关因子的定性语言评价，保留了语言中的模糊性和随机性；对“21世纪海上丝绸之路”沿线国家的人文环境风险进行了量化评估，并实现定量数值与定性概念之间的相互转换，度量了评估的不确定性。

〔关键词〕海上丝绸之路；人文环境；量化评估

① 张韧，国防科技大学军事海洋环境军队重点实验室主任、教授；杨理智，国防科技大学军事海洋环境军队重点实验助理研究员、博士。

众所周知，“21世纪海上丝绸之路”沿线国家众多，途经东盟、南亚、西亚、北非等20多个国家，部分国家对外深陷大国博弈困局，对内面临领导人交接、民主政治转型、民族冲突等多重矛盾。海丝路投资周期长、投入资本量大，加之中国企业“走出去”时间短，国际经验和风险防控能力不足，因此海丝路安全环境面临较高的动态性、复杂性和不确定性。

一、“21世纪海上丝绸之路”人文环境现状

具体就“21世纪海上丝绸之路”沿线国家而言，东盟部分国家内部冲突加剧，恐怖势力有再起之势，普遍面临社会与经济发展转型压力：对内，部分国家发生政治与社会动荡，经济发展压力增大；对外，作为亚太冷战中心，地区各国继续成为域外大国竞相拉拢重点，地区秩序演变更加复杂。[①] 经济方面，东盟国家经济发展相对不平衡，一部分国家因相对薄弱的经济基础与不稳定的内部环境而呈较高经济风险（如越南、柬埔寨、缅甸、老挝），另一部分国家经济发展基础较好，经济发展前景良好，债务风险较小（如新加坡、马来西亚、菲律宾、印度尼西亚等国家）。

南亚地区安全威胁持续，仍是暴力冲突高发区，虽然多国完成大选，但政治对抗仍在继续。南亚逐步成为大国博弈的角力场，美国加紧安排“后北约时代”，日本深化与印度战略合作，俄罗斯力遏阿富汗“外溢性冲击”，侵蚀其后院。不稳定的政治因素对经济发展产生负面影响，南亚国家经济普遍低迷，主要经济体增长遇困。

中东既是国际问题的火药桶，也是安全形势极为复杂严峻的地区。由于历史延伸至今的宗教之间、教派之间的血腥冲突，民族之间的深层矛盾，各国内部问题激化，加之域外大国的插手干预与博弈，使得该地区一些国家存在的安全风险极高。中东地区国家经济发展不平衡，部分国家由于掌握大量的石油资源、优良的港口环境，经济发展强势，如科威特、阿联酋、卡塔尔等；部分国家受不稳定政局、恶劣的自然环境影响，经济基

---

① 《“一带一路”沿线国家安全风险评估》编委会,《“一带一路”沿线国家安全风险评估》，北京：中国发展出版社，2015年版。

础薄弱，政府财政赤字较高。

二、“21世纪海上丝绸之路”人文环境安全分析

“21世纪海上丝绸之路”沿线国家人文环境的不稳定因素会导致海丝路项目投资收益降低甚至搁置，也会对海外务工人员的人身安全形成威胁。总体而言，人文环境的影响因子可从传统安全环境和非传统安全环境提取。

1. 传统安全环境

对于“21世纪海上丝绸之路”而言，传统安全环境主要关注政治环境层面，多种因素会影响“21世纪海上丝绸之路”合作进程、阻碍经贸合作、威胁海外项目安全。

地缘政治因素，如美日等大国的战略排挤、印度的战略疑虑、中东国家的战略摇摆等，可能会分化、干扰海丝路倡议。由于海丝路倡议与美、日等大国“亚太再平衡”“后北约时代”战略相冲突，部分大国可能会抹黑、唱衰海丝路倡议，且利用沿线国家的内部问题挑唆有关国家制造事端，诋毁、攻击海丝路倡议。此外，由于海丝路倡议通过建设中巴经济走廊等增强了我国与巴基斯坦、阿富汗之间的经济联系，此举可能会引发印度等国的战略疑虑，如担心被我国包围、担心南亚地区现有的平衡被打破等。沿线国家除因自身战略考虑会对海丝路倡议持负面态度以外，部分国家受自身内部政治环境、外部国际环境影响，可能会产生被动的战略摇摆，如斯里兰卡由于总统换届，致使我国在科隆坡的港口城项目搁置一年多，令中国交通建设集团蒙受每天38万美元的损失。[①]

沿线国家不稳定的政治局面也是海丝路倡议的主要潜在影响因子。稳定的政治局面是长期固定经济投资的保障，而沿线部分国家由于民族、宗教、内部政治力量斗争等因素的影响，政治体制异常脆弱，国家政局往往处于不稳定状态，领导人去世、权利交替等突发事件可能导致政局处于长

---

① 陆洋，“中国在斯里兰卡的投资为何遭受重大障碍”［载 http://www.chinayjy.org/guojiazhanlue/2016-04-27/64.html］。

时期的不稳定，阻碍海丝路的推进，影响相关企业利益，威胁我国的国家利益。

2. 非传统安全环境

非传统安全环境是相对于传统安全环境的一个说法，包括经济、恐怖主义、海盗等。

（1）经济环境

“21世纪海上丝绸之路”沿线国家众多，经济发展水平极不平衡，经济环境具有极高不确定性、不平衡性。不良的经济环境会阻碍海丝路项目的推进，易发生债务违规、项目泡沫化等不利事件；不同的经济政策会限制投资准入条件；经济发展不佳也可能导致投资项目收益较低。因此，沿线国家的经济环境是海丝路建设的基础，是对外投资所需考量的传统因素，主要表现在海外投资过程中经济、经营上的商业安全风险，可分为投资条件风险、经济风险、金融风险、债务违约风险。

投资条件风险指东道国因基础设施、法律体系等营商条件而导致我国投资成本面临损失的可能性。沿线国家由于经济发展水平不一，基础设施建设极不平衡，如也门国家互联网普及率极低、移动电话普及率也不高，导致消息闭塞，对合作项目推进不利，且沟通效率降低，可能使当地民众对海丝路项目建设产生误解。此外，沿线国家隶属法律体系不同，法律分类、法律表现形式、法律适用规则等差异较大，而国家的法治状况也各不相同，当纠纷发生时，处理手段也将不同。当东道国相关法律不够完善时，我国海丝路项目的建设和管理将缺少重要保障。

经济风险来源于东道国经济基本指标的变化或东道国经济政策的变化而导致我国投资者资产面临损失的可能性。投资目标国经济发展不佳，环境不稳定，经济基本指标易发生变化，如欧洲许多国家陷入严重的债务危机、失业率过高，东盟部分国家相对贫穷、经济基础薄弱，中东部分国家通货膨胀日益增长、经济结构存在一定问题。此外，沿线部分国家，可能会出于对本国经济发展保护的目的，出台相关政策法规来削弱外来投资对该国经济的影响，而经济政策一旦发生改变，可能会阻碍海丝路投资项目的进程，对投资安全构成威胁。

金融风险指东道国由金融风险导致的财政危机和支付危机，最终无法清偿到期的债务。金融风险一般涉及系统风险，例如，金融危机时原油价格"跳水"，收入强烈依赖石油的国家就会陷入严重的财政困境，因债务无法偿还而致呆帐等[①]；东盟部分国家对境外资本依赖较大，随货币政策转向，固有的结构性矛盾也可能引发系统风险。若一国财政表现不佳，金融风险也将加大。受欧洲债务危机的影响，欧洲多个国家各项财政指标仍处于不良水平，埃及、越南、老挝等国政府财政赤字较高，伊朗、巴基斯坦等国面临着汇率贬值的压力。

债务违约风险指由于东道国停止支付或延期支付，致使外商无法按时、足额收回到期债权本息和投资利润。东盟部分国家，如老挝，外债债务规模较大，长期靠国际援助和贷款维持，抵御外部冲击能力较弱。[②]

（2）海盗及恐怖主义

沿线国家许多地区是恐怖主义组织猖獗之地，严重威胁国内政局安定以及社会稳定。中东国家长期受到"叙利亚和黎凡特伊斯兰国（ISIS）"、基地组织滋扰（这几大恐怖组织，近年来在全球范围制造了多起恐怖事件，成为地区和国际社会的重大威胁）；南亚、东南亚许多国家长期受到虔诚军、泰米尔伊拉姆猛虎组织的滋扰，恐怖组织长期与政府军开战，发生流血冲突，危及当地民众财产安全、生命安全。

海盗是威胁海上安全运输的主要因子。海丝路主要建设的西向航线途经全球四大恐怖海域——南海、马六甲海峡、北印度洋、孟加拉湾、东非。马六甲海峡海盗在经过2007—2010年四年的沉寂之后，有逐步复出的趋势，南海、印度沿岸海域海盗活动长期处于高调状态，东非索马里海域经治理后海盗活动次数降低，但海盗袭击的成功率并未减少。最值得关注的和警惕的是，随着国际打压索马里海盗行动的开展，海盗团伙逐渐将注意力转移至阿拉伯海域（目前在该海域发生的海盗活动有上升趋势）。海盗的形成受沿岸国家政局稳定性、国家经济状况影响。了解海域历史上发生的海盗次数、海盗组织作案时团伙人数、所持武器，对船舶的安全航行具有很强的参考意义，因为海域地形地貌、天气条件对海盗作案成功率

① 邹统钎、梁昊光，《中国"一带一路"投资安全研究报告（2016—2017）》，北京：社会科学文献出版社，2017年版。

② 毛振华、阎衎、郭敏，《"一带一路"沿线国家主权信用风险报告》，北京：经济日报出版社，2015年版。

有重要影响。

（3）社会环境

“21世纪海上丝绸之路”沿线国家由于政治体制、经济状况、宗教信仰不同，社会环境有很大差异。恶劣的社会治安、高发的刑事犯罪案件为参与海丝路项目建设的人员带来安全威胁，不同的宗教信仰、文化习俗也为海丝路项目建设和运营管理带来很大不确定性。海丝路社会风险主要表现在运营管理环节上，运营风险主要出现在企业做出投资决策的时候，会因成本与收益的预估计算失误造成获益风险。[①] 一方面不稳定的社会环境给海外务工人员生命安全形成威胁，另一方面不同的社会文化也给海丝路运营增加了不确定性，若未预先妥善理解并预防相关问题，很可能导致工人罢工、高额赔偿等问题。

沿线部分国家社会环境稳定度极低，遭受着地区冲突、内部冲突、恐怖组织袭击等多重夹击。如克什米尔地区由于印巴主权争端而成为冲突频发的区域。又如中东局势持续向政治阵营化、冷战化发展，国内多党争权致使社会治安恶劣，时有游行示威事件发生，可能会进一步演化为流血冲突事件。2018年6月沙特、阿联酋、巴林、埃及、也门五国突然与卡塔尔断交的直接后果是驱逐卡塔尔大使及通令境内卡塔尔公民14天内限期离境。

沿线国家众多，宗教信仰、文化风俗、教育水平各不相同，民众对我国海丝路建设的认识、态度也不尽相同。参考黄平对宗教风险的分类[②]，文化宗教风险可分为“认识型”和“发生型”两类。所谓“认识型的文化宗教风险”，指的是由于对当地文化、宗教状况认识不足可能会导致的思想误判与行动失当；所谓“发生型的文化宗教风险”，指的是因文化、宗教因素（至少在名义上）而有可能导致的各种矛盾和困难，乃至产生种种暴力和冲突。在推进海丝路项目建设、管理的过程中，除需要了解当地宗教、文化，还需要让当地民众了解我国的友好意愿。例如，中国在缅甸修建水坝，本意是增加伊洛瓦底江的通航能力、降低洪水发生频率并增加就

① 邹统钎、梁昊光，《中国“一带一路”投资安全研究报告（2016—2017）》，北京：社会科学文献出版社，2017年版。

② 黄平，《“一带一路”建设中的宗教风险——以巴基斯坦为例》[载《上海交通大学学报》（哲学社会科学版），2017, 25(3):14-22]。

业机会，但由于沟通不力，未能妥善表达善意，缅甸社会认为水坝会损害人体健康、破坏生物多样性、对降水造成严重污染。更为严重的是，缅甸社会普遍认为密松大坝的修建只会给中国人带来好处，导致“中国通过这种手段，不费一枪一弹就已经‘殖民’了缅甸”之类言论出现，最终缅方不得不宣布遵从“民众意愿”，停止修建这一耗资达36亿美元的大坝，给中国造成巨大的经济损失。

3. 人文环境安全风险辨识

“21世纪海上丝绸之路”途经国家众多，各国人文环境存在较大差异，与我国互联互通程度不尽相同，复杂而各异的政治、经济、社会环境为我国海上丝绸之路的建设、推进、管理带来了极大的不确定性。基于风险形成的机制研究，梳理了风险源、承险体和风险后果，人文环境风险因子及其影响形式如表1所示。

表1 “21世纪海上丝绸之路”人文环境风险辨识

孕灾环境	风险源	承险体	风险后果
传统安全环境	地缘政治、政局不稳、地区冲突	基础设施、人员、投资成本	基础设施损毁，人员伤亡，投资项目搁置、合作终止
非传统安全环境	经济环境（经济指标不稳定、金融财政危机、债务违约）、海盗及恐怖主义、社会环境（社会治安、宗教差异、文化差异）	海区、海峡、船舶、基础设施、人员、贸易物资、投资成本	海区、海峡、运输能力下降、封锁，船舶被抢劫、损毁，人员被劫持、伤亡，贸易运输中断，投资项目搁置、合作终止

三、“21世纪海上丝绸之路”人文环境安全风险评估

1. 指标体系及数据来源

基于对“21世纪海上丝绸之路”人文环境安全风险孕险环境、致险因子的分析，表1中传统安全风险通常指来自军事、政治、外交等安全领域的风险，根据“21世纪海上丝绸之路”倡议的特点，文章主要考虑政治、

外交等安全领域的风险；非传统安全风险通常包括经济安全、生态环境安全、信息安全、恐怖主义跨国犯罪等，文章主要考虑经济环境、社会环境、海盗及恐怖主义三个方面的安全风险。因此，构建"21世纪海上丝绸之路"人文环境安全风险评估指标体系如表2所示。

表2 "21世纪海上丝绸之路"人文环境安全风险评估指标体系

目标层（A）	一级指标层（B）	二级指标层（C）	判别层（D）	数据来源
传统安全风险（A1）	政治环境（B11）	地缘政治（C11）	与我国伙伴关系（d111）	外交部
			与我国双边贸易额（d112）	商务部
			与我国领土争端程度（d113）	专家评价
			与大国结盟程度（d114）	专家评价
			外交能力（d115）	IFS数据库
		政局不稳（C12）	政治稳定性（d121）	世界银行WGI数据库
			政府效率（d122）	世界银行WGI数据库
			政府清廉程度（d123）	透明国际
			内部冲突（d124）	贝塔斯曼指数
			选举周期指数（d125）	经济学家情报网
			换届平稳指数（d126）	经济学家情报网
		地区冲突（C13）	和平指数（d131）	经济学家情报网
			与他国争端程度（d132）	专家评价
非传统安全（A2）	经济环境（B21）	投资条件（C21）	物流绩效指数（d211）	世界银行
			移动电话普及率（d212）	GSMA GMEI数据库
			互联网普及率（d213）	国际电信联盟
			道路交通输送能力（d214）	机构简介数据库
			电力覆盖率（d215）	机构简介数据库
			法律水平（d216）	贝塔斯曼指数
		经济稳定度（C22）	对我国关税水平（d221）	商务部公共商务信息服务
			营商便利度（d222）	世界银行
			人均GDP（d223）	世界银行WDI数据库
			GDP增速（d224）	世界银行WDI数据库
			基尼系数（d225）	世界银行WDI数据库
		金融财政危机（C23）	外汇储备（d231）	世界银行WDI数据库
			汇率波动性（d232）	国际货币基金组织IFS数据库
			通货膨胀率（d233）	国际货币基金组织IFS数据库

续表

目标层（A）	一级指标层（B）	二级指标层（C）	判别层（D）	数据来源
		债务违约（C24）	外债/GDP（d241）	国际货币基金组织IFS数据库
			财政余额/GDP（d242）	国际货币基金组织IFS数据库
			国际援助/GDP（d243）	国际货币基金组织IFS数据库
			经常账户余额（d244）	世界银行WDI数据库
	社会环境（B22）	社会稳定度（C25）	失败国家指数（d251）	和平基金组织
			教育水平（d252）	联合国公共行政网
			识字率（d253）	联合国人类发展报告
			社会福利政策（d254）	国际货币基金组织IFS数据库
			环境绩效指数（d255）	耶鲁大学
		宗教差异（C26）	宗教差异（d261）	专家评价
		文化差异（C27）	孔子学院数量（d271）	孔子学院发展报告
			该国民众对我国好感度（d272）	专家评价
	海盗及恐怖主义（B23）	海盗风险（C28）	历史海盗发生次数（d281）	国际海事组织
			历史海盗所持武器（d282）	国际海事组织
			历史海盗事件人数（d283）	国际海事组织
			海域天气状况（d284）	ICOADS数据集
			海域地理环境（d285）	美国海洋和大气管理局
		恐怖主义风险（C29）	全球恐怖指数（d291）	（英国）经济与和平研究所

各指标数据来源如表2所示，其中，除d113、d114、d132、d261、d272五个指标以外，其余指标均有权威机构发布相关数据资料。然而，部分数据在本研究中存在一定的不适用性：数据之间量级相差过大，难以进行直接的标准化处理，如各国人均GDP、外汇储备等指标；由于发布机构关注差异，部分国家数据缺失，如文莱、马尔代夫、吉布提等国数据缺失较多。上述指标即使存在定量数据，仍需专家结合自身经验和权威数据对相关指标进行评价。

2. 评价模型

专家在对指标进行评价的过程中，语言是最能精确表达大脑概念的工具，而语言具有较大的不确定性，不能如传统方法将其转化为一个简单的数值。研究自然语言中的不确定性及其形式化表示方法在评估领域具有重要的意义。这种不确定性包含着随机性和模糊性两个方面，现存的数学方法往往只偏重于解决其中一个特性，如概率论解决不确定性中的随机性，模糊数学则侧重于事件的模糊性。

李德毅结合概率论及模糊数学理论，提出了隶属云的概念，将语言中的模糊性和随机性进行了有机结合，实现了定性概念和定量数值之间的不确定性转换。其基本思想是：设U为精确数值的定量论域，A是U上的定性概念，x是定性概念A的一次随机实现，则对$\forall \chi \in U$都存在一个有稳定倾向的随机数$\mu(\chi) \in [0,1]$，称x为对A的隶属度。隶属度x在U上的分布即为隶属云，简称云，每一个x都是一个云滴，云的整体形状就是对定性概念的整体反映。

在云模型的评价建模中，主要包括三大步骤：用云模型的数字特征表达评语集、引入虚拟云算法对各指标信息进行融合、运用已得到的数字特征生成风险云图。

（1）评价集的云模型表达

定性概念的整体定量特性通常通过云的三个数字特征来反映：期望Ex、熵En、超熵He。

a.期望Ex：定性概念的信息重心值，是最能够代表定性概念的点。

b.熵En：定性概念的不确定性度量。首先它反映的是对定性概念模糊性的度量，即概念亦此亦彼的裕度，反映了可被概念接受的云滴的取值范围；其次它是对定性概念随机性的度量，反映了云滴的离散程度；最后它反映了模糊性和随机性的关联性。一般情况下，熵越大，模糊性和随机性越大，量化越困难。

c.超熵He：定性概念不确定性的不确定性度量，即熵的熵，是偏离正态分布程度的度量，由模糊性和随机性共同决定。

运用云模型的数字特征Ex、En、He对指标评价集V={极低风险、较低偏低风险、较低风险、中等偏低风险、中等风险、中等偏高风险、较

高风险、较高偏高风险、极高风险}进行表达，构成评语的云模型表达*SC(Ex, En, He)*。

对于评价集中，“较低”“中等”“较高”等双边约束评语，用公式（1）进行表达，其中，*a*为约束的下边界，*b*为上边界，*k*为常数，*k*的取值一般通过反复实验确定，其反映的是某几个因素的不均衡性，即是评价对象偏离正态分布程度的度量。对于“极低”“极高”这类单边约束问题，可将其单边界作为其缺省期望值，用半降半升云（公式2）进行表达：

$$\begin{cases} Ex = (a+b)/2 \\ En = (b-a)/6 \cdots(1) \\ He = k \end{cases} \qquad \begin{cases} Ex = a \text{ or } b \\ En = (b-a)/3 \cdots(2) \\ He = k \end{cases}$$

（2）综合风险特征值的虚拟云计算

虚拟云主要分为浮动云、分解云、综合云等几类云，其中，浮动云能够在两朵基云之间未覆盖的空白区生成虚拟语言值，适用于两两相对独立的评价指标。基于指标之间相对独立的特征，在对分指标进行指标融合时，选用浮动云算法进行综合云数值特征计算：

$$\begin{cases} Ex = \dfrac{Ex_1W_1 + Ex_2W_2 + \cdots + Ex_nW_n}{W_1 + W_2 + \cdots + W_n} \\ En = \dfrac{W_1^2}{W_1^2 + W_2^2 + \cdots + W_n^2} \bullet En_1 + \cdots + \dfrac{W_n^2}{W_1^2 + W_2^2 + \cdots + W_n^2} \bullet En_n \cdots(4) \\ He = \dfrac{W_1^2}{W_1^2 + W_2^2 + \cdots + W_n^2} \bullet He_1 + \cdots + \dfrac{W_n^2}{W_1^2 + W_2^2 + \cdots + W_n^2} \bullet He_n \end{cases}$$

（3）生成风险云图

正向正态云发生器根据云的三个数字特征（Ex, En, He）产生云滴，实现从定性到定量的映射，基本原理如图1所示，具体算法如下：

a. 生成以En为期望，He^2为方差的一个正态随机数En'；

b. 生成以Ex为期望，En'^2为方差的一个正态随机数x；

c.计算；

$$\mu(x_i)=e^{\frac{(x_i-Ex)^2}{2(En')^2}}$$

d.生成具有隶属度$\mu(x_i)$的x_i成为数域中的一个云滴；

e.重复以上步骤直到产生要求的n个云滴为止。

图1　正向正态云发生器

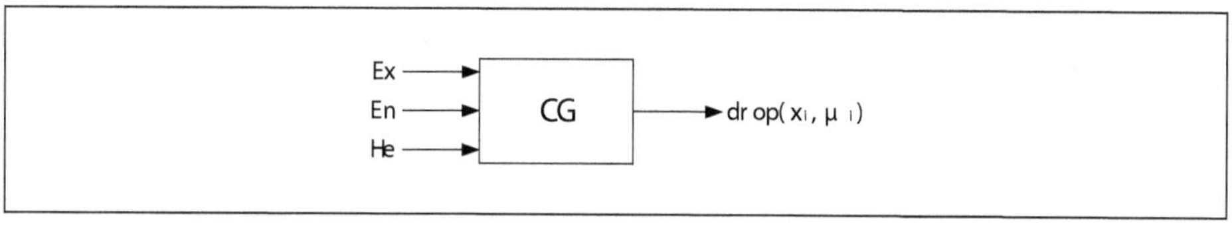

3. 评估结果

将评价集评语转化为0-10的云模型数值特征，对已有数据在[0,10]范围内进行标准化处理；将数据带入浮动云算法，得到各国人文环境风险如表3所示。

表3　"21世纪海上丝绸之路"人文环境风险评估结果

国　　别	政治环境	经济环境	社会环境	恐怖主义	综合风险
印度尼西亚	4.24,0.38,0.03	4.13,0.4,0.03	4.56,0.33,0.4	4.55,0.33,0	4.37,0.36,0.02
马来西亚	4.93,0.43,0.03	2.62,0.47,0.03	4.93,0.33,0.04	3.33,0.33,0	3.95,0.39,0.02
菲律宾	5.91,0.4,0.03)	4.03,0.47,0.03	7.24,0.56,0.04	7.13,0.33,0	6.08,0.44,0.02
新加坡	2.2,0.44,0.03	1.83,0.5,0.03	3.09,0.5,0.04	0,0.67,0	1.78,0.53,0.02
泰　国	4.15,0.4,0.03	2.31,0.47,0.03	2.39,0.53,0.04	6.61,0.33,0	3.86,0.43,0.02
文　莱	3.71,0.4,0.03	3.06,0.56,0.03	5.39,0.36,0.04	0,0.67,0	3.04,0.5,0.02
越　南	5.61,0.5,0.03	3.64,0.46,0.03	5.27,0.39,0.04	0,0.67,0	3.63,0.5,0.02
缅　甸	4.5,0.4,0.03	6.8,0.46,0.03	3.66,0.5,0.04	4.96,0.33,0	4.98,0.42,0.02
柬埔寨	4.95,0.44,0.03	6.26,0.46,0.03	4.53,0.39,0.04	0,0.67,0	3.93,0.49,0.02
阿联酋	3.86,0.4,0.03	2.93,0.45,0.03	5.55,0.36,0.04	0.21,0.67,0	3.14,0.47,0.02
伊　朗	4.58,0.44,0.03	4.26,0.42,0.03	5.05,0.36,0.04	3.71,0.33,0	4.4,0.39,0.02
巴　林	5.21,0.44,0.03	4.01,0.51,0.03	5.34,0.36,0.04	3.67,0.33,0	4.56,0.41,0.02
以色列	6.52,0.45,0.03	3.97,0.53,0.03	4.14,0.39,0.04	5.06,0.33,0	4.92,0.43,0.02
卡塔尔	3.97,0.42,0.03	3.82,0.52,0.03	5.56,0.36,0.04	0.01,0.67,0	3.34,0.49,0.02
黎巴嫩	6.41,0.5,0.03	6.1,0.5,0.03	4.65,0.42,0.04	5.64,0.33,0	5.7,0.42,0.02
也　门	4.13,0.42,0.03	2.95,0.53,0.03	6.08,0.44,0.04	5.81,0.33,0	4.74,0.43,0.02

续表

国　　别	政治环境	经济环境	社会环境	恐怖主义	综合风险
沙特阿拉伯	6.64,0.52,0.03	6.11,0.47,0.03	5.95,0.36,0.04	7.88,0.33,0	6.64,0.44,0.02
伊 拉 克	6.49,0.43,0.03	3.95,0.49,0.03	6.33,0.33,0.04	10,0.67,0	6.69,0.49,0.02
科 威 特	4.86,0.4,0.03	3.7,0.46,0.03	5.54,0.36,0.04	3.8,0.33,0	4.48,0.39,0.02
埃　　及	5.48,0.4,0.03	5.08,0.46,0.03	4.87,0.42,0.04	7.17,0.33,0	5.65,0.4,0.02
阿　　曼	3.90,0.48,0.03	3.78,0.55,0.03	4.78,0.42,0.04	0,0.67,0	3.12,0.53,0.02
吉 布 提	4.59,0.47,0.03	5.21,0.49,0.03	5.93,0.36,0.04	1.12,0.33,0	4.21,0.41,0.02
印　　度	6.54,0.48,0.03	4.99,0.45,0.03	5.92,0.39,0.04	7.53,0.33,0	6.25,0.4,0.02
马尔代夫	4.15,0.5,0.03	5.01,0.51,0.03	5.19,0.39,0.04	0,0.67,0	3.59,0.52,0.02
巴基斯坦	4.65,0.44,0.03	4.97,0.46,0.03	4.46,0.44,0.04	8.4,0.33,0	5.62,0.42,0.02
孟加拉国	4.29,0.4,0.03	5.73,0.42,0.03	6.01,0.36,0.04	6.18,0.33,0	5.55,0.38,0.02
斯里兰卡	3.57,0.48,0.03	5.4,0.42,0.03	3.89,0.39,0.04	2.91,0.33,0	3.94,0.4,0.02

四、“21世纪海上丝绸之路”人文环境风险结果分析

将表3所得结果代入云发生器，生成风险云图（如图2—图4所示）。观察云滴基本元素落入的评语区间，将云模型数值特征映射回评语计算隶属云基本元素（对定性概念贡献率达67.3%）的区间，将云模型数值特征映射回定性评语；同时，云模型数值特征中的熵En及超熵He能够反映定性概念的不确定性大小。因此，分析沿线各国云模型数值特征，得到相应的人文环境风险评语，如表4所示。

表4　“21世纪海上丝绸之路”人文环境风险评语及不确定性

国　　别	政治环境	经济环境	社会环境	恐怖主义	综合风险	不确实性
印度尼西亚	中等偏低	中等偏低	中　　等	中等偏低	中　　等	较　　大
马来西亚	中　　等	偏　　低	中等偏低	偏　　低	中等偏低	较　　大
菲 律 宾	中等偏高	中等偏低	较　　高	较　　高	中等偏高	较　　大
新 加 坡	较低偏低	较　　低	较低	极　　低	较低偏低	较　　大
泰　　国	中等偏低	较低偏低	较低偏低	较　　高	中等偏低	较　　大
文　　莱	较　　低	较　　低	中　　等	极　　低	较　　低	较　　大
越　　南	中等偏高	中等偏低	中　　等	极　　低	中等偏低	较　　大
缅　　甸	中　　等	较　　高	较　　低	中　　等	中　　等	较　　大
柬 埔 寨	中　　等	较　　高	中　　等	较　　低	中等偏低	较　　大

续表

国别	政治环境	经济环境	社会环境	恐怖主义	综合风险	不确实性
伊朗	中等	中等	中等	较低	中等偏低	较大
巴林	中等	中等偏低	中等	较低	中等	较大
以色列	较高	中等偏低	中等偏低	中等	中等	较大
卡塔尔	中等偏低	中等偏低	中等偏高	极低	较低	较大
黎巴嫩	较高	中等偏高	中等	中等	中等偏高	较大
沙特阿拉伯	中等偏低	较低	较高	中等偏高	中等	较大
也门	较高	中等较高	中等	较高偏高	较高	较大
伊拉克	较高	中等偏低	较高	极高	较高	较大
科威特	中等	中等偏低	中等	中等偏低	中等	较大
埃及	中等	中等	中等	较高	中等偏高	较大
阿曼	中等偏低	中等偏低	中等	极低	较低	较大
阿联酋	中等偏低	较低	中等	极低	较低	较大
吉布提	中等	中等	较高	极低	中等偏低	较大
印度	较高	中等	中等	较高	中等偏高	较大
巴基斯坦	中等	中等	中等	极高	中等	较大
孟加拉国	中等偏低	中等偏高	中等偏高	中等偏高	中等	较大
斯里兰卡	较低	中等	中等	较低	中等偏低	较大
马尔代夫	中等偏低	中等	中等	极低	较低	较大

1. 东南亚

图2 东南亚地区各国风险云组图

（1）印度尼西亚

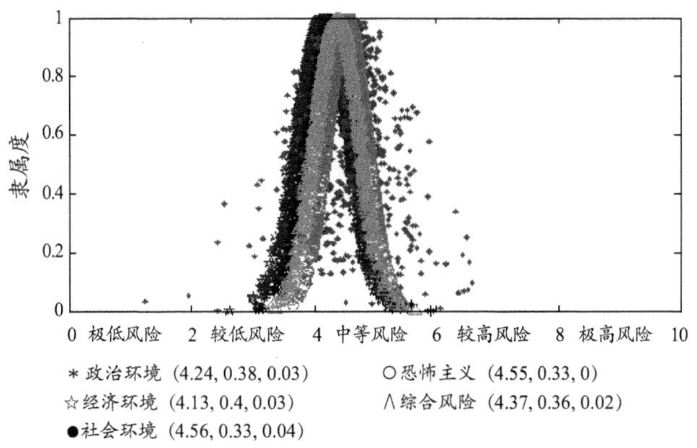

（2）马来西亚

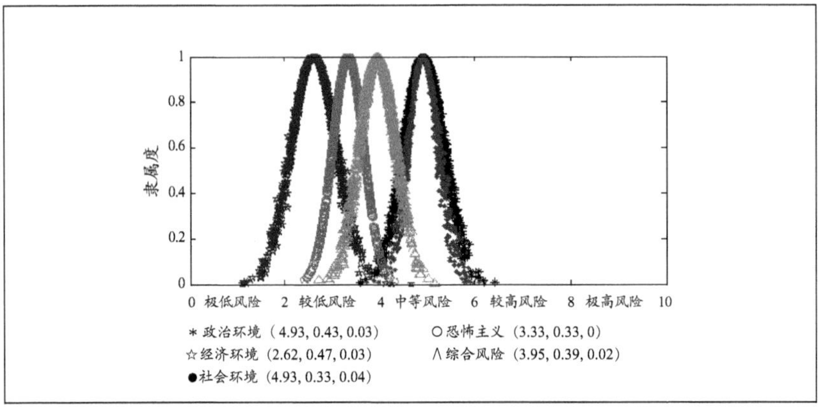

（3）菲律宾

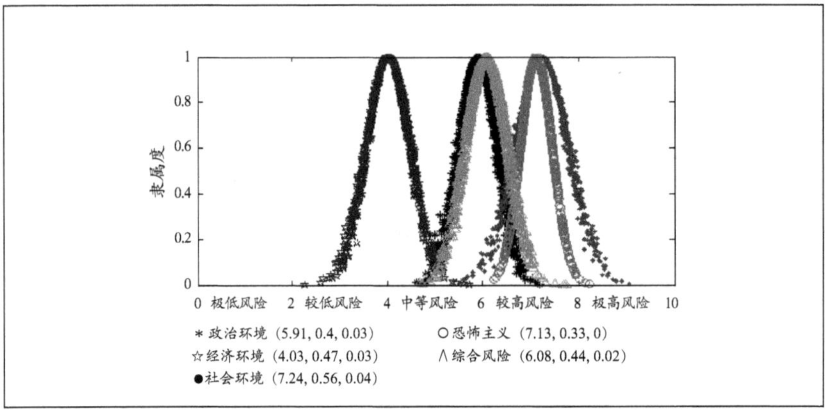

（4）新加坡

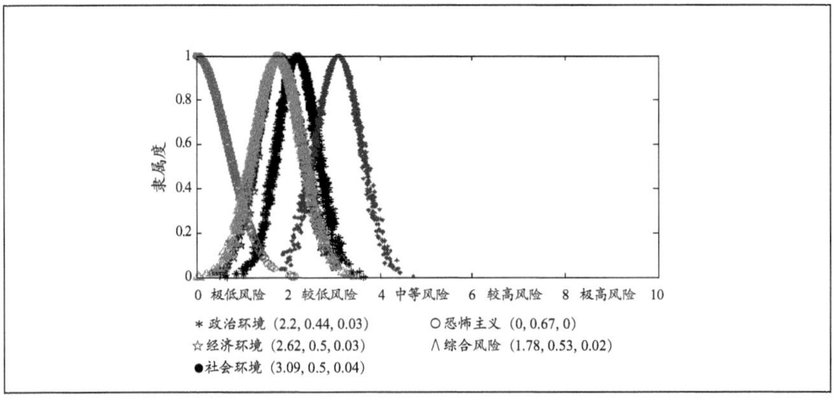

（5）泰国

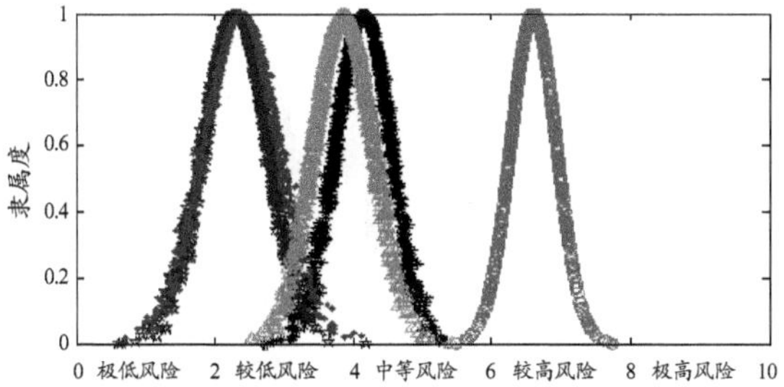

＊政治环境（4.15, 0.4, 0.03）　○恐怖主义（6.61, 0.33, 0）
☆经济环境（2.31, 0.47, 0.03）　∧综合风险（3.86, 0.43, 0.02）
●社会环境（2.39, 0.53, 0.04）

（6）文莱

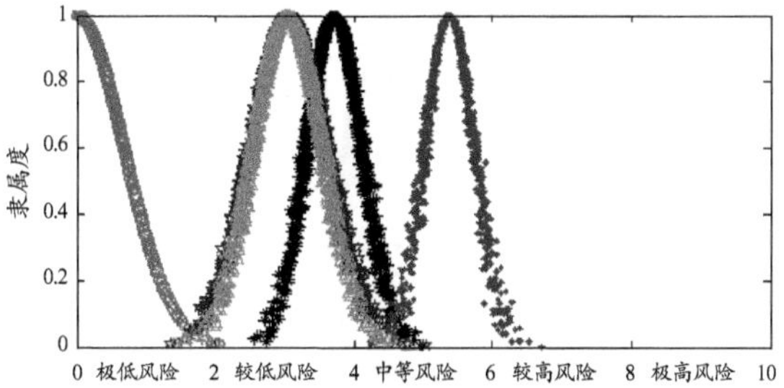

＊政治环境（3.71, 0.4, 0.03）　○恐怖主义（0, 0.67, 0）
☆经济环境（3.06, 0.56, 0.03）　∧综合风险（3.04, 0.5, 0.02）
●社会环境（5.39, 0.36, 0.04）

（7）越南

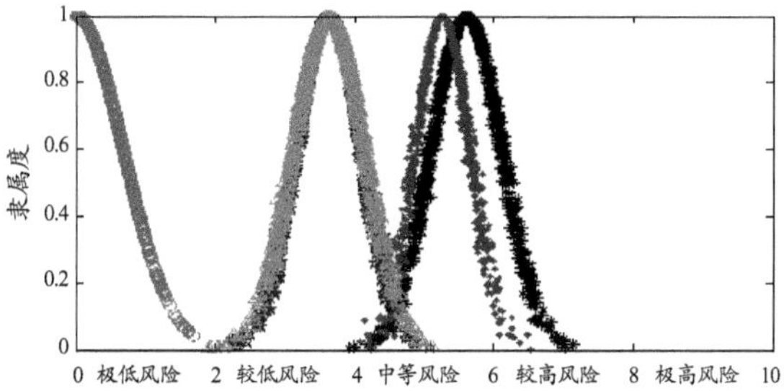

＊政治环境（5.61, 0.5, 0.03）　○恐怖主义（0, 0.67, 0）
☆经济环境（3.64, 0.46, 0.03）　∧综合风险（3.63, 0.5, 0.02）
●社会环境（5.27, 0.39, 0.04）

（8）缅甸

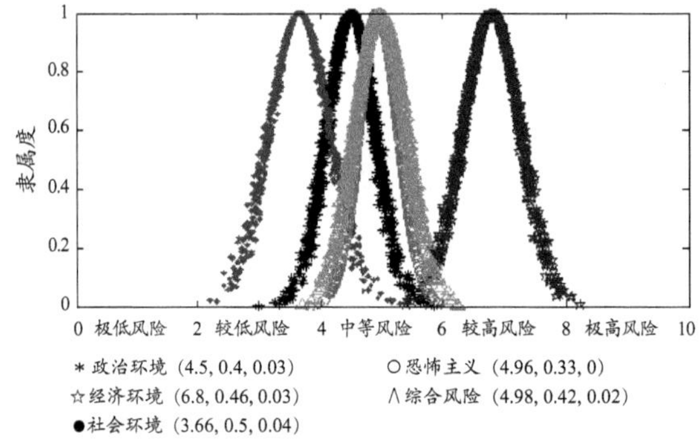

（9）柬埔寨

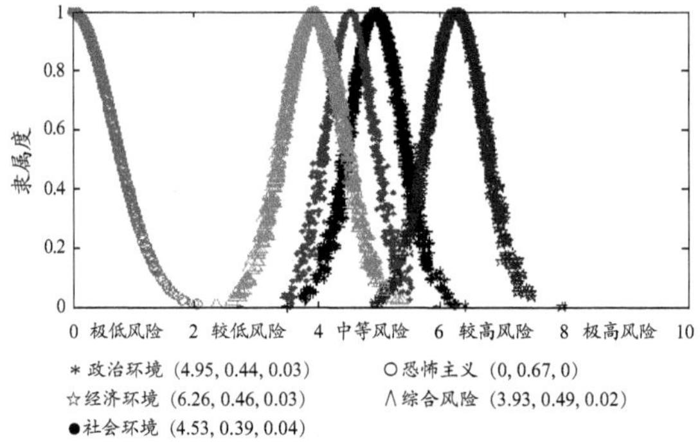

东盟地区，菲律宾投资安全风险相对较高，主要受政治环境、社会环境、恐怖主义的影响，经济环境风险虽然相对较低，但不确定性很大。印尼、缅甸投资安全风险处于中等，缅甸由于脆弱的基础设施，移动电话普及率、互联网普及率、相关法律制度完善程度均较低，投资条件风险较高，加之国家经济发展较弱，贫富差距较大，经济指标并不理想，且缅甸本国的社会环境虽然总体处于较低风险水平，但不确定性极大。印尼各方面风险水平相差不大，主要风险源存在于社会环境、国家教育水平较低、福利政策较差以及国内存在较大的反华情绪，但总体社会风险处于可控范围。马来西亚、泰国、文莱、越南、柬埔寨风险较低。值得关注的是，受外部环境影响，马来西亚的政治环境风险不确定性较大，且由于国内贫富差距悬殊等阻碍，使得其他方面表现较优经济环境也具有较大不确定性。越南整体风险较低（主要得益于其受恐怖主义影响极小），社会环境较优；经济环境虽然不确定性较大，但仍然处于低风险；越南政治环境风险较高，除与我国存在领土争端以外，与周边国家也存在不同程度的争端；国内政治环境也较差，换届平稳度不高，外交能力不足，需要给予较大关注。该区域中，新加坡投资风险最低，经济环境及社会环境不确定性分别来自于政府财政余额不高及社会福利政策较差，但总体而言，经济环境和社会环境安全性较高。

2. 中东及非洲

图3　中东及非洲地区各国风险云组图

（1）阿联酋

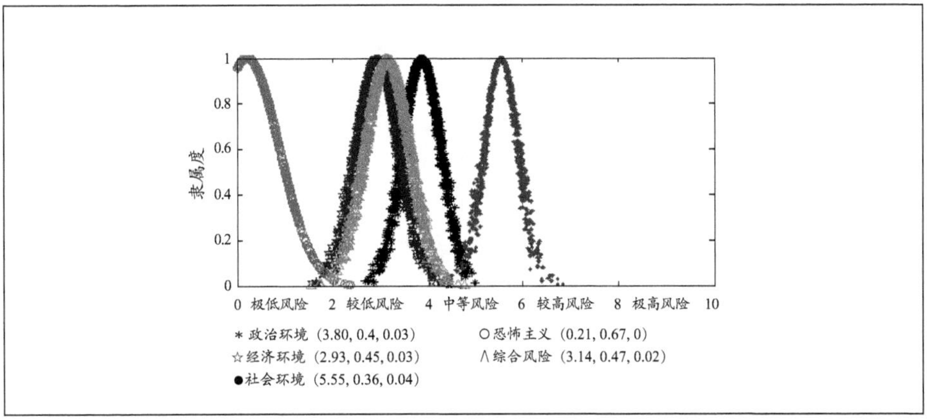

（2）伊朗

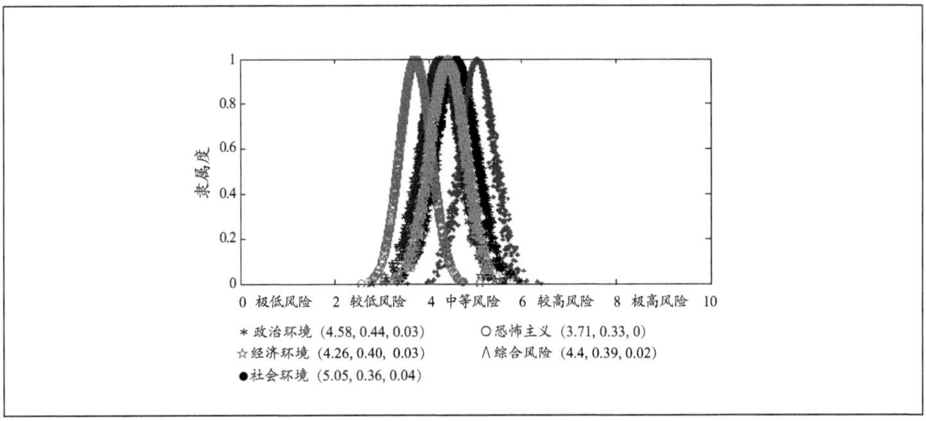

（3）巴林

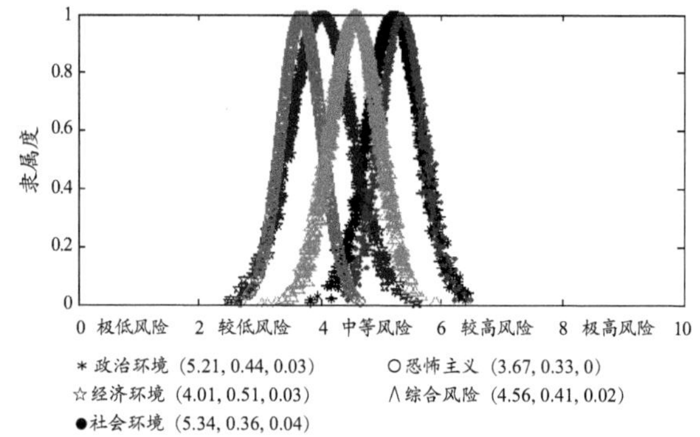

（4）以色列

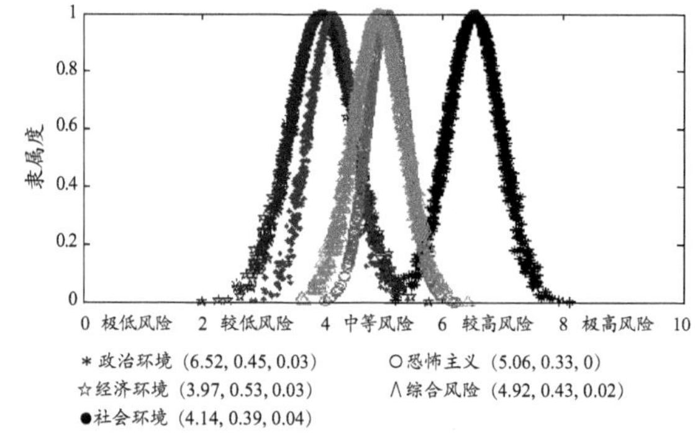

（5）卡塔尔

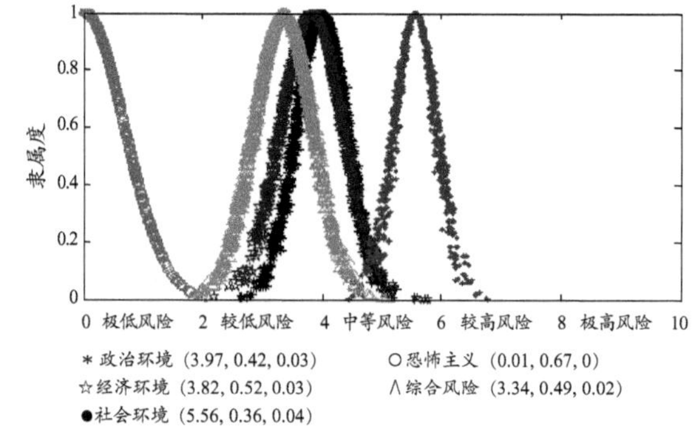

（6）阿曼

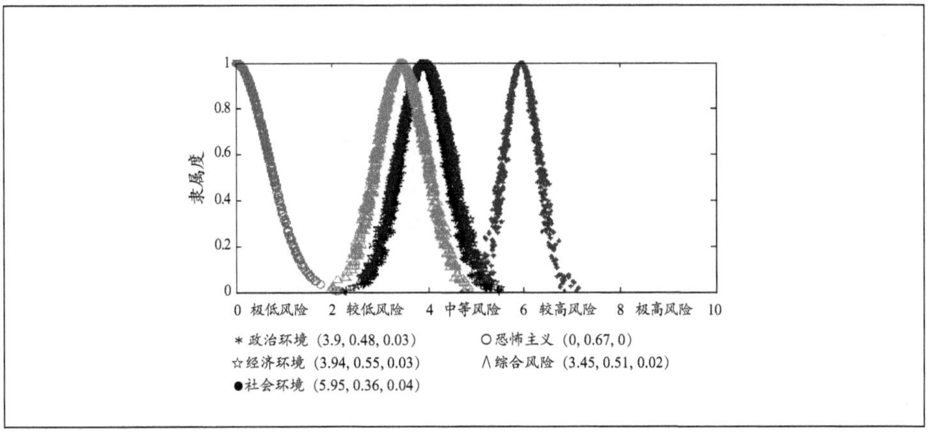

（7）黎巴嫩

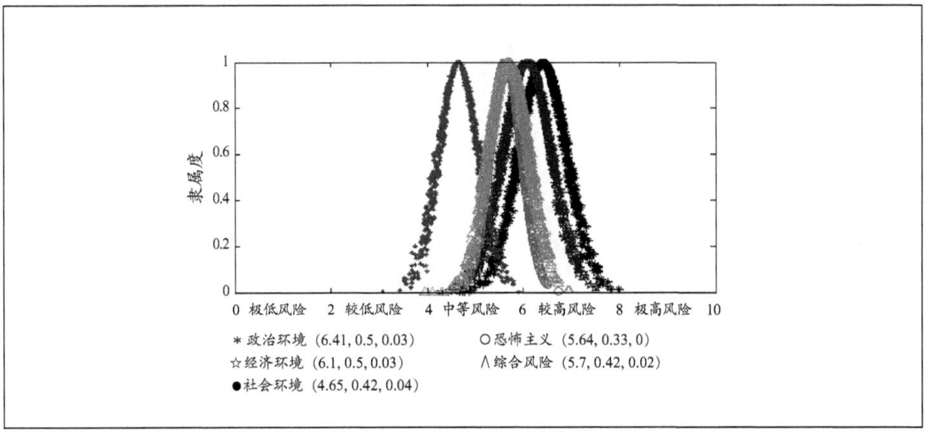

（8）沙特阿拉伯

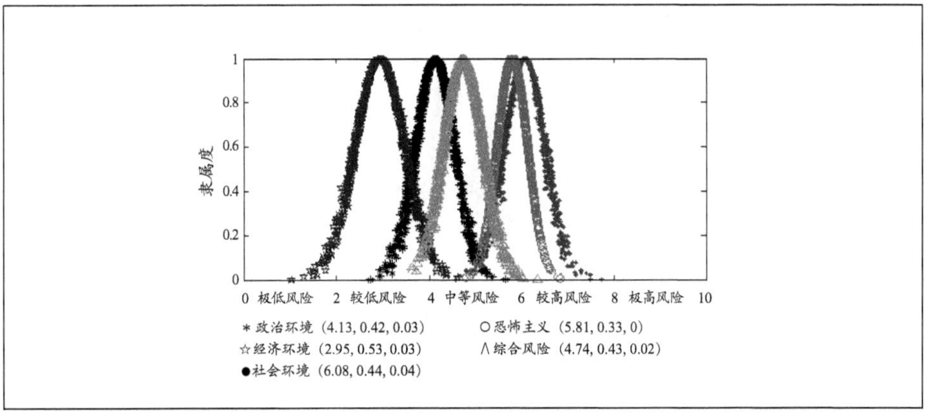

（9）也门

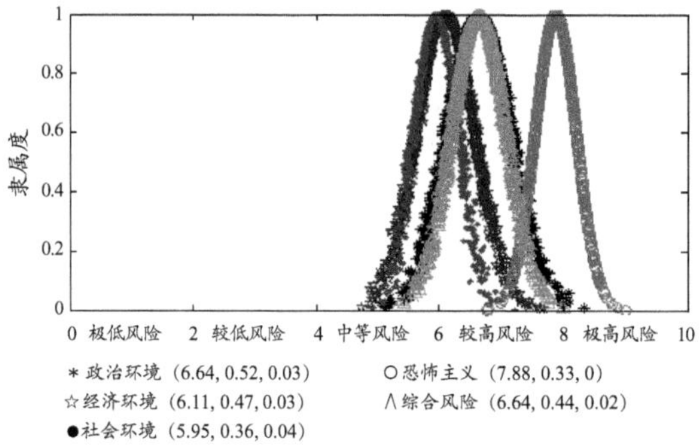

（10）伊拉克

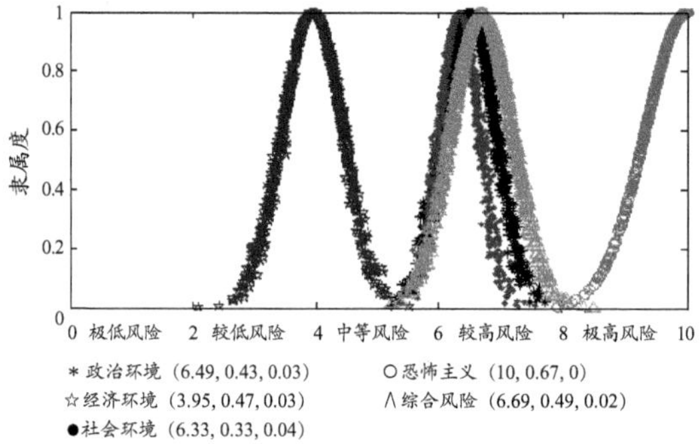

（11）科威特

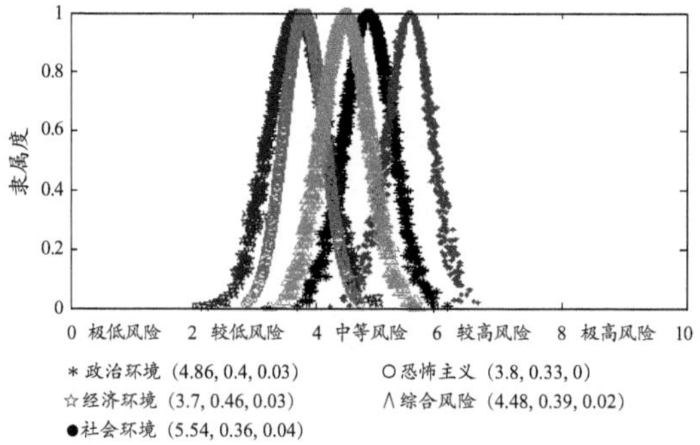

（12）埃及

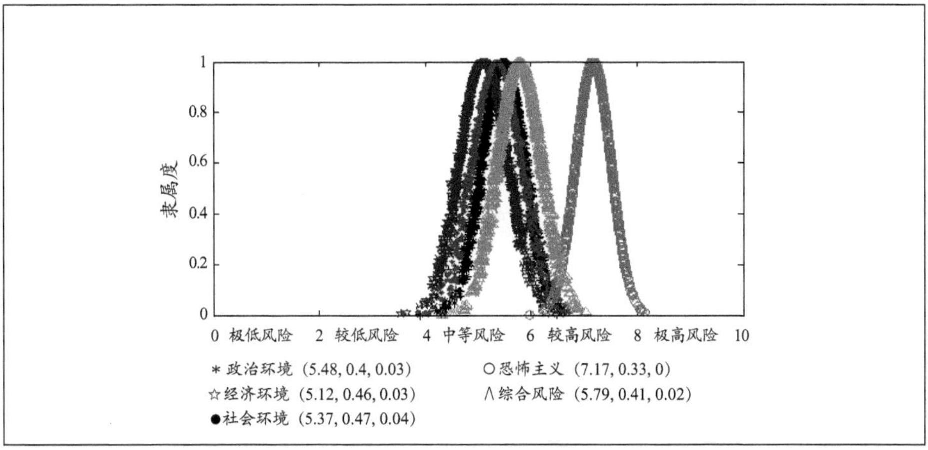

（13）吉布提

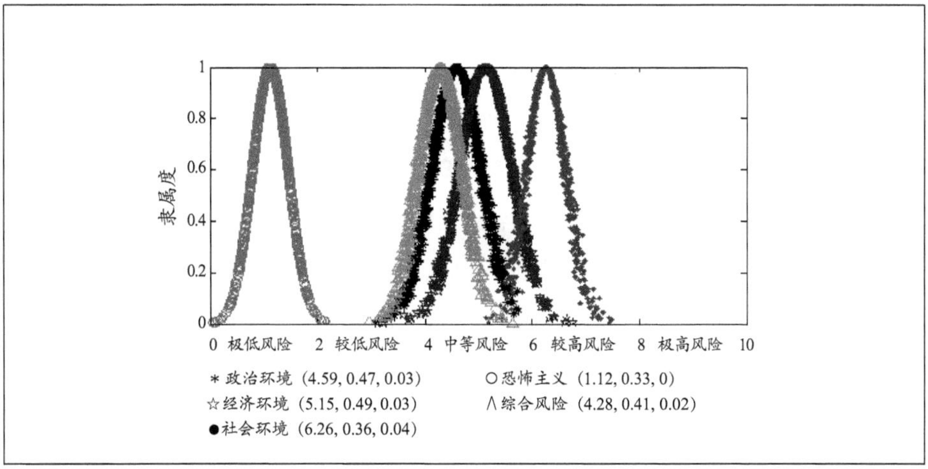

中东及非洲地区，受"耶路撒冷事件"影响，该区域国家与大国结盟关系受到较大影响，整体政治环境风险有所降低。也门、伊拉克安全风险最高。也门政治环境、经济环境、恐怖主义风险均较高。也门政治稳定性极低，政府治理能力差，国内安全环境极差，加之与我国尚未建立起较好的伙伴关系，经贸合作较少，政治环境风险较高；经济方面，基础设施薄弱，投资准入条件较高，不利于引进外来投资，国内经济指标较差，经济增速缓慢，经济环境同样风险较高；也门身处恐怖组织活跃的中东地区，且自身政治、经济实力较弱，常成为恐怖组织聚集地。伊拉克依赖能源出口，国家整体经济环境不差，但政治环境、社会环境安全性低。政治方面，政府能力低，国家政局极为不稳定，为大国所控制；社会方面，受战乱影响，国家教育水平、福利政策较为落后，与我国宗教、文化差异较大。此外，黎巴嫩、埃及安全风险也较高。黎巴嫩主要风险来源于其政治环境及经济环境，其政府能力不足，外交能力欠缺，国家安全环境较差，与周边国家存在较大领土争端，与我国也尚未建立起较好的伙伴关系，经贸合作交流较少；另一方面，黎巴嫩国内经济指标较差，基础设施相对薄弱。埃及各方面风险不低，主要来源于恐怖主义风险，而政治环境不佳主要源于政府治理能力风险，外交能力不足，且换届平稳性低；投资准入条件不低，而国内整体经济指标较差；社会方面主要风险来源于与我国的宗教、文化差异。巴林、以色列、沙特阿拉伯、科威特安全风险均处于中等等级。巴林主要风险源于与我国较少的合作交流经验与机制，以及不高的福利政策及环境政策水平；以色列安全风险主要源自政治环境风险，受地区不稳定因素的影响，国家政治稳定性差，且与大国结盟程度过高，在一定程度上制约与我国关系发展；沙特阿拉伯安全风险主要来源于社会环境风险及恐怖主义；科威特政治环境风险、社会环境风险较高，与我国尚未建立起友好的伙伴关系，并缺少经贸交流、文化交流。伊朗、卡塔尔、阿曼、阿联酋、吉布提等国安全风险较低。值得关注的是，尽管卡塔尔目前经济环境较优，但国家贫富差距较大，汇率波动较大，国家严重依赖出口经济，外汇储备低，经济环境安全的不确定性较大。阿曼同样存在经济环境安全不确定性较大的问题，国家换届稳定性较差，与我国尚未建立友好的伙伴关系，经贸合作较少。吉布提社会环境安全风险较大，教育水平不高，政府福利政策较差，环境政策一般。

3. 南亚

南亚区域，印度安全风险较高，巴基斯坦、孟加拉国安全风险处于中等级别，斯里兰卡、马尔代夫安全风险相对较低。印度安全风险主要来源于政治环境及恐怖主义，重点反映在国家外交能力不足，政局稳定性较差，内部安全环境较差，加之与周边国家存在领土争端，特别是“洞朗事件”的发生，使得我国在该国投资的政治环境风险较高。巴基斯坦安全风险主要来源于恐怖主义。孟加拉国经济环境、社会环境风险均不低，受恐怖主义威胁较大，但其政治环境较优。斯里兰卡、马尔代夫虽然风险较低，但斯里兰卡的政治环境、马尔代夫整体人文环境不确定性较大。斯里兰卡政治环境的不确定性主要来源于其政府治理能力不高；马尔代夫同样存在政府治理能力不高的问题，政府换届平稳度较低，而本国投资准入条件较高，便利度有待提高。

图4　南亚地区各国风险云组图

（1）印度

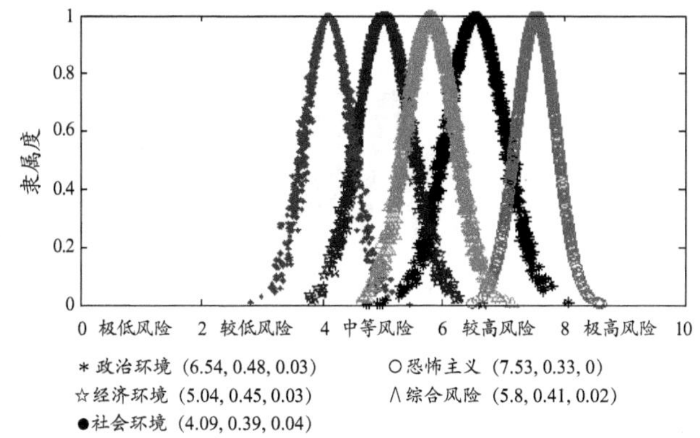

（2）马尔代夫

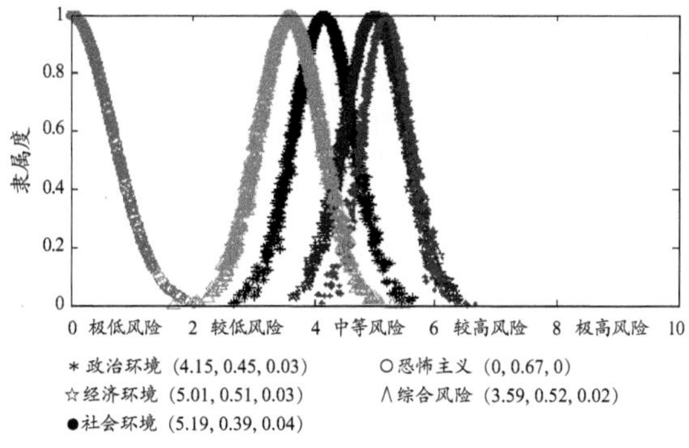

（3）巴基斯坦

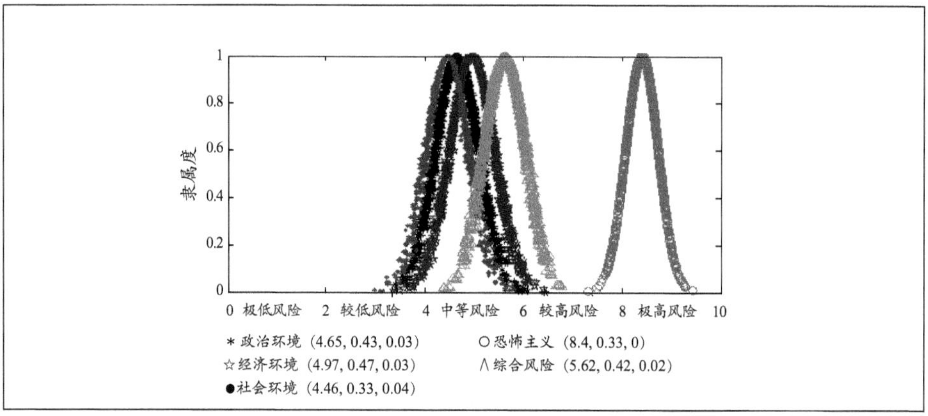

（4）孟加拉国

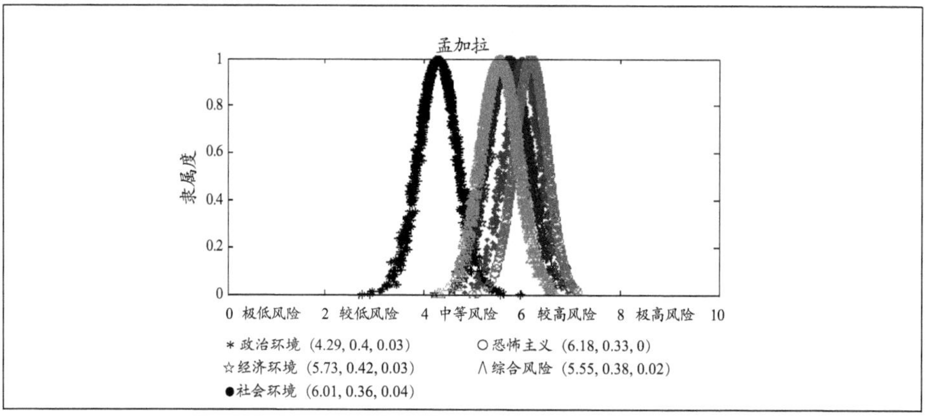

（5）斯里兰卡

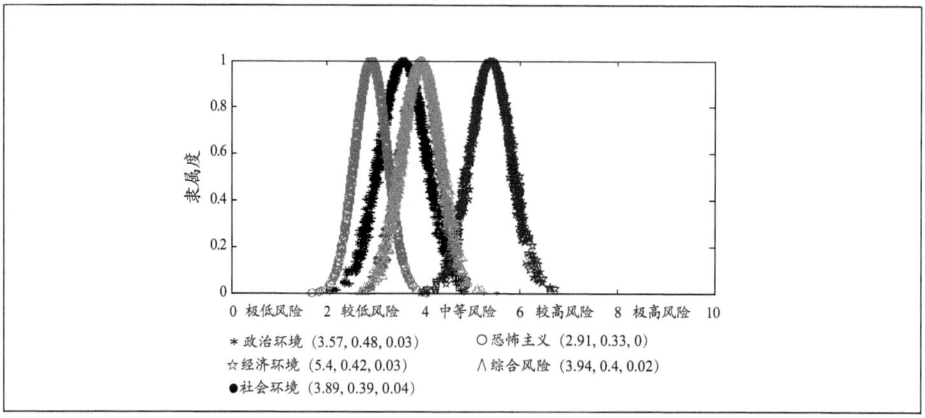

罗立彬①

“一带一路”与北京对外文化贸易外部环境研究

内容介绍

〔摘　要〕在“一带一路”全面开放背景下，北京发展对外文化贸易具备市场、产业、基础设施、旅游资源、贸易基础、政策等优势；国家战略与发展、国际趋势及文化产品特性为北京发展对外文化贸易提供了机遇；与此同时，北京的文化企业面临创新意识、历史渊源、企业导向方面等劣势；“一带一路”沿线国家的需求、潜在文化冲突与文化折扣等也为北京发展文化贸易带来挑战。因此，北京应利用“本地市场效应”，加强与“一带一路”沿线国家合作、强化科技与文化产业融合、遵循经济与市场规律、适应汉语国际传播需要来发展针对“一带一路”国家的文化贸易，而政府在签订合作协议、加强监管、做好平台服务方面可大有作为。

〔关键词〕“一带一路”；北京文化贸易；内外部环境

---

① 罗立彬，经济学博士，北京第二外国语学院经济学院副院长、副教授。本人的硕士研究生吕兰同学在本文撰写过程中提供了部分数据查找与整理工作，在此致谢。

作为一项全球性的发展倡议，“一带一路”将对我国经济发展产生全方位的影响。北京的对外文化贸易发展战略也必将顺应“一带一路”国家战略的趋势，利用机遇、发挥优势，将对外文化贸易发展与“一带一路”倡议实施结合起来。

本文首先以“一带一路”节点城市为参考系①，分析北京发展对外文化贸易方面的优势和劣势，以及当前国际国内环境对北京发展面向“一带一路”沿线国家开展对外文化贸易所带来的机会与挑战，最后提出北京发展对外文化贸易的战略选择。

一、北京发展对外文化贸易的优势所在

1. 市场规模大且包容性强

文化贸易要以文化产业为基础，而后者需要巨大的内部市场为支撑。文化产品和服务生产具备较强的规模经济效应，市场规模可以支撑起大的投资额，促使本地文化产品和服务提升质量并形成贸易竞争力。

相对于“一带一路”其他节点城市，北京经济总量大、人均收入水平高。2014年北京地区生产总值达到2.13万亿元，高于除上海之外的其他所有“一带一路”节点城市，是所有节点城市地区生产总值平均数（7.8万亿元）的2.73倍，人均地区生产总值在所有25个样本城市中排第七位，属于第一梯队。服务业增加值占地区生产总值77.95%，在所有样本城市中最高。文化产品和服务具备显著的规模效应，且需求收入弹性大，北京巨大的经济总量和较高的人均收入水平使其构成一个巨大的文化市场。

2. 文化创意产业竞争力强

由清华大学国家文化产业研究中心与亚太文化创意产业协会共同研究完成的《两岸城市文化创意产业竞争力研究报告2015》对两岸36个城市

① 2015年3月28日，国家发改委、外交部、商务部联合发布《推动共建丝绸之路经济带和21世纪海上丝绸之路的愿景与行动》，其中提到重点建设两类节点城市。一类是21世纪丝绸之路建设的排头兵和主力军，包括上海、天津、宁波—舟山、广州、深圳、湛江、汕头、青岛、烟台、大连、福州、厦门、泉州、海口、三亚等沿海城市；另一类是内陆开放型经济高地，包括西安、兰州、西宁、重庆、成都、郑州、武汉、长沙、南昌、合肥等中西部内陆地区城市。本文以上述城市为参考系来分析北京发展对外文化贸易的优势和劣势。

的文化创意产业发展水平作了评估，最终，北京获得了两岸城市文化创意产业综合竞争力第一名以及大陆城市中文创实力单项评估的第一名。

北京是中国文化产业中心之一，其宠大的文化产业从业人员为对外贸易的开展奠定了基础。2014年，北京文化、体育、娱乐业从业人数为17.4万人，远远超过“一带一路”其他节点城市，是样本城市中排名第二的上海的2.65倍。文化、体育、娱乐从业人数占年末所有从业人数的比重在所有样本城市中也排名第一，达到2.31%，排名第二的郑州比重为2%，但是其所有从业人员数量只有12.23万人，远低于北京的水平。

3. 文化产业基础设施强

基础设施是发展文化贸易的必备条件，演艺贸易需要剧场和影院，也需要强大的交通运输能力将物力和人员运送到演出地点，强大的因特网有利于传统文化产品和服务通过“互联网+”的方式来进行传播。

到2014年为止，北京全市的剧场和影院数量达到251个，远远超过其他城市，是“一带一路”其他节点城市的平均数33.26个的7.5倍，是排在第二位的武汉的2倍多。公共图书馆藏书量和每百人公共图书馆藏书量也都名列前茅，这对于提高市民的文化修养发挥了重要作用。北京的交通运输设施发达，在客运总量方面，北京2014年达到7.17亿人，在样本城市中，仅仅低于广州，而且除了重庆的客运总量规模与北京水平相当之外，其余“一带一路”节点城市都与北京的规模相去甚远。北京邮政、通信基础设施方面的条件也较优于样本城市中的其他“一带一路”节点城市，尤其是在电信业务收入方面，北京在样本城市中仅次于上海，位于第二位，达到687.37亿元；邮政业务收入方面，北京排第三，位于深圳和广州之后，邮政局数量方面，北京位于重庆之后排在第二位。

4. 旅游发展文化贸易潜力较大

对于一些“以目的地为导向”的文化产品和服务，旅游业是发展对外文化贸易的重要载体，也是实现文化产品“出口不出国”的重要方式，可以帮助文化贸易以“异地消费”的方式实现。2015年北京接待入境旅游者420万人，其中外国人357.6万人次，港澳台游客62.4万人次，旅游外汇收入46亿美元，接待国内旅游者2.7亿人次，国内旅游收入4320亿元。

5. 文化贸易基础好

由商务部、中宣部、财政部、文化部、新闻出版广电总局共同认定的2013-2014年度国家文化出口重点企业中，北京一共有60家，占总数366家企业的16.39%，远远高于“一带一路”其他节点城市，数量排名第二的上海有35家重点企业；而在国家文化出口重点项目当中，北京的项目一共有37项，数量远远超过其他城市。自2006年以来，文化贸易额从12.65亿美元提高至2015年的30.28亿美元，年均增长10.2%。其中，动漫游戏出口、图书版权输出和电影出口始终位居中国前列。

6. 政策支持

2015年，北京市成为全国首个服务业扩大开放综合试点城市。北京将重点推动科学技术服务、互联网和信息服务、文化教育服务、金融服务、商务和旅游服务、健康医疗服务领域的对外开放力度。在符合相关法规的条件下，北京将允许外资金融机构设立外资银行、民营资本与外资金融机构共同设立中外合资银行，允许外商独资演出经纪机构，在北京市域范围内提供服务。目前北京是全国3个国家对外文化贸易基地之一，另外2个分别位于上海和深圳。2016年3月，北京市政府发布了《北京市关于加快发展对外文化贸易的实施意见》，明确指出要“加快发展对外文化贸易，提高本市文化企业的国际影响力和竞争力，推动北京文化‘走出去’，在更大范围、更广领域和更高层次上参与国际文化合作与竞争，使北京成为向全世界展示中华文化的首要窗口”。

7. 区域优势

京津冀一体化已经上升为国家战略。天津作为对外文化贸易基地，将于2015年启动。京津冀一体化将进一步促进辖区内市场融合统一，形成统一的文化市场，更好地发挥本地市场优势，促进文化贸易出口。

8. 丰富的教育资源对海外留学生产生吸引力

北京是全国拥有高校数量最多的城市，教育资源丰富，是海外留学生在中国的重要集中地。这使北京成为中国向海外传播中国语言和文化的重要中心城市。从2005—2014年，北京在中国所有省和直辖市中稳居来华留学生人数第一位，10年累计接收来华留学生总数接近51万人次。2014年，北京来华留学生达到74342人，占当年来华留学生总数377054人中的19.7%。

二、北京发展文化贸易的重要机遇

1. 北京在京津冀一体化中的城市功能定位

作为当前国家的重大战略[①]，京津冀一体化的重要内容就是“疏解北京的非首都核心功能”。“十三五”规划为京津冀三地一体化过程中的功能定位做出了明确规划：北京重点发展知识经济、服务经济、绿色经济，加快构建高精尖产业结构。《京津冀协同发展总规划》将北京的城市功能定位明确为“四个中心”，即政治中心、文化中心、国际交往中心和科技创新中心。文化产业中的版权、演艺、影视和文化贸易等均是知识含量高和绿色环保的服务行业，而文化贸易更是可以对“国际交往中心”的建设发挥重要作用。因此，在未来五年北京疏解非首都核心功能过程中，在京津冀三地协调发展过程中，北京的文化产业和文化贸易将迎来重要机遇期。

2. 发展文化贸易处于前所未有的机遇期

2014年2月26日，国务院印发了《关于推进文化创意和设计服务与相关产业融合发展的若干意见》文件。同年3月《国务院关于加快发展对外文化贸易的意见》明确指出：要加快发展传统文化产业和新兴文化产业，扩大文化产品和服务出口，加大文化领域对外投资。之后，各地不仅纷纷出台加快发展对外文化贸易的实施意见，而且与文化贸易相关的工作纷纷启动和完善，对外文化贸易发展迎来了前所未有的机遇期。十三五规划中明确指出要努力推动“文化产业成为国民经济支柱性产业，中华文化影响持续扩大”，发展文化产业和文化贸易符合当前十三五规划中所倡导的“创新、协调、绿色、开放和共享”的经济发展理念。

---

① 2014年2月26日，习近平总书记在听取京津冀协同发展工作汇报时强调，实现京津冀协同发展是一个重大国家战略，要坚持优势互补、互利共赢、扎实推进，加快走出一条科学持续的协同发展路子。

3. 互联网等新兴技术的融合发展

2018年底，中国工业和信息化部已经在全国开展第五代移动通讯系统试验，并推动基商业化进程。中国目前已经建成全球最大的4G网络，基站规模超过200万个，互联网和移动互联网用户数全球第一，也培育了一批具有国际竞争力的企业。“十三五”期间，中国的互联网还将经历更大的发展。“十三五”规划指出：要实施网络强国战略，加快建设数字中国，推动信息技术与经济社会发展深度融合。2015年中国固定宽带家庭普及率和移动宽带用户普及率分别为40%和57%。到2020年，这两项指标将分别达到70%和85%，年均增长率预计分别为30%和28%[①]。

2015年第一季度，全球平均连接速度首次达到5Mbps，相比上一季度增长了10%，有6个国家更是达到了15Mbps，包括爱尔兰、瑞典、荷兰等。根据IDC的数字宇宙研究报告，到2020年全球数据将超过40Zb，全球数据量目前以每年58%的速度增长，未来会更快。当前全球数据占比居前三位置的是美国（32%）、西欧（19%）和中国（13%）。到2020年，预计仅中国就将产生全球21%的数据，其中存储在云端的46.7%数据将涉及娱乐[②]。

“互联网+”为文化贸易提供了很大的发展空间。视频网站及移动平台使各国对文化产品的需求迅速提高，也降低了文化贸易的成本，原本受场地严重限制的一些“现场演出类”文化产品，可以在互联网的帮助下突破场地限制。演艺类产品的可复制性提高，生产和分销效率都得到改进。对于原本不受场地限制的文化产品（如视听产品），互联网尤其是移动互联网不仅提高了它们的分销效率，而且为文化贸易的实现提供了更多更高效更低成本的发展空间。

4. 知识产权保护的强化提高文化产业再创新的可能性

知识产权保护的强化使文化产业进一步深化了全球分工和专业化水平，为中国文化产业融入全球化提供了巨大机会。文化领域引进、消化、

---

① 数据来源：中华人民共和国国民经济和社会发展第十三个五年规划纲要。

② 田新玲、刘海贵,《“互联网”背景下中国文化创意产品“走出去”策略探析——基于价值链的理论视角》[载《新闻爱好者》，2016年第3期]。

吸收再创新的可能性增强，有可能带动文化贸易出口。以电视节目领域为例。21世纪初以来，电视节目领域的突出变化是节目内容日益从节目成品中分离出来，成为版权产品，且在国际上可贸易额大大增加，这意味着电视节目领域的“全球化”程度加深，对全球电视节目产业的发展具备变革性意义。对中国而言，这意味着中国电视节目领域引进、消化、吸收再创新并进行出口的空间增强。由于在这方面的“独一无二”优势，目前中国是仅次于美国的世界第二大电视节目市场。2014年，中国电视广告市场规模达到164.14亿美元（不包括视频网站的收入水平），这意味着中国可能通过“本地市场效应”① 形成出口优势。近年来，由于中国内地通过引进国际节目模式而进行的本土化运作，以及在中国内地市场规模所可获得的巨大投资利润的推动下，中国部分综艺节目制作水平已迅速超越原本综艺制作能力强大的中国台湾省地区，在华语电视领域上升到领先地位。比如自从2013年开始，中国大陆制作的综艺节目开始取代台湾综艺节目，在新加坡的华语电视台取得强势地位。据报道，当年新传媒U频道综艺节目收视排名前4当中，有3个是中国大陆的电视节目。他们分别是排名第一的《势不可挡》、第二的《中国梦想秀》和第四的《非诚勿扰》，其中前两位都是引进模式的本土化改造节目②。

5.“中国文化元素”逐渐成为全球文化产品的重要组成部分

近年来中国成为全球最大的文化娱乐产品市场之一，在某些领域甚至正在挑战全球主流市场地位，“中国文化元素”已成为全球性文化产品中重要组成部分。以全球化程度最高的文化产品之一——电影为例。2012年以来，中国一直保持全球第二大电影市场的位置，与第一大电影市场美国的差距越来越小，甚至有预测认为中国最终会超过美国成为全球第一大电影市场③。巨大的规模和高速增长使全球竞争力最强的美国好莱坞在面向全

① “本地市场效应”指在存在规模经济报酬递增时，如果存在运输成本，异质性产业趋于集中在较大的市场。一个较大的国内市场可以作为出口的基础。这种“本地市场效应”在实际中的相当普遍的。节目贸易的“运输成本”小到可以忽略，但是现实中却存在另外一个重要的贸易成本，即“文化折扣”。

② 参见《超越台湾节目：中国综艺节目来势汹汹》[载联合早报网，http://www.zaobao.com/culture/entertainment/others/story20150703-498623]。

③ 虽然笔者认为，在中国GDP和美国GDP仍有相当差距之前，这一预测有可能“过于”乐观。

世界制作电影时，越来越多地加入“中国元素”。2014年含有大量中国元素的《变形金刚4》在中国内地票房达19亿元人民币以上。该影片在北美市场票房排行榜中仅排第五，却因中国内地票房而成为当年全球电影票房冠军。美国电影协会主席克里斯托弗多德受访时称自己“迫不及待地想看针对中国市场的好莱坞定制电影”。好莱坞电影在全球电影市场上备受关注和欢迎，当它加入越来越多的中国元素之后，中国的文化元素也就会随之被传至世界各地。

6. 经济实力的增强带动汉语国际影响力的提升

中国经济崛起是21世纪世界经济最重大事件[①]。中国目前是全球第一大贸易国、第二大对外直接投资国、第一大出境游来源国。中国经济实力的增强使汉语普通话的经济价值大大提升。第一贸易大国的地位要求提高汉语在国际贸易中的使用比例；对外投资的迅速增长增加了国外的汉语工作机会；出境游和海外购物促使海外商家为满足中国游客需要，增加汉语标识语、导游和导购。中国文化产业的增长也吸引一批“外国人”成为汉语类文化产业的从业者。目前由外国人参与做主要嘉宾的电视节目至少有十个左右。总之，由于在当今“和平与发展”为主题的“全球化”世界，语言国际传播的关键决定因素已经从16世纪以前的“军事实力”转移为20世纪之后的“经济”[②]实力，中国经济崛起提升了汉语在全球的影响力。

中国政府近年来在推动汉语国际传播以及中国文化国际传播方面也做出了巨大成绩。到2015年底，共有135个国家建立了500所孔子学院和1000个中小学孔子课堂[③]。2004年，“一带一路”沿线国家只有两所孔子学院，到2014年，中国已经在其中的51国建立了174所孔子学院，只有14国[④]未建立孔子学院。

---

① 卢锋、李昕、李双双、姜志霄、张杰平、杨业伟,《为什么是中国——“一带一路”的经济逻辑》[载《国际经济评论》，2015年第3期]。

② 吴应辉,《国家硬实力是语言国际传播的决定性因素——联合国五种工作语言的国际化历程对汉语国际传播的启示》[载《汉语国际传播研究》，2011年第1期]。

③ 数据来源:《孔子学院年度报告2015》[载http://www.hanban.edu.cn/report/]。

④ 到2014年底,“一带一路”沿线尚未建立孔子学院的14国是：文莱、伊拉克、叙利亚、巴勒斯坦、沙特阿拉伯、也门、阿曼、卡塔尔、科威特、马尔代夫、不丹、乌兹别克斯坦、土库曼斯坦、波黑。

一国语言与文化产业之间存在着相互促进的作用，语言传播可以潜移默化地传播文化。法国著名思想家和符号学家罗兰巴特说："无论从哪方面看，文化都离不开语言。"美国学者萨缪尔·亨廷顿也指出："任何文化或文明的主要因素都是语言和宗教。"因此，随着汉语国际影响力的提升，中国文化影响力也会进一步增强。

7. "一带一路"沿线国家是来华留学生的重要来源地

2011、2012和2014年，有6个属于"一带一路"沿线国家一直处于来华留学生人数排名前十的国家行列，即泰国、俄罗斯、印尼、印度、巴基斯坦、哈萨克斯坦。此外，越南也一直是来华留学生数量最多的国家之一。这些国家当中，除了越南之外，其他几国近几年来华留学生数量都出现了较大幅度的增长，使它们的整体排名一直在提高。

表1　2011、2012和2014年来华留学生人数排名前十国家（单位：万人）

年　份	韩　国	美　国	日　本	泰　国	越　南	俄罗斯	印　尼	印　度	巴基斯坦	哈萨克斯　坦
2011年	6.24	2.33	1.8	1.41	1.35	1.33	1.10	0.94	0.85	0.83
2012年	6.35	2.46	2.11	1.67	1.50	1.31	1.30	1.02	0.96	0.95
2014年	6.29	2.42	2.13	1.72	1.51	1.37	1.36	1.34	1.18	1.07

资料来源：根据2011、2012和2014年中国教育部网站数据整理

8. 中国与"一带一路"沿线国家的贸易和投资往来更加密切

商务部数据显示，2016年一季度，我国与"一带一路"沿线国家双边贸易额2360亿美元，占全国进出口总额的26%；对"一带一路"沿线国家实现非金融类直接投资25.6亿美元，占同期对外直接投资总额的9.9%。在"一带一路"倡议的推动下，到2015年底，中国在境外投资建设的经贸合作区已达75个，建区企业累计投资超过70亿美元，进入园区的企业超过1200家，合作园区累计产值超过420美元。为当地经济建设作出了重要贡献，受惠14亿美元，累计雇佣当地员工超过了15万人①。贸易与投资往来

① 数据来源：《2015年中企对"一带一路"相关国家直接投资达148亿美元》[载http://finance.sina.com.cn/roll/2016-06-22/doc-ifxtfsae6023821.shtml，2016年6月24日访问]。

是文化传播的重要渠道，尤其是企业对外直接投资中涉及到的管理操作和管理风格、企业文化，都是展示一国文化的重要窗口，有助于“一带一路”国家人们更加了解中国文化。

9. 文化产品生产本身的特点有利于进行文化贸易出口的培育

文化产品生产“规模经济效应”的显著特点决定了它可以根据不同市场需求价格弹性差异而实施“歧视定价”。甚至当它在国内收回成本后，出口定价完全取决于市场的人均收入水平，而与制作成本基本无关。比如美国电视剧在不同国家的价格基本上与制作成本无关，却完全取决于当地市场的收入水平。从表2数据可见，虽然一集电视剧的成本完全相同，但

表2 一小时进口美国电视剧在不同国家电视台的价格（2004年）

国　家	平均价格（美元）	人均GDP（美元）	GDP（10亿美元）
阿尔巴尼亚	250-300	2,416.60	7.31
澳大利亚	25000-35000	30,440.90	612.70
孟加拉国	250-350	462.30	65.11
玻利维亚	250-750	978.30	8.77
巴　西	4000-7000	3,596.20	669.32
加拿大（英语区）	20000-60000	31,979.90	1023.20
法　国	10000-50000	33,874.70	2124.11
德　国	20000-55000	34,165.90	2819.25
印　度	1000-2000	640.60	721.58
伊拉克	350-500	1,391.60	36.63
以色列	800-1500	19,888.20	135.42
日　本	45000-70000	36,441.50	4655.80
墨西哥	1500-5000	7,115.10	770.27
沙特阿拉伯	800-1000	10,756.00	258.74
南　非	2000-2250	4,901.10	228.59
英　国	20000-100000	38,305.90	2297.89
津巴布韦	150-200	451.20	5.81

数据来源：进口电视剧价格引自Havens (2006)；人均GDP和GDP数据引自世界银行数据库

是在不同国家的价格却大相径庭。我们将表中的价格、各国人均GDP和各国GDP各取对数进行多元回归分析，发现价格对数与人均GDP对数及GDP对数的相关系数分别为0.56和0.58，两个变量都在1%的水平下。这说明电视剧价格对于进口国人均GDP和GDP总量的弹性分别为0.56和0.58。历史上美国好莱坞电视节目占领全球市场的过程中，曾经运用大量搭售的做法，即好莱坞的厂商将其过去制作的大量电视节目打包，要求客户在购买其某一节目时，必须同时以极低价格购买大量其他节目，成本显然已经成为不重要的因素。①

这样，即使是在收入水平不高、文化消费市场规模不大的国家和地区，文化贸易出口依然可以实现，而且越是收入水平低的国家，就越容易进入，因为当地往往没有成熟高质量的本地文化产品和进口产品与之竞争。

三、北京发展文化贸易面临的问题

1. 北京与“一带一路”相关文化资源不足

与其他“一带一路”节点城市相比，北京相关旅游资源与文化资源不足。北京特色文化有时反而成为创新的束缚，地域性文化遇到的文化折扣更大。

2. 国内市场规模迅速增长可使北京文化产品从业者只关注国内市场

以电影产业为例，据普华永道最新发布的全球娱乐及媒体行业展望报告称，未来五年，中国票房收入将以19.1%的年均复合增长率稳定上涨，到2020年将达到150.8亿美元；同期全球票房收入有望以5.97%的年均复合增长率升至493亿美元，如果不包含中国的票房收入，未来5年全球票房收入年均复合增长率将下跌至2.27%。

不断扩大的中国市场在吸引全世界文化产品加入中国元素的同时，也使中国文化产品越来越以“国内市场”为中心，这从经济学角度看是“理

① Havens, Timothy, Global Television Marketplace[M], London: British Film Institute, 2006.

性”选择。但是客观上它也很可能导致中国文化产品更加“中国化”，不会“为全世界生产文化产品”，而这并不一定会提高中国文化产品的出口竞争力。比如有报道称，近年来随着中国电影票房规模每年以20%的高速增长，中国电影在国际电影节上获奖的次数却越来越少，国际影响力未见快速提高。

3. 北京接收海外留学生人数近两年开始下降

虽然近几年来华留学生总数一直在增长，但是一线城市吸收留学生人数却在下降。2005—2014年，北京在中国所有城市当中稳居来华留学生人数第一位，10年累计接收来华留学生总数接近51万人次。但是，北京的留学生人数增速总体却呈现下降趋势，2013年和2014年连续两年负增长，分别是-0.37%和3.97%，形势不容乐观。2005—2014年间，一线省市来华留学生人数占比由2005年的59.25%，逐年下降至2014年的47.01%，累计降幅超过12%。这也意味着其他省市留学生人数总量占比上升12%，逐步缩小与一线城市差距。[①]

四、北京发展对外文化贸易可能遭遇的挑战

1.“一带一路”沿线经济实力较弱国家对文化产品的需求有限

根据世界银行的标准，在“一带一路”60多个国家中，中低收入和低收入国家有24个，中高收入国家为18个，其中中低收入国家和低收入国家的比重占比较高。这些国家收入水平较低，对文化产品本身的市场需求水平较低。以互联网普及程度为例，由国际电信联盟和UNESCO联合设立的宽带数字发展委员会发布的2015《宽带状况报告》的数据显示，全世界到目前为止已有32亿人可以联网，相当于全球总人口的43%。但是在“一带一路”沿线的21个中低收入和低收入国家中，每100人能上网人数平均值为25，其中有15个国家的数字低于全球平均数，最低的东帝汶，每100人中互联网用户只有1.1个。文化产品需求较低，加上基础设施落后，可能对北京文化贸易出口产生不良影响。

① 数据来源:《2014年度来华留学调查报告》[载http://www.eol.cn/html/lhlx/content.html]。

2. 商业性文化产品与传统文化之间的冲突

"一带一路"沿线国家文化多样，在经济增长且文化市场扩大的过程中，可能遭遇商业性文化产品与传统文化之间的冲突。如果商业性文化来自于国外，则可能引起人民的反感甚至抵制。文化和商业之间具有相生相克的性质，文化的形成要求多样性，商业则要求规模经济效应，尤其是对文化产品这种无论是生产还是消费都需规模经济效应十分明显的产品来说更是如此。经济发展和传统文化的保持与传承之间总是面临矛盾和需要协调的关系。发展文化贸易，本质上要求运用商业化的方式将文化因素作为投入品，转化为能够满足更大规模人群的文化产品，其中必然涉及传统文化因素的取舍和重新组合，从而与文化"原产国"对传统文化的理解有所偏差，导致一些文化冲突。

3. 文化折扣问题成为文化贸易的障碍

文化折扣问题使人们在接受其他国家文化产品时会"打折扣"，文化折扣大小受到语言、历史、传统等多方面的影响。文化距离是广泛被引用作为评价不同国家文化差异性的定量化指标，我们根据吉尔特·霍夫斯泰德《文化指数论》(Geert Hofstede, Cultural Dimensions)[①] 的数据，借鉴W·威内·傅（W. Wayne Fu）和特拉希·K·李（Tracy K. Lee）[②] 的方法，对38个"一带一路"沿线国家与中国的文化距离加以测度，由近到远归纳为表3。从表3可见，中国与东南亚国家的文化距离较近，平均为1.21；接下来分别是南亚国家（平均1.84）、蒙俄和中东欧国家（平均2.55）、西亚和中东国家（平均2.93）。样本国家中与中国文化距离最近的前10位是印度尼西亚、新加坡、越南、孟加拉国、印度、阿尔巴尼亚、菲律宾、斯洛伐克、马来西亚、克罗地亚。

---

① Geert Hofstede, "Cultural Dimensions (2006)"[from Hofstede culture scores in http://www.geert-hofstede.com].

② W. Wayne Fu, Tracy K. Lee, "Economic and Cultural Influences on the Theatrical Consumption of Foreign Films in Singapore"[in *Journal of Media Economics*, 2008, 21(1):1-27].

虽然这并不能全面反映中国与样本国家的文化折扣问题，但可以提供一定参考。从文化距离上看，在其他条件相同的情况下，中国文化产品最容易被接受的应该是东南亚国家。这些国家不少历史上属于汉语圈，或者是受到中国传统儒家思想影响较深的文化，且有不少华人居住。这些都成为中国文化产品出口到这些国家的有利因素。而西亚和中东国家接受中国文化可能比较难。

表3 部分“一带一路”沿线国家与中国的文化距离

排名	国家	所属区域	文化距离
1	印度尼西亚	东南亚	0.63
2	新加坡	东南亚	0.69
3	越南	东南亚	0.69
4	孟加拉国	南亚	0.88
5	印度	南亚	0.97
6	阿尔巴尼亚	中东欧	1.00
7	菲律宾	东南亚	1.50
8	斯洛伐克	中东欧	1.57
9	马来西亚	东南亚	1.58
10	克罗地亚	中东欧	1.69
11	保加利亚	中东欧	1.71
12	巴基斯坦	南亚	1.77
13	叙利亚	西亚、中东	1.86
14	黎巴嫩	西亚、中东	1.98
15	捷克	中东欧	2.04
16	塞尔维亚	中东欧	2.12
17	罗马尼亚	中东欧	2.13
18	泰国	东南亚	2.17
19	沙特阿拉伯	西亚、中东	2.31
20	俄罗斯	蒙俄	2.36
21	约旦	西亚、中东	2.47
22	土耳其	西亚、中东	2.49
23	伊拉克	西亚、中东	2.49
24	斯里兰卡	南亚	2.51
25	爱沙尼亚	中东欧	2.72
26	乌克兰	中东欧	2.72
27	伊朗	西亚、中东	2.77

续表

排　名	国　家	所属区域	文化距离
28	尼泊尔	南　亚	3.06
29	斯洛文尼亚	中东欧	3.13
30	立陶宛	中东欧	3.19
31	埃　及	西亚、中东	3.3
32	波　兰	中东欧	3.33
33	阿联酋	西亚、中东	3.69
34	科威特	西亚、中东	3.88
35	拉脱维亚	中东欧	4.24
36	匈牙利	中东欧	4.34
37	以色列	西亚、中东	4.94
	东南亚国家平均		1.21
	南亚国家平均		1.84
	蒙俄和中东欧国家平均		2.55
	西亚和中东国家平均		2.93

数据来源：根据http://www.geert-hofstede.com数据计算

4. 中国文化产品目前在"一带一路"国家的影响力有限

以电影为例，黄会林等（2016）[①] 调研了46个"一带一路"沿线国家对中国电影接受度，发现过去12个月从未看过中国电影的比例高达23.6%，而只观看过1—5部中国电影的受访者比例为38.7%，两项加在一起为62.3%；在分区域调研中，发现无论是东北亚、东南亚、南亚、中亚、西亚北非、其他独联体，还是中东欧，所有这些地区内，"从未看过中国电影"的受访者比重都超过20%。而且绝大多数（74.5%）观看过中国电影的被访问者是通过免费网站观看的。由此可见，中国电影在"一带一路"沿线国家影响力有限，还有待提高。

① 黄会林、朱政、方彬等,《中国电影在"一带一路"战略区域的传播与接受效果——2015年度中国电影国际传播调研报告》[载《现代传播：中国传媒大学学报》，2016, 38(2):17-25]。

五、北京发展对外文化贸易的战略选择

1. 吸收全球优势资源，促进北京成为区域甚至全球文化产业中心

发挥北京市场规模大、包容性强、作为全国第一个服务贸易开放试点城市的政策优势，抓住全球文化产业分工与专业化深化的机遇，立足北京，放眼全球，吸收全球优势资源来为全亚洲甚至全世界生产文化产品。中国目前已经或者正在成为全亚洲文化市场的增长中心，北京作为中国的文化产业中心，凭借中国文化产业市场的规模和增长速度，绝对有能力做到以我为主，吸收全球优势资源来生产以中国市场为主体并兼顾“一带一路”部分国家市场，投资额较大的文化产品（比如电影、电视节目等）。

2. 与相关国家产业合作，共同生产符合两国文化价值观的文化产品

比如在制作电视节目时，可以引入“一带一路”某一沿线国家的演艺人员，在满足他们开拓中国市场的同时，也帮助其母国关注中国的文化产品。比如，与好莱坞合作可以加强中国文化元素在全世界的传播，而与“一带一路”相关国家合作则有助于加强中国文化元素在当地传播。“一带一路”沿线国家中有些属于文化产业比较发达的国家（比如印度、巴基斯坦、土耳其等）。它们的本土电影市场比较发达，是好莱坞电影份额较低的国家，这些国家的电影需要海外市场。对它们而言，中国市场是一个增长最快的“海外市场”，我们可以与这些国家进行联合制片，甚至运用国际通行的模式来生产反映两国文化的文化产品。这样既可以让各国分别了解对方的文化，也可以增强中国文化出口。

3. 利用文化产业全球化过程中的新机遇

以电视节目模式国际贸易为例，首先，北京电视台可以与国内节目制作机构充分合作，引进国际知名的电视节目模式进行本土化，如果需要配合“一带一路”倡议，在节目本土化过程中可以与“一带一路”相关国家进行内容上的合作。通过运用国际上最优秀的电视节目模式，注入国内以及“一带一路”国家所共同喜欢的节目内容，迅速开拓“一带一路”国家市场。

4. 强调科技与传统文化产品融合

科技与文化的融合在许多方面具备重要意义。一是科技可以帮助跨越文化折扣。虽然各国文化差异大，但是对科技元素的接受却没有文化折扣的。比如，全球渗透度最高的好莱坞电影就是因为科技投入高而具有震撼的视觉效果，从而跨越语言、文化的障碍，行销全球。二是科技可以使传统艺术形式的内容更具吸引力，比如舞台更炫丽、画面更美。其实现代科技融入传统艺术，是在增加传统艺术的资本含量，提高劳动生产率。三是科技可以使一些传统艺术形式具备“可复制性”，摆脱“鲍莫尔”成本病。比如通过影像将演艺产品规模化；北京有中国数量最多的剧院、博物馆和其他演出场所。但是现场演出类的文化产品由于有场地限制，“时空无法分割”等属性限制了贸易的可能性。运用现代科技可以将演出做成视频版或电影版，增加其“可复制性”和“生产与消费的可分割性”。这不仅可以增加其贸易收入，还能增加现场演出的知名度，起到“宣传作用”。同时，由于“视频”和“现场”在观看体验以及价格等多个方面都有很大不同，所以视频并不会对现场演出收益产生负面影响。

应该利用互联网来拓展文化贸易的分销渠道，比如现场演唱会可以增加互联网直接渠道；黄会林等的调研(2016)表明“一带一路”国家观看中国电影的最主要渠道就是免费网站。北京的剧院应当强化自己的网站，或者与视频网站合作，将演出做成“视频版”“电影版”等等。总之，就是通过科技手段来增加其“可复制性”和“生产与消费的可分割性”。

5. 遵循经济与市场规律

企业在进行对外文化贸易时，尤其注意如下几点：第一，根据不同国家的文化距离来安排出口优先次序，将不同类型的国家当作不同的目标市场来进行区别对待。大部分文化产品首先是以东南亚等文化距离较小的国家和地区为首要目标市场。对于另外一些国家和地区，应该采取措施降低文化折扣，比如要进行本地化宣传，提供当地语言的翻译等。第二，对各国出口实行一定的价格歧视策略，根据进口国收入水平和需求水平来确定不同的出口价格。有条件的情况下甚至也可以采取“搭售”等多种方法，来培育当地对中国文化产品的需求。第三，虽然客观上要运用“一带一路”

倡议机遇，但在具体贸易过程中，要弱化“一带一路”的概念，将文化贸易单纯定义为商业往来，以文化的竞争力来赢得市场。第四，面向“一带一路”国家发展旅游文化贸易的时候，应该强调北京作为中国首都的形象，找到自身的比较优势，与其他“一带一路”节点城市形成差异化优势。

6. 通过吸引留学生以及配合孔子学院汉语传播工作来进行文化传播

配合汉语国际传播迅速发展的趋势，做好留学生接收和培养的工作，尤其是对于“一带一路”沿线国家，通过孔子学院推进汉语以及中国文化国际传播的同时，也可以吸引他们来北京留学。另外，可以将北京所生产的多种形式的文化产品，如图书、影视剧等制作成汉语教学节目，尤其是北京地方特色明显的文化产品，如京剧、相声，以及介绍北京传统、现代及当代文化艺术的书籍进行一定的修订整理，推荐给“一带一路”沿线国家孔子学院或者北京各高校作为留学生教材、教学资料或参考资料。

7. 政府提供多方面政策协调与安排

一是与“一带一路”沿线国家城市签订合作备忘录，以促进北京与“一带一路”沿线国家相关城市在文化产品及服务生产方面的合作。目前，中国电影在国际上有影响力的都是合拍片。比如《狼图腾》《夜莺》，是法国导演拍的华语电影，所以在法国和欧洲产生了很好的票房，而这些作品都是在中国政府与相关国家签订的电影合拍协议的基础上启动的。如果可以与“一带一路”沿线国家的相关城市有这种合作协议，可以迅速推动北京与这些城市的合作。二是做好服务，鼓励各种类型的文化企业公平竞争，在竞争中强化企业对出口重要性的认识。在当前中国国内文化市场迅速增长的背景下，能够促使企业意识到国外市场重要性的只有强化竞争，当国内的市场竞争越来越激烈并导致利润率逐渐下降时，企业就会开始将国外市场纳入到自己的考虑范围，努力生产能够满足国内国外两个市场的文化产品和服务。三是继续办好北京国际电影节等已有的文化产业展览会，通过专家委员会推介优秀的文化产品。可以考虑设立“一带一路”评审专区，来推介相关国家的文化产品。四是在做好服务之外，还可以对合作项目进行一定程度的监管，掌握主动，达到通过文化贸易来发扬社会主义核心价值观的效果，在社会效益优先的前提下实现经济效益。

康艺凡[1]

从"情感共同体"看"一带一路"国际合作中国家形象的构建

内容介绍

〔摘　要〕"一带一路"是历史与现实的结合，通过对"丝绸之路"历史源流的梳理，找到中国人文形象变迁与丝路发展的作用机理，从历史、人文入手打造"情感共同体"。

为此，要强化中国文化主权建设，挖掘历史遗产，创新传播方式，发挥多元主体作用，准确触发沿线国家、民众的情感与历史共鸣，拉近彼此距离，创新和提升"一带一路"国际合作中的中国形象，营造一个可以为"一带一路"建议带来正能量的舆论环境。

〔关键词〕"一带一路"；中国人文形象

① 康艺凡，北京第二外国语学院国家"一带一路"数据分析与决策支持北京市重点实验室助理研究员。

国家形象包括一国的自我认知，以及域外国家与民众对该国的他者认知[①]，代表着一个国家的影响力和软实力，既是一国的政治、经济、文化、科技、军事等领域实力的综合反映，也对国际间交往有着反作用力，从某种程度上反映了国家在全球事务中的地位。作为世界上唯一未曾间断的文明传承国家，中国真实形象复杂多面。由于国际媒体“西强我弱”及意识形态、利益取向等差异，被过滤的“他塑”中国印象与中国“自构”影像存在一定差距。某种意义上看，国际舆论环境制约着中国国家形象的及时更新和对外传播。

“一带一路”倡议作为内外发展联动的顶层设计，为推动中国国家形象的逐步构建提供了机遇。中国需要向世界昭示最真实的国家发展战略和国家形象，构建能被国际社会认可、沿线国家接受的大国形象，这应当成为“一带一路”国家形象构建的重点努力方向。

探索“一带一路”人文形象塑造与新模式构建应当在充分挖掘丝路历史、审视过去交往的基础上，纳入“过去—现在—未来”的发展战略视角，重新唤起人们对于古丝绸之路的向往与思考。以史为鉴可知兴替，吸取有益发展经验有助于针对性地分析沿线国家文化历史、宗教风俗，筑牢“一带一路”建设的民意基础，弥补传统外交在国家形象构建方面的不足之处，协助化解政治和军事等潜在风险。

一、历史上的丝绸之路

包括中国在内的丝路国家，具有悠久的历史传承。古老的文化习俗滋养出各民族不同的性格禀赋，在制度法律之外还有其他道德准则以及宗教信仰约束着人们的处事行为，而这却让部分西方国家感到神秘、费解及难以沟通，产生了文明隔阂。事实上，丝绸之路作为东西方之间的桥梁在历史上一度是人类文明的交汇点，是曾经的国际交往中心、世界历史展开的主轴之一、世界主要文化的母胎及“丝路学”文化遗产之根源所在[②]。分析古“丝绸之路”的发展进程和国家形象特征，可以挖掘和弘扬丝路人文

① 许雨燕,《中国国家形象的国际传播研究——基于建构主义的电视传播思路》。

② 宋梦珂、包亚芳,《论线性文化遗产的保护与发展——以丝绸之路为例》[载《建筑与文化》,2017年11期]。

遗产，并藉此引发沿线国家及民众的历史和情感共鸣。

1. 古代“丝绸之路”历史进程概略

19世纪末，德国人李希霍芬在《中国》一书中，将“从公元前114年至公元127年间，中国与中亚、中国与印度间以丝绸贸易为媒介的这条西域交通道路”命名为“丝绸之路”[①]。随着“丝路学”的不断发展，广义的丝绸之路包括陆上丝绸之路和海上丝绸之路，既是东西方商贸通道，也是学术思想、宗教流派、农业作物、军事资源的流通要道。在早期“丝绸之路”上，中国在连接印度洋与罗马的贸易活动中，更多的时候丝绸象征着国家符号。陆上“丝绸之路”甫一诞生就向四邻传递了一个军事强大、经济发达的统一政权的国家形象。中国主动在丝路亮相是公元前1世纪，汉朝为维护疆域稳定，派张骞两次出使西域，虽未实现军事目的，却首次“开外国道”，建立了中国与中亚地区以及印度等国的直接联系，结束了中国靠传闻猜想外部世界的历史，被司马迁誉为“凿空”之举。“路尽海启”，明朝以“厚往薄来”为要义主动遣使四出，招徕各国进行贸易往来，开启了海上丝绸之路的快速发展。郑和七下西洋以“宣德化、柔远人”为宗旨，积极开展贡赐贸易。起于汉，兴于唐宋，变革于元，复兴于明，衰于清代的古丝路发展推动着中国对外人文交往的发展演变，中国强大、繁荣、大一统的国家形象也吸引着各国官员、商人、匠人、艺术家等各类人才往来交流，治国制度、哲学思想、诗词歌赋、民族服饰、节日、妇女妆容都成为各国学习模仿的对象。

2. 古“丝绸之路”人文交流经验

纵观两千多年的中外文明丝路交往史，古“丝绸之路”实现了中华文化与不同时代的印度文化、波斯文化、阿拉伯文化和古希腊、古罗马文化在物质、思想、社会等不同层面的交往。当时中国先进的经济、社会、军事、娱乐等，激发了沿线民众对中国文化的探究热情，是中国实力强大、文化先进的影像折射。慕名而来的商人、官员、宗教传播者、艺术家、学

---

① 管楚度、蔡翠，《丝绸之路主线及成因分析》[载《工程研究——跨学科视野中的工程》，2018年1期]。

者和冒险家追访丝路来源地的同时也在往来路上传扬着古老中华文明，中国形象便是在这口耳相传的微观个体构建中得以具现，有力地推动了中国丝路话语权建设、国家整体形象塑造。中华文明呈现出特有的多样性趋势，自身的包容性和强大的感染力织就了一张文明的滤网，面对外来冲击时显得分外坚忍，能够妥善解决外来文明引发的冲突。伊斯兰教、佛教等宗教均渐渐融合成为中华文明的有机组成部分。

二、“一带一路”背景下的中国国家形象塑造

没有一种文明可以不交流地存续下来，所有文明都会通过和外来者的碰撞与竞争而得到丰富发展，通过开放性和互动性的交流实现动态平衡，据时而得以创新传承。

1. 当代“一带一路”中国国家形象发展特点

“一带一路”建设5年来，收获了越来越多的实际成果和国际认同。《2016—2017年中国国家形象全球调查分析报告》指出：全球范围民众对“一带一路”的认知度在2017年涨至18%，在印度尼西亚、印度等沿线国家的认知度更是达到40%以上。在对“一带一路”倡议有所了解的人群中，受访者普遍认为该倡议对个人、国家、地区和全球经济以及全球治理都具有积极意义，尤其是发展中国家和海外年轻群体的认可度更高，其中与中国的科技合作带来的益处最为认可。“中国美食”“武术”“中医”在连续几年的调查中都是最热关键词，“高铁”“支付宝”等有后来居上之势，可见国外对中国形象的认识多从微观、贴近现实的视角中来。

生长于古“丝绸之路”和新中国建设经验上的“一带一路”倡议本身不具有战略侵略性。作为有力拉动世界经济、构建人类命运共同体的重要公共产品，“一带一路”倡议是中国应对全球局势变化，寻求更好的分配有限资源的一个新的国际合作方案。中国快速的经济发展需要谋求持续的生产资源的循环，增强生产链的风险抵御力，同时也需要一个稳定和平，积极发展的域外市场。中国结合自身的历史特点和国家发展战略创造了一种新的“共商、共建、共享”的合作模式。中国选择了从基建入手，搭建灵活的双边合作关系平台赢得沿线国家及地区的认可，越来越多的国家想

要参与进来共同做大蛋糕，中国也正在积极地应对自身发展的调整期，不断调整与远邦近邻的相处模式，审慎地在国际舞台上扮演恰当的角色。倡议本身的先进性与和平发展性受制于中国国际话语权，没有广泛的民意基础，尚需调动全社会各层面的普遍参与意识，达成最广泛的社会基础与共识，真正塑造和完善中国开放、和平、自信的国家形象。

国之交在于民相亲。作为世界上规模最大、跨度最长的经济大走廊，"一带一路"建设覆盖国家多，语言丰富，风俗各异，经济政治制度各不相同。"一带一路"倡议应充分挖掘丝路沿线各民族、各地区对共同历史渊源的怀念，借助沿线国家间交往具有的天然亲近感和沟通基础，从普通民众、企业着手，打造一个人文交流、情感共鸣、政治互信、经济共进的丝绸之路，牢牢地将各方的情感和经济发展联系在一起，从"利益共同体"升级到"命运共同体"。"一带一路"倡议欢迎世界各国广泛参与，从经济、政治、反恐、环保、教育、医疗、旅游等关于人类共同命运的议题展开交流合作。

2. "一带一路"国际合作中国家形象塑造面临的挑战

中国不仅需要塑造自身的"共建共享，负责任、有担当"的国家形象，而且也肩负造福沿线百姓、推动共同发展的使命。如何处理"一带一路"沿线国家间关系，构建良好的整体国际形象，打造"情感共同体"，是倡议顺利推进的重要条件。

"一带一路"背景下的中国形象塑造面临复杂多变的外部环境考验。沿线区国家众多，经济发展水平参差不齐，政治风险较为突出，政权的更迭对中国与其合作的长远发展有着一定不利影响。此外，部分西方媒体大肆宣扬"中国威胁论"，歪曲"一带一路"是中国的"马歇尔计划"，这种有悖于事实的传播行径对中国国家形象构建造成了消极影响。

三、"一带一路"背景下中国形象塑造建议

"一带一路"正在建设一张联通世界的网络，如何在深度挖掘开发古"丝绸之路"文明历史的基础上，结合现实，着眼未来，处理好与邻国关系，构建一个和平、有担当的大国形象对于减少偏见、赢得理解、减少阻

力至关重要。

1. 承古鉴今，加强文化主权建设

坚定文化自信、强化文化自我认同，对于打造国家形象具有强基固本的作用。传统文化的国际推广面临现代化转型困难、文化精品创作不足的问题。中国民族文化被西方认为神秘艰涩，多数被用于文献研究或者艺术装饰，实际生活中由于缺乏量化指标体系和现代理论支撑，一直没有被广泛应用于实践。应该积极探索并构建有本国特色的文化安全预警和应急机制，拉起全球化背景下民族文化发展的安全“红线”，抵制和防范霸权文化对本国文化的侵犯，努力推动国际文化新秩序的建立。尤其是在面对丝路国家的时候应妥善处理相互融合的地缘文化问题，相互尊重，要坚决捍卫本国人文遗产，始终坚持中国优秀传统文化与现代文化相互融合的创新理念，融汇世界各国文明的优秀元素，以整体思维和系统方法推动中华文化在丝路的传播和发展。

2. 情感共鸣，挖掘历史文化遗产

回顾历史，古代丝绸之路的文化根脉已经深深扎入沿线文明的生长历程。唤起丝路文明共同的历史和情感，对推进“一带一路”建设发挥事半功倍的功效。研究“丝绸之路”历史，关注古丝路的辉煌和当代“一带一路”的复兴，正视近代丝路（尤其是晚清民国）充满灾难、落后挨打的屈辱史，可以从某种程度挖掘近代中外文化交流新角度，有助于唤起丝路国家历史和情感共鸣，为“一带一路”平台体系建设注入历史人文动力。

3. 大道有形，创新传播沟通方式

为改变“他塑”现状，加强国际话语权建设，需要创新国家形象构建方式，依托“互联网+”的发展，创新运用大数据、云计算等先进技术和微信、微博等新媒体，改变和提升“一带一路”人文交流传播模式，突破传播时空限制，以各领域建设推动文化互动，提高传播幅度和效率，兼顾差异性。有针对性地投放和发展文化产业，充分利用网络文学等人文资源、科技资源、传媒资源，以普通民众喜闻乐见的形式潜移默化地完成国家形象的塑造和传播。

国家宏观形象的建设也需要打造好“走出去”的企业、个人的微观形象。调动企业和企业家履行社会责任的积极性，以优化企业口碑方式淡化政治色彩。规范管理出境公民的言行举止、提升个人素质也是人文交流的重点治理方向之一。确保“引进来”的精英人才能够起到人文交流的效果，为此加强对来华留学生的中国优秀传统文化教育势在必行。

4. 久久为功，发挥多元主体作用

塑造和平、合作、负责任和担当的大国形象非一朝一夕可以建成，需官方、半官方、民间三轨并举，坚持“以正面效果为主”的传播原则，从“微观”着手，展现出真实具象、动态复杂、多层次、多样化的中国形象，营造一个可以为“一带一路”建设带来正能量的舆论环境。

王　旭[1]

丝绸之路古契约遗存的当代启示

内容介绍

〔摘　要〕自20世纪初以来，丝绸之路沿线不断发现有汉唐以降的古文书（包括简牍与纸质文书）。本文以这些古契约为研究对象，经过文献梳理与详细解读，认为不同时代、不同文字的丝路古契约具有高度发达且相通的规则，具有一以贯之的信用精神。古丝绸之路的故事告诉我们：驼铃声除了传递着商贸的信息，更多的是亲人的回归。规则相通、信用相通、生活相通，这些都是丝路古契约留给"一带一路"愿景宝贵的智慧财富，也是愿景兴旺发达的民心所系。

〔关键词〕丝绸之路；古契约；"一带一路"

① 王旭，法学博士，上海立信会计金融学院法学院副教授，主要研究领域：法律史。

从20上世纪初敦煌文书被发现的100多年以来，中国西北地区不断有汉唐以降时期的古文书（包括简牍与纸质文书）被持续地发现与发掘。古文书除了由汉文书写之外，还包括回鹘、藏、于阗、粟特、龟兹、西夏、蒙古、佉卢、希伯来等文字书写，内容除大量的宗教抄经外，既有官文书又有私文书，涉及到世俗生活的方方面面。这些文书的发现与发掘是中国也是世界文化与学术事业的大事。从文书被发现伊始就吸引了大批中外学人的注意力，成为几代学者孜孜以求的学术追梦目标。毕竟从艰难的文字释读到文书分类、综合，要理清头绪绝非一人之力也非一时之功。百余年的文书研究为解开我国西域史、中亚史，乃至世界交通史中存在的诸多谜团提供了扎实的素材基础，对它们的研究逐渐形成了专业化程度相对较高的跨专业综合性学科，如敦煌学、简牍学等。

在诸多古文书中，古契约文书无疑是重要的遗存之一。它们是昔日丝路交易的文明化石，忠实地记录了发生在我国西北及中亚地区汉唐年间延续千余年的交易活动，对它们的研读可以激活太多制度性、精神性和生活性的记忆。从已经释读出的古契约看，丝路古契约包括了回鹘文、藏文、于阗文、粟特文、龟兹文、西夏文、蒙古文以及汉文在内的多种文字的契约文书。文字的多样性说明古丝绸之路曾进行的“国际”交往绝非虚构。斯坦因1907年发现于敦煌附近的粟特信札中①，第1号和第3号信札记录了一个名为米娜的粟特女子，在被丈夫遗弃后几次有机会跟随商队离开敦煌返回粟特，但都因为不能负担20斯塔特的路费而不能成行的事情。这个记录从另一个侧面说明古丝绸之路曾经进行过丰富多样的经贸往来。

从实物及其保存现状看，契约的制作材料可分为竹木和纸张两种，因保存条件不一，绝大多数契约的品相并不完整。但是，经过先辈学者们的不懈努力，最终从这断简残篇之中缀合出了丝路古契约的完整面貌，以及制作过程和使用制度等技术性细节。这不能不说是古文献学方面的巨大成绩。从交易类别看，契约文书涉及买卖、便贷、雇佣、租佃、质典、凭约、分书、放书、遗书、结社、结义等行为。从交易对象看，则涉及土地、牛羊马匹、珍珠玉石等财物，以及劳务和自然人本身都会成为交易标

① 详见芮乐伟·韩森,《丝绸之路新史》，北京：北京联合出版公司，2015年第1版，第151-152页。

的。交易类型与交易对象充分反映了自然经济条件下先民们可能进行的各种交易及丰富多样的交易对象。下选回鹘土地买卖契约一份为例[①]。

材料一[②]

……（年）斋月（十二月）初一我（Adigh Tarxan）需用通用的（官布），把在Ch/mghug的可下一石（种子的）土地正式卖到Alp Tash Sangun名下。我们谈妥了卖价：在高昌市场上流通的、两端有护边、中间盖有印章的一百官布。这一百官布在立约之日我（Alp Tash Sangun）已全部付清。我（Adigh Tarxan）也全部收取了。土地的四至（四周边界）是：上边（北面）为ALP Tash Singqur Sangun的土地隔开，西边为Sangun Oga的土地隔开，下边（南面）为Qunar Sangun的土地隔开，东边为我Alp Tash Sangun的土地隔开。这地直到千年万日归Alp Tash Sangun所有。我Adigh Tash Sangun的兄弟、亲属不得过问。如若过问，他们的话不算数，Alp Tash Sangun的话算数。谁若凭借官势来争议，就让他配给Alp Tash Sangun这渠上同样的土地。证人Qu//////，证人Tongqara Sangun，在座看见的人是我弟Butur。这个印章是我Adigh Tarxan和我儿子Qaramuq的。我Pusartu Sinqay Qaya让买卖双方仔细口述书写（此文书）。

（背面）此文书为（Agigh）Tarxan的（卖）土地文书。

客观地讲，我国西北以及中亚地区发现的古契约文书群为研究我国（包括中亚地区）中古时期，以至于上古契约的形式与精神提供了难能可贵的机遇，研究成果在填补我国中古商贸史的同时，也可以纠正当下流行的中国人缺乏契约与契约精神的虚无判断。除了上述理论意义之外，这一研究目前还有着深刻的现实意义。2013年9月以来，我国政府提出在传统海外商道的历史传承基础上，建设“丝绸之路经济带”和“21世纪海上丝绸之路”（简称：“一带一路”）的重大外交倡议，并拟定了以政策沟通、设

① 录入本文的契约为汉译文本，如有需要阅读原文的阅者，请参见材料来源。
② 耿世民，《回鹘文社会经济文书研究》，北京：中央民族大学出版社，2006年第2版，第140-141页。

施联通、贸易畅通、资金融通、民心相通为具体内容的发展规划，愿景值得期待。但是，我们也不能忽视沿线各国存在着资源禀赋各异、社会发展模式多样的客观情况。如果处理不好经济、社会以及文化方面的矛盾，将使走出去与引进来的各国企业甚至沿线各国政府，承担很多意想不到的经营与发展风险。我们常说前事不忘后事之师。如果说历史上曾经有什么样的成功模式可以为“一带一路”愿景目标所借鉴，那么古丝绸之路成功的契约实践势必是最佳范本之一，尤其是丝路契约史料反映出的以下三点鲜明特征，值得今人思考。

首先，丝绸之路古契约在规则方面是高度发达并相通的。多数人在阅读丝路古契约的第一反应往往是，契约之间怎么如此相似。这种相似不仅体现在同一文字书写的契约之间，还体现在同一时代不同文字书写的契约之间。契约有着相像的面孔，好像有一个共同的范本作为抄写的对象。为了说明丝路古契约之间的相似性，我们引入下面的材料为例：

材料二[①]

宜秋十里西支地壹段，共柒畦拾亩。东道，西梁，南索晟，北武再再。未年十月三日，上部落百姓安环清为突田债负，不办输纳，今将前件地出买（卖）于同部落人武国子。其地亩别断作斛斗汉斗壹硕陆斗，都计麦壹拾伍硕、粟壹硕，并汉斗。一卖已后，一任武国子修营佃种。如后有人忏悋识认，一仰安环清割上地佃种与国子。其地及麦当日交相分付，一无悬欠。一卖后，如若先翻悔，罚麦伍硕，入不悔人。已后若恩敕，安清罚金伍两纳入官。官有政法，人从私契。两共平章，书指为记。

地主安环清年廿一（画指）

母安年五十二（画指）师叔正灯（押）

见人张良友　姊夫安恒子（画指）

材料二是一件吐蕃时期的敦煌汉文土地买卖文书，从与材料一回鹘文书比对看，我们说丝路古契约是相似的，并非一个简单的臆断。有西方学

① 沙知，《敦煌契约文书辑校》，南京：江苏古籍出版社，1998年第1版，第1页。

者认为，不同文字契约之间的相似，是由于不同文字契约之间曾进行了直接翻译造成的[①]。我们认为这种可能性是存在的，但更可能是由于汉唐时期西域地区契约规则高度发达并相通带来的结果。更深入地讲，丝路契约规则高度发达且相通，是以丝路古契约的“要件化”“标准（格式）化”演进深入程度为基础的。从材料归纳看，丝路古契约书写哪些内容并不是任意的，只有那些满足制度规定或者缔约双方认为必要的内容，才可能被书写并成为契约的条款，比如交易主体、交易标的、履行时间、交换价款、担保条件、信用声明等。从实践看，上述条款一般是形成完整契约缺一不可的条件，可以称之为契约要件。一般而言，非契约要件在契约中出现是偶然的，频率很低，基本可以忽略不计。除了发生要件化之外，丝路古契约还出现了要件搭配顺序的固化情况。换句话说，就是每一个契约要件书写在什么位置有着比较固定的位置，基本上一成不变。丝路古契约不仅确定了书写内容，而且确定了书写形式。由此可说，契约书写出现了“标准化”的现象。文书实物中我们发现了敦煌契约书写的标准化范本——“样文”，它的存在反映出唐、五代时期的敦煌先民们可以对照“样文”订立并书写买卖、租赁、雇佣、分家、遗嘱、从良等各类契约文书。

材料三[②]

从良书样文

奴某甲婢某甲，男女几人。吾闻从良放人，福山峭峻，压良为贱，地狱深怨。奴某等身为贱隶，久服勤劳，旦起肃恭，夜无安处。吾亦长兴叹息，克念在心，飨告先灵，放从良族。枯鳞见海，必遂腾波，卧柳逢春，超然再起。任从所适，更不该论。后辈子孙，亦无阑悋。官有正法，人从私断，若违此书，任呈官府。

年月日郎父兄弟　子孙

① 芮乐伟·韩森，《丝绸之路新史》，北京：北京联合出版公司，2015年第1版，第273页。芮乐伟·韩森认为：“吐蕃人基本维持了原来的行政系统……有些官员继续用单个汉字作为签名。起草契约的书吏把汉语条文逐字译成藏语。这些契约虽然从未在藏地使用过，却成为了敦煌藏语契约的范本。”

② 沙知，《敦煌契约文书辑校》，南京：江苏古籍出版社，1998年第1版，第494页。

亲保
亲见
村邻
长老
官人

"样文"契约的出现不仅是丝路古契约"标准化"的条件，也是"标准化"的结果。试想一下，当代书人以"样文"为范本，用着约定俗成的要件进行书写，要件也用着同样的顺序连缀成篇，我们基本可以判定，敦煌先民们是在遵循着高度发达并相通的契约规则进行缔约，契约的面貌有千篇一律之相也就不足为怪了。

其次，丝路古契约蕴涵的精神是相通的。当下的中国，对契约精神的呼吁是急切的，但什么是契约精神，多数人却不甚了了。对这一充满人文张力的概念，的确不容易准确地进行界定。一般地讲，我们习惯将现代西方契约制度中的精神性原则拿来做他山之石，砥砺我们民族的契约精神，比如拿主体平等、意思自治、诚实信用等原则来进行对位思考。实事求是地讲，在丝路古契约的发展长河中，我们可以找到符合上述原则的契约文本。比如吐鲁番契约中有"二主先和后券"的平等自愿表述，敦煌契约中有"官有政法，民从私契"意思的自治表述，以及贯串丝路古契约的"恐人无信，故勒私契"之类的信用声明。从价值陈述看，丝路古契约是中国传统契约发展史上蕴含契约精神最丰富的时期，前无古本，后无续文。且举下述文书为例：

材料四[①]

延昌廿二年壬寅岁二月廿二日，康长受从道人孟忠边岁出，到十一月卅日还入正作。岁出价，要得床、麦伍拾斛：麦贰拾仵（五），床贰拾伍，平斗中取，使净好。若过其（期）不偿，听拙家财，平为麦直。若长受身东西毛，仰妇儿上（偿）。二主先和后卷（券）。券成之后，各不得返悔。

① 唐长孺，《吐鲁番出土文书》（第一册），北京：文物出版社，1981年第1版，第191-192页。

悔者一倍（赔）二，入不悔者。民有私要，各自署名为信。

时见 倩书道人法慈

侯三安

从丝路古契约文本看，各种文字的、不同时代的契约，都或多或少地包含着主体平等、意思自治和诚实信用等契约精神。但是，在契约精神方面，丝路古契约有一个突出的现象与启蒙运动后的西方契约制度明显不同。在现代西方契约实践中，主体平等、意思自治和诚实信用等契约精神性原则，没有哪一个具有先决性的优先。当出现契约精神之间的价值冲突时，要求裁判者从个案正义的角度去衡量并做出选择。但是，丝路古契约的使用者却在诸多契约精神性原则中偏爱信用。从遗存文本看，信用精神贯通丝路古契约，无论是回鹘契约，还是汉文契约，无论是北朝时期的吐鲁番契约，还是唐五代时期的敦煌契约，无一例外地存在着信用声明与逐渐发展成型的信用系统。与秦汉契约相比，丝路古契约也逐渐发展出一套行之有效的信用保障系统，比如掣夺资产、违约罚二的惩治措施以及“保证人”责任的出现等。尤其是“保证人”的出现，是中国传统契约中人制度中见证人责任向前的巨大进步，为契约切实履行提供了更强固的保障环节。丝路先民为什么会对契约精神出现这种一边倒的信用选择呢？也许信用是熟人社会，尤其是陌生人社会最值得尊重的价值，是规则背后契约履行的人格屏障吧！而汉唐时期的西域地区，正是一个五方杂处的陌生人世界。

最后，丝路古契约为我们映射出的是，汉唐西域先民在生活上曾进行过深厚丰富的无声融合。阅读丝路古契约，我们能够准确深入地了解千余年前发生在我国西北和中亚地区的生动的契约活动。如果将发掘或发现的丝路古契约按照空间铺展开来，可以看到一幅东起长安，西止伊朗以远，时间跨度累积层叠达千年的、活泼的契约画卷。在画卷中，我们可以看到现场感十足的各种缔约活动：“若有谁借官员或外来使节的力量要赎买的话，就让他付这个奴隶的双倍（价钱）来赎取。让赎买者丢脸，秀赛大师不丢脸”“上部落百姓安环清为突田债负，不办输纳”“民有私要，要行二主，沽各半”“此契约由破沙Suham监理，并且当着全体杰谢居民的面。此一人卡萨利（Kharsali）的卖主：伊斯卡利（Iskhali）；保人：伊格利（Irgali）”“鼠年冬，王乔乔买央绛长当悉诺和苏典之妹名诺当为妻，此买卖婚姻，任何时候勿争议，勿反悔”等。可以肯定的是，丝路古契约和其他西域古文书一起，证明了在较长的时段内，西域先民们在生活中曾经以稳定的契约结构为用，相互为伴、守望相助。

材料五[①]

上祖条：至城（诚）立社，有条有格。夫邑义者，父母生其身，朋友长其值（志）。危则相扶，难则相久（救）。与朋友交，言如信。结交朋友，世语相续。大者如兄，少者若第（弟），让议（义）先燈（登）。其社稷坏，乾坤至在，不许散败。立条与件，山何（河）罚誓，中（终）不相违。一、社内有当家凶祸，追暂（凶）逐吉，便事亲痛之名。傅亲外喜，一於社格，人各赠例麦粟等。若本身死者，仰众社盖白躭拽便送，赠例同前一般。其主人看侍厚薄，不谏（揀）轻重，亦无罚青（责）。若三驮，傅亲外喜迴一赠。若两驮者，各出餬餅卌败（枚），酒一瓮，仰众社破用。一、凡有七月十五日造于蘭盤兼及春秋二局，各纳油面，仰缘（録）事於时出帖纳物。若主人不於时限日出者，一切罚麦三斗，更无容免者。一、社内不谏（揀）大小，无格席上宣拳，不听上下，众社各决丈（杖）卌棒，更罚浓（醲）腻一筵，众社破用。其身宾（擯）出社外，更无容始（免）者。一、社有严条，官有政格。立此条流，如水如鱼，不得道东说西。后更不於愿者，山何（河）为誓，日月证知，三世莫见佛面，用为后验。

材料五是一份民间结社文书样文。在唐五代时期，敦煌地区曾经盛行从事经济和社会生活互助的私社。私社的大量存在就是西域先民们守望相助，无声融合的明证。

尽管在丝路古契约文书描述的画卷中缺少一些气势恢宏的、饱含异域风情的巨大商队的身影，不无遗憾（因此也有学者质疑丝绸之路作为通商之路是否有点名不副实），但是，对此可以有多种解释。比如我们不能对古人“商”的含义做现代大商品的理解，又如古人的商业交易或许超越于

① 宁可、郝春文，《敦煌社邑文书辑校》，南京：江苏古籍出版社，1997年第1版，第55-56页。

契约之外，另有流通方式等。对于上述学术争论，我们姑且不论，但不可置疑的是，传世丝路古契约为我们所绘制的画卷中除了物品的融通与人的情感宣泄之外，更多的是各民族方方面面的生活接触与交叉。这里没有种族歧视，没有文化敌视，有的是生活中你中有我、我中有你的无声融合。

今天，我国正在与“一带一路”沿线国家沿着历史的脉络，再叙中西交往的故事。虽然从交通条件到经贸内容以及商道精神都已非自然经济条件下的古丝绸之路可比，但是沿线各国的经济、贸易、文化以及社会的各种交往却不能离开共同遵守的规则。除了官方缔结的条约规则之外，我们认为民间缔结的私约规则同样值得尊重与遵守。当然，有规则也不能缺失诚信，只有相互信任，规则才会有力量。此外，更不能将“一带一路”事业简单地理解为经贸往来，古丝绸之路的故事告诉我们：驼铃声除了传递着商贸的信息，更多的是亲人的回归。规则相通、信用相通、生活相通，这些都是丝路古契约留给“一带一路”愿景宝贵的智慧财富，也是愿景兴旺发达的民心所系。

第三部分

国别区域篇

宋佳芸　梁昊光①

2018年中泰人文交流的新趋势新特征研究

内容介绍

〔摘　要〕泰国是“一带一路”倡议中沿线的重要节点国家，既是丝绸之路经济带的重要地区，也是海上丝绸之路的重要战略支点国家。作为最早响应“一带一路”建设的东盟国家，泰国在“一带一路”建设中将承担重要的纽带作用。中泰建交40多年以来,中泰关系稳步、健康发展，在中泰关系发展进程中,传统经贸合作关系不断夯实中泰交流的基础,中泰文化交流活动之频繁、涵盖面之广、内容之丰富、参与民众之多,都显示了中泰文化交流的活力,成为打开中泰交流新局面的关键。

〔关键词〕中泰交流；人文与外交；“一带一路”

① 梁昊光，教授，博士生导师，北京第二外国语学院国家“一带一路”数据分析与决策支持北京市重点实验室主任，北京市首都发展研究院院长；宋佳芸，北京第二外国语学院旅游管理学院，“一带一路”数据分析与决策支持北京市重点实验室助理研究员。本文受北京市科技重大专项项目(Z171100004417032)资助。

合作共赢是全球发展的主旋律，中泰建交40多年来，外交成果丰硕，全方位、多层次、宽领域的合作网络为中泰文化交流奠定坚实的基础。目前，中泰已建立起全方位睦邻友好关系。

一、中泰全方位战略合作夯实文化交流基础

1. 战略对接稳定中泰政治关系

中泰两国一衣带水，友好交往源远流长。1975年7月1日，中国与泰国建交以来，两国关系保持健康稳定发展，“中泰一家亲”[①]的双边关系深入人心。“一带一路”建设秉持共商、共建、共享原则，中国与泰国的战略对接十分重要。截至目前，两国已签署诸多重要的双边文件（具体如表1所示），中泰两国的战略对接已具有一定基础，是中泰两国的政治关系稳定发展的压舱石。尤其是泰国正在实施“泰国4.0国家战略”，旨在建设创新、创造和技术驱动型经济体，这与“一带一路”合作倡议相得益彰，两国在发展战略和政策理念上有望实现全面对接，为推动中泰务实合作提供新动能。

表1　中泰两国重要的双边文件

时　间	文件名	人文与外交领域的主要相关内容
1975年7月	《中华人民共和国和泰王国关于建立外交关系的联合公报》	中泰两国于1975年7月1日起互相承认并建立外交关系。
1999年2月	《中华人民共和国和泰王国关于二十一世纪合作计划的联合声明》	双方将加强在文化、教育、卫生、体育、旅游、环保等方面的交流与合作，进一步拓展双方之间睦邻互信的全方位合作关系，从而使中泰关系进入一个新的发展阶段。
2001年8月	《中国与泰国联合公报》	不断扩大两国在政治、经济、文化、教育、卫生、科技等各领域的合作，对全面发展两国关系具有重要意义。

① 周方冶，《“一带一路”建设与中泰战略合作：机遇、挑战与建议》[载《南洋问题研究》，2016年4期，第67页]。

续表

时　间	文件名	人文与外交领域的主要相关内容
2011年12月	《中华人民共和国政府和泰王国政府关于可持续发展合作谅解备忘录》	双方就铁路、能源、教育和人力资源发展等方面合作达成共识。
2012年4月	《中华人民共和国和泰王国关于建立全面战略合作伙伴关系的联合声明》	推动在传统和非传统安全、旅游领域的更广泛合作，加强农业、科技、海洋、防灾减灾和环境领域合作，拓展教育、体育领域合作，支持泰方关于发展“10+3”互联互通伙伴关系的倡议。
2013年10月	《中泰关系发展远景规划》	双方鼓励在文学和两国语言领域开展交流与合作，加强科技创新领域的交流与合作，加强在地区和国际事务中的相互配合与支持，进一步提升中国—东盟战略伙伴关系。
2014年12月	《中华人民共和国政府和泰王国政府联合新闻公报》	双方重申将继续推动大湄公河次区域深入可持续发展。泰方支持中国提出共建“丝绸之路经济带”和“21世纪海上丝绸之路”的倡议。
2017年9月	《中华人民共和国政府和泰王国政府关于共同推进“一带一路”建设谅解备忘录》	推动“一带一路”与“泰国4.0战略”、东部经济走廊规划对接，深化“一带一路”合作②。

2. 中泰经贸合作关系紧密

“一带一路”倡议与“泰国4.0国家战略”高度契合，经贸合作可实现优势互补，具有较好的前景。中国是泰国最大贸易伙伴、出口市场和游客来源地，泰国是中国在东盟国家中第三大贸易伙伴，双方互为重要的投资目的地。2017年，双边贸易额809.2亿美元，同比增长6%，两国贸易往来较为平衡，进出口份额相当，其中中国出口387.1美元，同比增长4.1%，进口415.8亿美元，同比增长7.9%。2017年，中国企业在泰新签承包工程完成营业额33.8亿美元，增长15.3%。

当前，泰国对于能源开发，生物工程、科技兴农、原产品深加工、基础设施建设等方面的产业升级需求强烈。因此，在开展传统经贸往来的基

② 余海秋，《中泰战略合作面临的机遇、挑战与对策》[载《当代世界》，2017年9期，第62页]。

础上，数字经济作为创新经济元素，在带动中泰两国新产业、新技术和新商业模式的发展方面，日渐成为中泰务实合作的新亮点。阿里巴巴、京东等中国知名领先互联网企业同泰国合作，助力泰国的智能城市、智慧数码港、电子商务、数字旅游和中小企业发展以及数字人才培养，为数字泰国战略作出贡献。

3. 中泰科技、教育、文化等领域合作全面开花

两国在科技、教育、文化、旅游、卫生、金融、司法、军事等领域的交流与合作稳步发展。双方签署了一系列相关领域的合作协议，如表2所示，中泰两国全方位、多层次、宽领域的合作网络日渐形成。目前两国正在积极推进"一带一路"中泰铁路建设，全面带动旅游、基础设施等相关领域的合作。

表2 中泰关于科技、教育、文化等领域签署的协议

时　间	协议名称
1978年	《科技合作协定》
1993年	《旅游合作协定》
1993年	《引渡条约》
1994年	《民商事司法协助和仲裁合作协定》
2001年	《文化合作协定》
2003年	《刑事司法协助条约》
2007年	《关于相互承认高等教育学历和学位的协定》
2009年	《教育合作协议》
2013年	《中国科技部和泰国科技部关于推进四个具体合作项目的协议》
2014年	《关于在泰国建立人民币清算安排的合作谅解备忘录》

数据来源：中华人民共和国外交部官网

4. 中泰国际和地区合作效应凸显

泰国曾于2012—2015年担任中国—东盟关系协调国，积极推进东盟一体化和中国—东盟自贸区建设，支持东盟与中日韩合作。2019年，泰方将出任东盟轮值主席国，中方支持泰方发挥积极作用，支持东盟在区域合作中的中心地位。

两国同为澜湄新型次区域合作机制成员，中泰合作极具地区示范作用，可以通过"一带一路"框架下的中泰双边合作，强化由两国共同参与的澜沧江—湄公河合作机制，促进大湄公河流域次区域合作①，有利于推动贸易自由化，实现区域经济一体化。

二、中泰人文与外交成果丰硕

1. 中泰文化交流源远流长

中泰两国人文交往已有两千多年。中国瓷器、文化故事在泰国自古有之。早在西汉，两国人民就开始交往、迁徙、移居。600多年前，郑和船队也抵达过曼谷。商贸往来也使两国文化得到了长期的交流和融合。由于泰国的华侨华人特别是在泰潮人移民历史悠久、融入程度深、参政程度高，从而奠定了"中泰一家亲"坚实的社会基础。两国自1975年建立外交关系以来，双方关系不断密切和发展，两国领导人之间频繁互访，对两国外交关系、文化合作和文化交流起到了重要的推动作用。"一带一路"建设紧扣和平、发展、合作、共赢的时代主题，坚持"和平合作、开放包容、互学互鉴、互利共赢"的丝绸之路精神，激活"一带一路"沿线的历史基因，唤起中泰两国对海上丝绸之路的共同记忆。泰国作为"21世纪海上丝绸之路"的战略支点国家，"一带一路"倡议的深入推动为新时代中泰文化交流创造了新机会。

2. 政府和民间并进，共促中泰文化交流

泰国是中国设立最多外交机构的国家之一。时至今日，随着两国文化交往的深入，中泰文化交流已覆盖演出、展览、图书出版、电影、教育、旅游、体育、宗教等多个方面。据不完全统计，每年有超过400个中泰文化交流项目在泰国开展，中泰两国密切的文化交流活动卓有成效。

（1）中泰教育交流日益广泛

教育合作是中泰人文外交的重要议题之一，是实现"一带一路"民心相通的"助推器"与"放大镜"，为实现"一带一路"互联互通建设提供

---

① 凌胜利，《中泰合作共建"海上丝绸之路"战略支点》[载《当代世界》，2016年6期，第69页]。

人才支撑。考虑到泰国是“一带一路”朋友圈中的重要合作伙伴，因此，加快推进中泰教育合作进程、增进中泰教育合作深度与广度、奋力构建中泰教育共同体意义重大，影响深远。

当前，中泰教育领域的合作呈现多层次、全面合作态势，教育合作硕果累累，共同谱写了中泰教育合作的新篇章。

从留学教育来看，青年是泰中关系发展的重要源泉。中国是泰国留学的最大客源国。数据显示，中国在泰留学生约有1万多人，分布在泰国44所高校。与此同时，越来越多的泰国青年对赴华留学兴趣浓厚。目前有近2万人在中国进行短期或长期学习，其中2017年泰国在来华留学生源国中位列第二。

从汉语推广来看，随着“一带一路”的持续推进，泰国“汉语热”持续升温。来自孔子学院总部/国家汉办的数据显示，截至2017年底，泰国3000多所中小学开设汉语课程，学生超过100万人，汉语已成为泰国人的第二外语。

从教育项目合作来看，中泰合办学历教育项目，充分利用两个国家的教育资源，培养外向型、复合型的跨国人才。例如，2007年5月，中国教育部与泰国教育部签署的《中华人民共和国教育部与泰王国教育部关于相互承认高等教育学历和学位的协定》无疑是加强中泰教育合作的有效途径。

从教育互访来看，从基础教育到职业教育再到高等教育，中泰教育互访次数不断增加、互访深度持续加深，有助于深化两国教育合作，助力中泰教育共同体的建立。例如，2018年4月19日，由泰国教育部、国家汉办指导，重庆市教委牵头，重庆工程职业技术学院、泰国孔敬大学孔子学院共同发起了中泰职业教育联盟，并得到了来自中泰双方众多优质高职院校的积极响应和参与。这显然有利于促进两国职业教育发展，进一步推动制定两国职业教育交流的标准和规范，保障中泰两国学生的利益。

从中泰共建孔子学院来看，从2006年至今，在中国汉办与泰国教育部共同指导下，中泰著名高校合作共建16所孔子学院（如表3所示），汉办与泰国教育部合作共建13所中小学孔子课堂。目前，泰国孔子学院数量是东盟国家孔子学院总数之和，且发展良好，为社会提供汉语教学服务，不断拉动和促成中国教育、文化等领域的咨询及交流活动，在两国交往中扮演着重要角色。

表3　泰国孔子学院基本情况

揭牌时间	孔子学院名称	地　点	中方合作院校
2007年3月	朱拉隆功大学孔子学院	曼　谷	北京大学
2006年8月	孔敬大学孔子学院	孔敬府	西南大学
2006年11月	皇太后大学孔子学院	清莱府	厦门大学
2006年12月	清迈大学孔子学院	清迈府	云南师范大学
2006年12月	曼松德昭帕亚皇家师范大学	曼　谷	天津师范大学
2006年12月	宋卡王子大学普吉孔子学院	普吉府	上海大学
2006年12月	玛哈沙拉坎大学孔子学院	玛哈沙拉坎府	广西民族大学
2006年12月	川登喜大学素攀孔子学院	曼　谷	广西大学
2006年12月	勿洞市孔子学院	勿洞市	重庆大学
2006年12月	宋卡王子大学孔子学院	宋卡府	广西师范大学
2008年7月	农业大学孔子学院	曼　谷	华侨大学
2009年9月	东方大学孔子学院	春武里府	温州大学
2015年9月	海上丝路孔子学院	曼　谷	天津师范大学
2015年9月	易三仓大学孔子学院	曼　谷	天津科技大学
2016年10月	华侨崇圣大学中医孔子学院	曼　谷	天津中医药大学
2018年6月	海上丝路·帕那空皇家大学孔子学院	曼　谷	大理大学

数据来源：国家汉办官方网站

（2）影视传媒合作广泛深入

影视作品是中泰两国民众互相了解彼此国家文化风尚的有效渠道。随着中泰两国文化往来的密切发展，双方利用新技术、新媒体、新资源，拓宽影视传媒合作领域，不断增强媒体聚合力，在内容创作、媒体活动交流、影视节目落地与分发、影视技术服务等方面作出了积极的尝试，创建了中泰影视内容合作新平台。

由于历史上中国文化对泰国的深远影响，中国的一些优秀传统文学作品如《三国演义》《水浒传》《西游记》等，在翻拍成影视作品后被引入到泰国，受到泰国民众的热捧。近年来，随着中泰两国友好关系的稳定推进，中国一大批优秀影视作品在泰国掀起收视热潮，如《武媚娘传奇》《甄嬛传》《何以笙箫默》《微微一笑很倾城》《三生三世十里桃花》《非诚勿扰》

《建国大业》等众多优秀影视作品，从多种角度展示了中国的悠久历史和人文风貌，在泰国民众间掀起了一股“中国影视热”。越来越多的中国电影作品也会选择泰国作为取景拍摄地，比如《人在囧途之泰囧》《湄公河行动》《非凡任务》《唐人街探案》等在中泰两国都受到了热烈欢迎。影片所呈现的美不胜收的泰国风光让众多中国民众了解了泰国并为之神往，促使中国游客赴泰旅游。以2012年中国电影《人在囧途之泰囧》为例，该部以泰国为取景地的影片不仅收获了约13亿元人民币的巨大票房，也带动了大量中国游客赴泰旅游。2013年，中国游客赴泰旅游人数突破400万人次，是2011年游客量的两倍。

此外，泰国官方已推出减税政策，鼓励外国电影制片厂、团队来泰国拍摄影视剧。随着中泰两国在影视传媒产业合作的加深，两国在人才培养、影视制作等方面开展了多种合作。

（3）图书出版引发中文书阅读热潮

随着“一带一路”合作的推进，中泰两国文化领域交流不断深入。“一带一路”倡议提出5年来，中国出版集团公司所属人民文学出版社、商务印书馆、中华书局、三联书店、中译出版社等5家出版社与泰国曼德琳教育出版社、图书馆出版社等7家出版机构共签约75个合作项目，商务印书馆的《世界少儿汉语系列》、中华书局的《中华经典故事系列》等图书成为中泰两国出版文化交流的重要纽带。如今，读中文书在泰国正成为一种潮流。2017年，《习近平谈治国理政》在泰国上市后，受到了泰国各界的青睐。《习近平谈治国理政》对于泰国读者了解中国改革开放取得的丰硕成果具有重要的现实意义和参考价值。众多中文图书畅销泰国，给泰国民众带来了多样化书籍选择，帮助泰国读者从多元角度认知中国的风土人情、历史文化、政治经济，这有益于加深泰国民众对中国的了解，有助于带动泰中两国人民更好地互学互鉴，增进民心相通，促进泰中文化交流。

（4）中泰旅游合作交流快速发展

泰国是最早成为中国公民出境旅游目的地的国家之一，中泰互为重要的旅游客源国和目的地。近年来，受“一带一路”倡议的战略利好，中国

表4　2012—2017年中国游客赴泰国旅游人数

项　目	2012年	2013年	2014年	2015年	2016年	2017年
旅游人数（万人次）	276.1	462.6	464.1	796.6	907.4	996.7

数据来源：UNWTO

表5　中泰两国旅游推介会举办情况

时　间	推介会	举办地
2002年7月	泰国会展、商务及奖励旅游	北　京
2005年7月	中泰旅游一家亲	曼　谷
2013年3月	神奇泰国巡回路演	昆　明
2015年12月	美丽泰国	广　州
2016年11月	泰国政府持续推进品质旅游	成　都
2017年7月	超乎想象的中国	曼　谷
2018年4月	神奇泰国—奢华与健康旅游推介会	上　海

赴泰国旅游的人数逐年攀升。如表4所示，2017年我国赴泰国旅游人数接近1000万人次，占泰国入境游人数的28.6%，同时也为泰国带来超过1000亿元人民币的收入。自2012年至今，中国一直是泰国最大的客源国，中泰旅游合作对泰国的旅游发展具有举足轻重的作用。

随着中泰两国的旅游交流与合作日益广泛密切，形式多样、内容丰富的旅游推介会（如表5所示），为两国的游客互访提供了更多的精品路线选择，享受到更全面、个性化的旅游服务，极大地带动了两国的旅游发展。在民间，中泰两国重视智库交流，加强旅游合作研究，不断推出中泰精品旅游路线，积极策划旅游项目的市场推广工作。双方积极推动“一带一路”合作倡议的具体落实，在联合整治旅游市场秩序、优化旅游环境、保障旅游安全、共同培养旅游安全管理人才等方面的加强合作，进一步提升了中泰两国旅游业形象、增进了两国人民的情感和友谊。

三、“一带一路”人文外交为中泰关系发展打开新局面

泰国是共建“一带一路”的重要伙伴，在“一带一路”建设中承担重

要的桥梁和纽带作用。对中国而言，依托“一带一路”建设，推动中泰关系深化发展具有重要战略意义；而对泰国而言，“一带一路”倡议与泰国“东部经济走廊”的发展进行战略对接，将为中泰务实合作增添新动力。这不仅有利于泰国在物流业、旅游业和文化交流等方面的快速发展，而且为泰国的整体发展提供重要的动力和契机。具体表现在以下方面：

1. 带动中泰双边经贸紧密合作

国家发改委、外交部、商务部联合发布的《推动共建丝绸之路经济带和21世纪海上丝绸之路的愿景与行动》文件提出“一带一路”要以“五通”为建设重点，致力于亚欧非大陆及附近海洋的互联互通，建立和加强沿线各国互联互通的伙伴关系。基础设施建设是新丝路倡议的首要特征，泰国作为泛亚铁路中段的核心国，具有运输大动脉的枢纽作用，中泰铁路项目的达成可促进其与亚洲其他国家之间的经济合作。中国是泰国第一大贸易国，“一带一路”倡议可促进中泰双边贸易，紧紧抓住“一带一路”这股东风乘势而为，有利于提高泰国国民收入，加速经济发展。

2. 推进中泰铁路基础设施的互联互通

中泰铁路合作已取得重大进展。根据2014年的中泰铁路合作谅解备忘录草案，中国将参加建设泰国境内全长867公里的双轨标准轨铁路，纵贯泰国首都曼谷以北的国土。其中，一期工程已于2017年12月在泰国举行了开工仪式，该工程全长253公里，设计最高时速250公里，预计于2021年年底建成通车。建成后，这条铁路是泰国第一条标准轨高速铁路[①]。

中泰铁路合作具有重大的意义。对中国来说，中泰铁路是连接中国西南部与东南亚各国的国际通道，是中国铁路这一优质产能“走出去”的又一重要实践，也是推进中国“一带一路”倡议在湄公河国家实现突破的旗舰项目。对泰国来说，中泰铁路有利于促进泰国铁路运输系统的更新换代，形成更加完备的铁路运输网络，带动泰国经济的发展。这不仅有助于

① 段子芹,《“一带一路”战略下中泰基础设施建设合作研究》[载《云南大学硕士研究生学位论文》，分类号：D8，2016年5月]。

强化泰国在“21世纪海上丝绸之路”的战略地位，而且也有利于进一步提升泰国在澜沧江—湄公河次区域的交通枢纽地位，更好地彰显其区域影响力和地缘战略意义，与泰国国家利益高度契合。

3. 弥补泰国高精尖产业发展空白

中泰务实合作为泰国传统产业赋予高、精、尖等新元素。新能源新材料、电子机械、汽配、摩托车等众多中国优势产业企业已进驻罗勇工业园区，弥补泰国产业空白，打造稳健的产业链条。此外，华为公司顺应泰国政府创新经济发展方向，在曼谷设立科技和创新实验室，为中小型和初创企业提供服务。阿里巴巴集团参与泰国东部经济走廊发展规划，建立以泰国为基地、辐射中南半岛的电商中心，同泰国商业部开展政企合作。中国科学院将在泰国启动东盟（曼谷）创新中心，为两国科技合作搭建新平台。中泰务实合作正进入以新技术、新经济为代表的新轨道，为泰国产业升级转型注入新活力。

4. 促进金融合作实现“资金融通”

中泰两国良好稳定的外交关系，为金融合作创造和谐的社会环境和有力支撑。2014年，中泰两央行签署了在泰国建立人民币清算安排的合作备忘录，同时，续签了规模700亿元人民币的双边本币互换协议，人民币成为泰国央行外汇储备货币。中国银行和中国工商银行在泰全国多个府设有分支机构，2016年2月24日，以银联技术标准建设的泰国本地转接网络TPN（Thai Payment Network）正式上线。本币结算在双方贸易投资中占比不断扩大，两国企业在金融科技、电子跨境支付等领域合作不断增多，目前支付宝、微信支付等电子支付手段已全面进入泰国。

四、“一带一路”中泰人文与外交面临的挑战

中泰战略合作在“一带一路”建设的开放架构下具有相当显著的契合性与可行性，但双方如何落实“一带一路”建设仍然存在多方面的挑战。多边层面的地缘政治博弈，双边层面对互利合作的认知差异，美国同盟以及泰国国内的利益集团分歧，都有可能影响中泰关系发展。

1. 动荡不安的国内政治局势

一方面，泰国政权更迭频繁，政策不具有连续性。泰国政治历来受军人集团影响较大，军商勾结、政商合污，政军分离等政坛怪象屡见不鲜。彼此之间不信任，相互勾结，结党营私，排除异己，军事政变或者宫廷政变时有发生，给百姓和外商带来极大的风险和不安。另一方面，全球性恐怖主义蔓延到泰国。随着泰国经济的崛起和旅游业的兴盛，泰国的游客来源地逐渐扩大，加之泰国自身安全意识淡泊、安保力量不足以及他国签证在泰国的便利性程度高等因素的影响，泰国成了国际恐怖主义活动的理想场所，恐怖袭击在泰国不时爆发。“一带一路”主要立足基础设施建设，存在周期长，收益慢等特点，泰国国内外不和谐的因素增加了“一带一路”建设项目的投资风险。

2. 双边层面的互利合作难题

一方面，考虑到中泰贸易领域同质化现象严重，中泰贸易问题较多。两国的产业结构、技术水平、行业设置和产品档次比较雷同，这种局面将会凸显两国在经济领域中的竞争因素。另一方面，双方在“一带一路”建设项目中达成合作共识方面面临诸多挑战。比如备受瞩目的中泰铁路合作项目，虽然得到两国领导人的高度重视，但具体工作落实举步维艰。项目成本分担问题一直是两国在谈判过程中的重要争议内容，对此，中泰双方始终未能达成共识，互利合作的难题可能对今后的“一带一路”合作项目产生负面影响，处理不当也将背离“互利共赢”的合作精神。

3. 受多边地缘关系的影响大

泰国一直以来坚持“外交平衡”策略，不仅在与中、美、日、印、俄等大国间的博弈保持双边关系平衡，而且也注重其在澜沧江—湄公河次区域与利益相关国家的关系，以及维持其与东盟其他九国外交关系的平衡。尤其是美国重返亚太、大力推行其“亚太再平衡”战略、软硬兼施拉拢泰国加入其主导的区域经济合作体制之际，泰国的对华政策显得犹为微妙。因此，尽管泰国重视中泰战略合作发展，但泰国在复杂的双边、多边关系中的一举一动对中泰关系的发展都会造成较大影响。

4. 泰国民众对中国仍存在负面认识

近几年来，在“一带一路”大背景下，随着到泰国的中国游客和中资企业不断增加，尽管泰国对华相对友好，但泰国社会舆论中出现了一股厌华情绪[①]。有泰国民众认为，中泰经济合作将危及泰国经济独立，同质化的产品抢占泰国市场，对泰国自身的产业发展构成威胁；不少中国公民留居泰国，抢夺泰国当地居民的工作机会；中国公民赴泰旅游形成双重效应，部分中国游客的不良行为为泰国民众感知，影响中国国家形象；泰国朝野对中国在东南亚的战略和政策仍有疑虑，尤其是“一带一路”倡议的提出使泰国不少媒体过度解读中国的战略意图。这些负面认识多少会影响“一带一路”建设发展。

五、“一带一路”倡议背景下中泰人文与外交发展的建议

针对目前“一带一路”中泰人文与外交所面临的挑战，首先需要加强人文与外交相关方的体制机制设计，扩大两国的利益交汇点，调动两国开展人文外交相关方的积极性，努力形成新时代中泰人文外交的新布局；其次，增强“一带一路”建设和中国形象的正面传播，减少泰国民众对我国“一带一路”倡议的战略误判，凝聚发展共识，促进民心相通；再次，合理规划凸显中泰人文交流合作的示范效应，带动相关区域协同发展；最后，还需处理好中美泰三方互动与博弈，减少不必要的矛盾与冲突，为“中泰两国一家亲”睦邻友好关系的发展营造良好的国际环境。

1. 重视中泰两国人文与外交的顶层机制设计

中泰两国的友好往来离不开顶层机制的合理设计，要积极加强两国的战略对接，切实保证国策层面的政治互信。同时也要加强基层和民间人文交流工作，认真研究和准确把握泰国中下层民众对中泰人文外交合作的确切反应，并在此基础上开展针对性的舆论引导与解释说明，实现官方合作和民间交流的并行推进。积极扩大互动的领域与范围，努力形成政府主

① 张锡镇,《中泰关系近况与泰国社会厌华情绪》[载《东南亚研究》，2016年3期，第22页]。

导、企业参与、民间促进的多层次全方位的“一带一路”中泰人文外交与合作网络。此外，应探讨建立中泰人文与外交协调机制，统筹管理中泰人文外交活动。整合当前中泰人文外交的决策与执行力量，协同政府各部门工作，组织跨部门合作，推动中泰人文与外交合作的深入与可持续发展。

2. 加强“一带一路”建设中国家形象的正面传播

首先，充分利用媒体的作用。近些年来，媒体在国家形象展示与推广上扮演着越来越重要的角色，它能够快速高效、形象生动地将信息传递给读者。我们既要充分发掘传统媒体的外宣渠道，进一步夯实对泰国社会主流话语体系的影响力，也要积极拓展APP、微信、微博等新媒体的应用手段，切实增强对泰国新生代民众的感染力，提升对“一带一路”倡议等热点议题的舆论引导力。此外，中国也应积极在东盟合作机制、澜沧江—湄公河合作机制的框架下为泰国所在区域主体更多地提供“中国方案”，传播“中国智慧”，让泰国社会与民众更多地了解中国“一带一路”倡议的内涵以及战略意图，减少对中国战略意图的误解误判，消除近年来部分泰国民间舆论持续渲染的“中国威胁论”。

3. 合理规划凸显跨区域合作示范效应

中泰人文与外交是“一带一路”人文与外交的重要组成部分，应合理规划中泰人文与外交体系的建设，要积极围绕两国人文与外交的重大议题开展科研攻关，完善人文外交信息的互联互通，循序渐进地全面提高双边交流与合作水平。此外，泰国地处中南半岛的枢纽地带，是“一带一路”的陆海交汇点，也是湄公河次区域和东盟地区合作的重要成员，泰国地理位置的战略意义重大。我国可以通过推动中泰两国在“一带一路”框架下的项目合作与战略对接，发挥泰国作为“21世纪海上丝绸之路”的战略支点作用，凸显中泰合作在“一带一路”区域合作的示范效应，带动湄公河次区域合作和东盟合作的协同发展。

4. 平衡中美泰三方互动与博弈

“一带一路”作为中国为全球提供的最大公共产品，旨在打造开放、包容、平等、互惠的合作体系，促进周边地缘经济、政治与安全的融合，实现沿线国家共同发展。泰国既是美国的盟友，又是中国的合作好伙伴，2012 年4月，中泰建立了全面战略合作伙伴关系。同年11月，泰国与美国签署了《泰美防务联盟共同愿景声明》，升级了美泰军事安全关系[①]。泰国与中美两国的利益密切相关，中泰关系的发展与中美关系的走向息息相关，中国不仅应处理好中泰两国的双边关系，还应积极同与泰国有往来的双边国家处理好外交关系，尤其是减少美泰联盟对中泰合作的影响。随着中泰基于“一带一路”合作的发展，我国应平衡中美泰三方的关系，妥善处理地缘博弈，保证各利益相关方的利益最大化，有利于中泰关系平稳健康发展。

① 刘佳、周文贵,《透视“一带一路”背景下的中泰合作》[载《经济论坛》，2017年9期，第143页]。

李 晴 张耀军①

中国与中东欧国家人文交流的特征与趋势

内容介绍

〔摘 要〕人文交流作为“一带一路”建设的重要抓手，成为近年来中国特色大国外交中蓬勃兴起的新议题之一。本文在分析中国与中东欧人文交流现状的基础上，系统梳理自2012年中国—中东欧国家合作机制建立六年以来的成就，总结提炼新时代下中国与中东欧国家人文交流的特点，全面探讨中国与中东欧国家人文交流过程中遇到的挑战与瓶颈，尝试提供深化中国与中东欧国家人文交流的对策，以进一步提升中国与中东欧人文交流水平，助力中国与中东欧人文交流全方位、多层次、多领域新格局的形成。

〔关键词〕中东欧；人文交流；大国外交

① 李晴，北京第二外国语学院旅游管理学院，“一带一路”数据分析与决策支持北京市重点实验室助理研究员。张耀军，北京第二外国语学院中国“一带一路”战略研究院研究员。本文系教育部中东欧研究中心《人类命运共同体视角下的中国—中东欧文化合作面临的挑战与应对路径研究》课题成果。本文受北京市科技重大专项项目(Z171100004417032)资助。

就新时代中国特色大国外交而言，中东欧是搭建中欧互联互通平台的重要一环，是深化互利共赢中欧关系的重要引擎，是推进“一带一路”进程的重要区域支点。基于中东欧国家突出的重要地位以及人文交流愈发凸显的文化影响力，本文拟将研究焦点放在人文交流之上，探讨以人文交流推进文化相通，以文化相通助力民心相通，以民心相通推动务实经贸合作，进而推动中国与中东欧关系的全面发展。

一、引言

中东欧国家不仅是指地理概念上的波兰、捷克、斯洛伐克、匈牙利、斯洛文尼亚、克罗地亚、波黑、塞尔维亚、黑山、罗马尼亚、保加利亚、阿尔巴尼亚、马其顿、爱沙尼亚、立陶宛和拉脱维亚组成的集合体，而且是指地缘政治概念上连接亚欧大陆的重要纽带与打通“一带一路”西进欧洲之路的必经桥梁。自2012年4月《中国关于促进与中东欧国家友好合作的十二项举措》发布以来，中国—中东欧国家合作的《布加勒斯特纲要》《贝尔格莱德纲要》《苏州纲要》《里加纲要》《布达佩斯纲要》《索菲亚纲要》相继发布，不断推进“16+1”合作机制迈上新台阶。

深入研究2012年至今中国与中东欧国家共同制定并发表的合作文件，可以看出人文交流均被作为一项重要议题纳入顶层规划设计。人文交流作为中东欧国家参与“一带一路”建设的“助推器”，为构建人类命运共同体注入了强劲活力。因此，理性分析中国与中东欧国家人文交流合作现状，系统梳理中国—中东欧国家人文交流的成就，总结提炼中国与中东欧国家人文交流的特点，对其中存在的问题提出针对性的对策，不断推动中国与中东欧国家人文交流全方位、多层次、多领域新格局的形成，助力“一带一路”人类命运共同体的建立，具有重要的理论意义与实践价值。

二、中国与中东欧国家人文交流现状

一般而言，双边外交关系的状态、亲密度与双边人文交流的程度有着密切关系。纵观中国与中东欧国家的外交关系史，可以看出，早在苏联解体前，中国与中东欧国家关系的发展基本随着中国与苏联关系的变化而变化，大致呈现“友好—恶化—缓和”的发展态势[①]；在苏联解体后，中东欧国家经过政治体制和社会制度转型后将“回归欧洲”作为优先战略考虑，不仅刻意与中国保持距离，而且在涉及领土主权等传统安全议题上与中国对抗；新世纪以来头十年，中东欧国家改变以往“向欧洲一边倒”的外交战略，开始重视与中国的外交关系，但仍未解除价值观、文化差异带来的障碍；2012年4月中国提出《中国关于促进与中东欧国家友好合作的十二项举措》后，中国与中东欧国家才打破了“冷淡”的外交状态，双边关系开始“升温”，逐步迈入具备旺盛活力的全新发展阶段。2013年《布加勒斯特纲要》、2014年《贝尔格莱德纲要》、2015年《苏州纲要》、2016年《里加纲要》、2017年《布达佩斯纲要》、2018《索菲亚纲要》的制定与发布是中国与中东欧国家关系持续正向强化的生动体现。当前，中国与中东欧国家均建立了不同程度的外交合作关系，均是彼此重要的经济合作伙伴，如2014年1月13日中国与保加利亚建立全面友好合作伙伴关系、2016年3月29日中国与捷克建立战略伙伴关系、2017年5月13日中国与匈牙利建立全面战略伙伴关系等。这些不同程度的外交合作关系有利于打造开放包容、互利共赢的合作伙伴关系，为中国与中东欧国家人文交流奠定了基础。

基于对中国与中东欧国家关系曲折发展历程的梳理，在“冷淡”双边关系的条件下，两国间几乎不存在双边人文交流，因此，本文主要选取2012年以来人文交流合作的信息，全面分析中国与中东欧国家人文交流的现状，并在此基础上，总结提炼出中国与中东欧国家人文交流的特点，旨在推动中国与中东欧国家人文交流的长足发展。

1. 中国与中东欧国家人文交流概述

随着“一带一路”倡议引领全球化迈入新时代，各国愈发重视人文交流的影响力，中国与中东欧国家也不例外。根据中共中央办公厅与国务院办公厅印发的《关于加强和改进中外人文交流工作的若干意见》，党的十八大以来，以习近平同志为核心的党中央高度重视人文交流工作，中外人文交流事业蓬勃发展，谱写了新的宏伟篇章，为我国对外开放事业的推

① 龙静，《中国与中东欧国家关系：发展、挑战及对策》[载《国际问题研究》，2014年第5期]。

进做出了重要贡献，有力推动了全球范围内的人文交流与文明互鉴①。深化人文交流不仅是中国迈向世界文化强国的战略选择，而且是实现“一带一路”民心相通的实践路径，同时也是中东欧国家积极参与“一带一路”建设的重要抓手。当前，中国与中东欧国家以人文交流为着力点，以推动“一带一路”民心相通为目标，助力中国与中东欧人文交流全方位、多层次、多领域新格局的形成。

基于对《中国关于促进与中东欧国家友好合作的十二项举措》以及中国与中东欧国家之间的《布加勒斯特纲要》《贝尔格莱德纲要》《苏州纲要》《里加纲要》《布达佩斯纲要》《索菲亚纲要》中“人文交流合作”这一议题内容的纵向比较与横向比较，笔者发现，中国与中东欧国家已搭建起一个多层级、多领域、全方位、深层次的网状人文交流平台，具体表现在：

（1）主题

无论是2013年布加勒斯特会晤的“合作共赢，共同发展”②主题、2014年贝尔格莱德会晤的“新动力、新平台、新引擎”③主题、2015年苏州会晤的“新起点、新领域、新愿景”④主题、2016年里加会晤的“互联、创新、相融、共济”⑤主题、2017年布达佩斯会晤的“深化经贸金融合作，促进互利共赢发展”⑥主题，还是2018年索菲亚会晤的“深化开放务实合作，共促共享繁荣发展”主题，均反映出“16+1”合作的核心特征，即打造开放包容、合作共赢的伙伴关系。这与习近平总书记提出的“共商、共建、共享”的全球治理理念以及和平合作、开放包容、互学互鉴、互利共赢的丝路精神高度契合。由此衍生出持续推进与深化中国与中东欧国家人文交流的战略选择。

---

① 中共中央办公厅、国务院办公厅，《关于加强和改进中外人文交流工作的若干意见》，2017年12月21日[载http://www.gov.cn/xinwen/2017-12/21/content_5249241.htm]。

② 中华人民共和国外交部，《中国—中东欧国家合作布加勒斯特纲要（全文）》，2013年11月26日[载http://www.fmprc.gov.cn/web/ziliao_674904/1179_674909/t1102713.shtml]。

③ 中华人民共和国外交部，《中国—中东欧国家合作贝尔格莱德纲要（全文）》，2014年12月17日[载http://www.fmprc.gov.cn/web/ziliao_674904/1179_674909/t1220007.shtml]。

④ 《中国—中东欧国家合作苏州纲要（全文）》，[载新华网，2015年11月25日，http://www.xinhuanet.com/world/2015-11/25/c_1117249390.htm]。

⑤ 中华人民共和国外交部，《中国—中东欧国家合作里加纲要（全文）》，2016年11月06日[载http://www.fmprc.gov.cn/web/ziliao_674904/1179_674909/t1413179.shtml]。

⑥ 中华人民共和国中央人民政府，《中国—中东欧国家合作布达佩斯纲要（全文）》，2017年11月28日[载http://www.gov.cn/xinwen/2017-12/01/content_5243611.htm]。

（2）内容

“人文交流”的相关内容条目数量大致呈现出稳定增长的趋势，“人文交流”议题涉及的相关领域愈发宽广。比如《布加勒斯特纲要》在首脑外交、智库交流、媒体交流、文化交流、教育交流、旅游交流的基础上，将人文交流范围覆盖至艺术交流、地方合作、互译出版合作以及体育交流领域，而且其相关措施均在中国与中东欧国家人文交流的过程得以贯彻落实，促使中国与中东欧国家取得全方位、多领域的巨大成就与丰硕成果，极大地提升了中国与中东欧国家人文交流的广度与深度。

（3）领域

中国与中东欧国家人文交流活动不胜枚举，人文交流形式丰富多样。截至目前，中国与中东欧国家人文交流已扩展至十大领域，具体包括：

首脑外交。从2012—2018年累计已举行七届中国—中东欧国家领导人会晤，每次会晤均会梳理过去成果，规划设计未来。与此同时，中国与中东欧国家合作秘书处每年均会组织中东欧高级别官员访华。首脑外交不仅持续强化十七国领导人依托“16+1”合作积极参与“一带一路”建设的共识，而且不断夯实中国与中东欧国家人文交流的民心基石。

智库交流。从2013—2018年已连续召开五次中国—中东欧国家高级别智库研讨会，并由中国社会科学院牵头成功组建“16+1”智库交流与合作网络；

媒体互访。除2014—2018年中国与中东欧国家组织记者互访外，还借助联合制片、相互新闻报道、节目交流等形式加强媒体交流，特别是2017年“中国—中东欧国家媒体年”与两届国家新闻发言人对话会获得各方高度评价。

文化交流。纵观中国与中东欧人文交流六年以来的成就，笔者发现，双方文化交流形式多样，主要以文化论坛、汉学研讨会、文化季、文学论坛、“16+1”文化协调合作中心等形式展开。根据纲要文件信息，截至目前，双方已举办三届中国—中东欧国家文化合作论坛、三届中国—中东欧国家文化创意产业论坛、两届中国—中东欧国家非物质文化遗产保护专家级论坛、一届中国—中东欧国家文化遗产论坛。

教育合作。截至2018年，中国—中东欧国家已连续举办六届国家教育政策对话、五次高校联合会会议、三次青年政治家论坛以及多次青年研修交流营活动。

旅游交流。旅游交流是深化中国与中东欧国家人文交流的“得力助手”，六年来，双方积极采取措施便利人员往来，一方面通过免签、居留等提高人员往来的便利度，另一方面更多通过发挥旅游潜力来推动人员往来便利化。例如，中国与中东欧国家通过举办四次中国—中东欧国家旅游合作高级别会议、国际旅游交易会、旅游产品推介会、旅游合作促进年、中国旅游信息日等系列活动，建立“16+1”旅游合作网站与国家旅游协调中心等机构促进旅游合作。

艺术交流。中国与中东欧国家从音乐、舞蹈、电影、美术、戏剧等方面入手开展艺术交流，如戏剧节、“16+1”舞蹈文化艺术联盟、“16+1”音乐院校联盟以及“16+1”艺术创作与研究中心等。

地方合作。中国—中东欧国家地方州长联合会、首都市长论坛与市长论坛的举办以及双方友好城市关系的建立为人文交流举措的落实提供了保障。根据李克强总理在第八届中国—中东欧国家经贸论坛上的致辞，中国同中东欧国家结对的友好省州、城市超过160对，并以2018年举办“地方合作年”为契机，更好地发挥了地方政府积极性和创造性。①

互译出版。出版文化交流作为中国—中东欧人文交流的具体形式，对实现文化融合、深化文化贸易合作与推进民心相通有着重大意义。② 近年来，双方的文学作品互译出版合作发展迅速，如莫言作品在中东欧国家的翻译出版后深受欢迎。

体育交流。体育交流是《苏州纲要》人文交流合作中首次提到的领域，并在《布达佩斯纲要》中进一步得到重视，中国—中东欧国家将以2022年冬奥会为契机加强体育交流达成共识。

2. 中国与中东欧国家人文交流的特点

总体来看，中国与中东欧国家合作以七大纲要文件为指导，以人文交流为重要抓手，双边外交关系不断深化拓展，合作共赢的伙伴关系不断迈

① 中华人民共和国国务院总理李克强:《在第八届中国—中东欧国家经贸论坛上的致辞》[载《光明日报》，2018年7月9日，第4版]。

② 张艺兵,《“一带一路”背景下的中国—中东欧出版交流与合作》[载《出版发行研究》，2017年第8期]。

上新台阶。中国与中东欧人文交流多领域遍地开花，已进入蓬勃发展期，呈现出全方位、多层次、宽领域人文交流新格局的良好发展态势。具体来看，中国—中东欧国家人文交流的特点表现在以下几方面：

（1）参与主体多元化，首脑外交、“二轨外交”、民间外交相得益彰

当前，我国与中东欧国家人文交流的参与主体多元，政府、智库与研究机构、民间团体都参与其内。从政府层面看，国家领导人会晤、部长级会议、政党高层论坛、协调员会议、地方领导人会议、首都市长论坛等多层级首脑外交全面开展；从智库与研究机构层面看，以智库交流与合作为主要形式的“二轨外交”发展得有声有色；从民间团体层面看，文化、教育、旅游等交流亮点频频出现，尤其是旅游交流日益频繁，双方不仅对全面开展旅游合作进行了顶层设计，而且双方旅游管理部门持续推进中国—中东欧国家旅游促进机构与旅游企业联合会，促进往来人员便利化。数据显示，2017年中国赴中东欧出境游人次比2015年上涨229%，波兰、捷克、匈牙利、塞尔维亚、斯洛伐克位列中国游客人次增长最快的五大目的地[①]。整体来看，首脑外交、“二轨外交”、民间外交相得益彰。

（2）沟通渠道宽广化，中央地方、官方民间、线上线下共同推进

2018年是中国—中东欧国家合作第二个五周年的开局之年，是中国与中东欧国家合作迈上新台阶的新起点。第一个五周年中国与中东欧国家人文交流合作取得丰硕成果，这得益于双边宽广的沟通渠道。从中央领导人会晤、高层代表互访到地方州长联合会、首都市长会议，从首脑外交、智库外交到旅游合作、文化交流，从中华人民共和国外交部、人民日报、新华网到各省市网站、微信公众平台、今日头条等新媒体，从“16+1”网站建立到“16+1”研究机构建立，无不致力于全方位打通中国与中东欧人文交流渠道，贴近民心、架设连心桥，深化“16+1”合作，助力“一带一路”文明互鉴、民心相通。

（3）交流领域重点化，文化交流、旅游交流、地方合作聚焦发力

中国与中东欧人文交流领域宽广、内容丰富、形式多样、重点突出、频率增加，而且侧重推动文化交流、旅游交流、地方合作。首先，中国与

① 宋黎磊，《“16+1”合作：兴建“一带一路”建设的“样板房”》[载《光明日报》，2018年7月8日，第8版]。

中东欧国家以文化论坛与孔子学院为依托，文化交流活动种类繁多，孔子学院蓬勃发展，截至2018年4月，中国已在中东欧16国建立了29所孔子学院与36座孔子课堂，2017年注册学员接近4万人[①]；其次，中国与中东欧国家旅游合作机制化程度不断提高，往来人员便利化水平持续提高，如《布加勒斯特纲要》规定中东欧16国能够72小时免签过境上海、北京等口岸。此外，区域性的旅游合作进入新时代，2018年6月召开的中国（宁波）—中东欧国家旅游合作交流会信息显示，宁波2017年全年通过旅行社组织赴欧洲国家旅游的游客27.4万人次，同比增长14.85%[②]；最后，地方合作积极展开，合作渠道不断拓展。截至2018年7月中国各省市已经与中东欧国家的155个省、州、市建立了“友好城市”或“友好省州”关系，其中“友好省州”58对，“友好城市”97对[③]。

三、中国与中东欧国家人文交流面临的挑战

中国—中东欧国家人文交流作为中国特色大国外交的重要组成部分与“一带一路”倡议深耕落地阶段的重要一环，已经成为学术界的研究“热点”之一。然而，考虑到中东欧国家是一个国家群体，中国与中东欧国家间的差异性与互补性必然会反映到中国与中东欧国家人文交流上，因此，全面分析中国与中东欧国家人文交流过程中存在的问题便是本研究的一大任务。

1. 源于中国与中东欧双边政治关系的挑战

（1）中东欧国家内政外交的易变性与复杂性

回溯中国与中东欧国家交往史，会发现中东欧国家内政外交的考量倾向会直接影响到中国与中东欧国家关系。一方面，中东欧国家国内政治制度仍处于转型阶段，各政党发展变化仍在演进[④]；另一方面，从冷战时期

---

① 于洋，《中东欧，架起座座汉语桥》[载《人民日报》，2018年4月12日，第22版]。

② 朱海升：《2018中国（宁波）——中东欧国家旅游合作交流会举行》[载凤凰网，2018年6月7日，http://zj.ifeng.com/a/20180607/6637722_0.shtml]。

③ 宋黎磊，《“16+1”合作：兴建“一带一路”建设的“样板房”》[载《光明日报》，2018年7月8日，第8版]。

④ 龙静，《中国与中东欧国家关系：发展、挑战及对策》[载《国际问题研究》，2014年第5期]。

中国与中东欧关系受制于苏联，到冷战结束后中东欧国家“回归欧洲”，再到中东欧国家内政外交趋于平衡，不再单纯“向西看”，均有力证明中东欧国家的内政外交会影响中国与中东欧国家的双边合作。

（2）欧盟对中国—中东欧合作的疑虑

从中国与中东欧国家交往史可以看出，中东欧国家在苏联解体后便倾向于“回归欧洲”，以加入欧盟或北约为首要外交任务。截至目前，中东欧国家中已有11个为欧盟成员国。根据2018年5月17日在保加利亚首都索非亚举行的欧盟—西巴尔干国家首脑会议，欧盟由原先拒绝接纳到支持西巴尔干5国加入欧盟的外交态度转变，足以表明欧盟对中东欧国家的关注度正在提升，对中东欧地区的政治影响力愈加扩大。尽管在各有关纲要性文件中“16+1合作”与中欧合作的关系均被提及，中国多次强调“16+1合作”与中欧合作是相辅相成的，中东欧成员国中的11个欧盟成员国也表示愿积极推动中欧全面战略伙伴关系与《中欧合作2020战略规划》，依托持久高效的“16+1合作”，以推进中欧全面战略伙伴关系与“一带一路”建设，但是在实践中仍旧无法消除部分欧盟成员国对中国—中东欧合作的疑虑，诸如中国采取“分而治之”策略分散欧盟影响力、中东欧国家逐渐“亲中远欧”等疑虑与猜忌仍旧存在，再加上欧盟本身对中东欧地区有着天然的政治影响力①，因此欧盟针对中国的任何政策都有可能直接影响到中国—中东欧国家关系。

2. 源于中国与中东欧国家文化因素迥异的挑战

中国是一个多民族国家，崇尚“和实生物，同则不继”。“和”文化作为中华传统文化精髓，在当今折射为新时代中国开放包容、文明互鉴的人文精神。中东欧16国是一个历史文化复杂的国家群体，推崇“二元对立”与“敌我对立”。从宗教文化信仰上看，中东欧16国信仰天主教、东正教、伊斯兰教及其他教派，波兰、捷克、斯洛伐克、匈牙利、克罗地亚、斯洛文尼亚、立陶宛、拉脱维亚、爱沙尼亚主要信仰天主教，罗马尼亚、保加利亚、塞尔维亚、马其顿、黑山主要信仰东正教，阿尔巴尼亚、波黑等国信仰伊斯兰教，巨大的宗教文化差异影响文化归属感与价值观念的形成，

---

① 王明国,《构建中国—中东欧国家人文交流与合作新格局》[载《当代世界》，2016年第7期]。

从而影响中国与中东欧国家人文交流的效果。

3. 源于中国与中东欧间交通与语言隔阂的挑战

中东欧16国使用16种语言，隶属于印欧语系；中国以汉语为通用语，隶属于汉藏语系。显而易见，中国与中东欧国家语言差异性巨大，而语言与文化相伴而行，语言差异性则意味着文化多样性。每一种语言都建构了一种独特的文化地标与价值取向[①]，中东欧国家16种语言背后可能隐藏着16种不同的民风民俗、宗教信仰、价值观念、社会心理、传统文化等文化因素，这些文化差异以及由此带来的文化风险无疑会加大文化误解和隔阂，有可能影响中国与中东欧国家推进民心相通进程。除语言距离外，中东欧大多数国家距中国7000公里左右，交通距离远，再加上中东欧国家自身基础设施建设面临的复杂情况，这些都会影响中东欧国家对中国的感知，有可能使得双边人文交流陷入“说得出传不开”的尴尬境地。

四、深化中国与中东欧国家人文交流的建议

人文交流是中国特色大国外交的战略选择，是实现“一带一路”民心相通的重要基础，是“16+1”合作的重大议题。当前，中国与中东欧国家关系不断“升温”，已成为学术界研究的“热点”之一。笔者认为，在开展中国与中东欧国家人文交流的“热点”研究时，也需要就中国与中东欧国家人文交流中的问题进行“冷思考”，理性思考对策，以开放包容的态度拥抱文明交流互鉴，以文明交流互鉴推动人文交流，以人文交流升华多元文明，提升中国与中东欧国家人文交流的深度与广度，助力“一带一路”民心相通。

1. 全局视角：同步推进顶层规划设计与基层人文交流活动

近年来，中国与中东欧国家合作的顶层规划设计持续推进。值得注意的是，中欧关系与中东欧关系相伴而行，而部分欧盟成员国对中国持续推进“16+1”合作尚存猜忌与疑虑，美国也因担忧中国以“16+1”合作为依

① 梁昊光、张耀军,《“一带一路”：二十四个重大理论问题》，北京：人民出版社，2018年5月版。

托谋求在中东欧的地缘政治影响力而不断在中东欧地区展开军事部署。在这种背景下，以全局视野看待“16+1”合作，对中国与中东欧国家合作进行统筹规划，并让各方了解“16+1”合作与“一带一路”倡议的共商、共建、共享的全球治理理念，有助于各方减少恶性竞争、加强密切合作，提高中国—中东欧国家双边政治关系的稳定性，有助于深入推进“16+1”合作，有助于实现“一带一路”民心相通。在以全局视角进行顶层统筹规划设计的同时，务必要注意规划设计的实操性，以在实践中切实开展人文交流的难易程度为衡量标准，确保中国与中东欧国家人文交流活动取得实质性成果，以更加务实积极的姿态向前发展。

2. 包容精神：妥善处理中国与中东欧国家间的差异性文化需求

文化作为一个国家悠久历史的积淀与独特璀璨的历史印记，蕴藏着一个国家最深厚的历史传统、民风民俗，凸显着一个国家的独特气质。考虑到中国与中东欧16国极大的文化差异以及中东欧各国独特的地域文化，差异性文化需求无疑是中国与中东欧国家人文交流合作亟需理性对待的重要课题之一。值得关注的是，文化差异并不意味着文化冲突，恰恰是文化繁荣发展的基因。透过中国与中东欧16国的交往史，则会发现：中国与中东欧国家交往的历史层次丰富，由近及远，回溯至中国与中东欧国家在二战与冷战期间的共同经历，中国与中东欧国家这一共同的历史记忆奠定了双边的互信基础。基于此，依托“16+1”合作机制，稳妥处理中国与中东欧国家间的差异性文化需求可从整体性战略布局、各国特殊性要求出发，具体体现在：一方面，采取高明理智之举——求同存异，即针对中东欧16国的文化共性，寻求中国与中东欧文化的最大公约数，在完善现有人文交流合作机制并充分发挥现有合作机制作用的同时，强化顶层设计，搭建中国与中东欧国家文化交流的战略性平台，致力于以“同”为着力点构建中国—中东欧文化共同体；另一方面，秉承包容之态度——敬其所异，即敬重不同的文化、观点、思想，以此为持“异”者创造一个宽松和谐的人文环境①，促使文化和合力发挥至极致。针对中东欧国家文化差异，则应在充分对比与评估的基础上，以旅游合作、文学交流、艺术交流等为

① 高占祥,《文化力》，北京：北京大学出版社，2007年10月版。

着力点，以丰富文化产品与发展文化贸易为实践途径，拓宽双边文化产品传播的渠道，探索独具特色的区域人文交流合作机制，以加深双边社会对彼此文化的认知度。值得注意的是，青年群体作为文化传播与交流的生力军，对于弘扬与传承中华优秀传统文化有着极大的意义。借助中国与中东欧国家美术、绘画、电影、文学等交流活动，打造青年辨识度高与影响力大的文化品牌，激励双方青年群体以积极主动的姿态扮演好双边人文交流的“青年文化使者”，助力提升双边文化的认同度。

3. 地方合作：着力夯实中国与中东欧国家人文交流的民间根基

在双边人文交流中，顶层设计以全局视角进行战略规划，从“制度层面”上为双边交流奠定人文基础；地方合作则以区域视角开展人文交流，民间参与紧跟，落实顶层设计，从“实践层面”上为双边交流夯实人文根基。当前，中国与中东欧人文交流实现良好开局，双边应以此为基础，持续深化地方人文交流合作，全方位、立体式推进中东欧国家民心相通进程。以中国宁波与成都两市为例，宁波作为中国与中东欧交流合作的“桥头堡”，正以积极主动的姿态参与双边经贸合作，深化双边人文交流，自2018年6月起第四届中东欧博览会、第二十届浙洽会、第十七届消博会在宁波相继举办①，可谓是中国与中东欧人文交流合作的“亮丽名片”。而成都则以蓉欧快铁为发展契机，既拉近了中国与中东欧国家间的交通距离，又缩小了中国与中东欧国家间的认知鸿沟，加快推进成都在中东欧国家中的友好城市布局，架起了成都与中东欧国家人文交流的坚实“桥梁”。未来，中国与中东欧国家应重点关注地方人文交流走在前列的城市，充分发挥这些城市的示范带头作用，潜移默化地打通双边人文交流的民心脉络，助力实现“一带一路”民心相通。

---

① 《中东欧16国齐聚浙江宁波共促经贸人文交流》[载新华网，2018年6月6日，http://www.xinhuanet.com/fortune/2018-06/06/c_1122947957.htm]。

徐正丽[①]

构建“人类命运共同体”背景下的澜湄区域文化协同与交流

内容介绍

〔摘　要〕中国、泰国、柬埔寨、老挝、缅甸、越南六国“澜湄合作机制”的确立旨在通过政治、经济、自然环境、社会人文的密切合作，缩小地区发展差距、推动东盟共同体建设和区域一体化进程，为东南亚地区新发展提供中国智慧与中国方案，并藉此在互利互惠与合作共赢基础上积极实践习近平主席“亚洲命运共同体”价值理念，并为最终推动“人类命运共同体”建设积累经验。作为中国对东盟开放的前沿，广西应充分发挥比较优势，通过文化元素的摄入激发其资源禀赋，确立广西在澜湄区域共同体中不可替代的战略地位。

〔关键词〕人类命运共同体；湄澜区域；文化协同

① 徐正丽，语言学硕士，桂林电子科技大学商学院讲师，北京第二外国语学院国家“一带一路”数据分析与决策支持北京市重点实验室研究员。研究方向：战略管理，语言应用。本文受北京市科技重大专项项目(Z171100004417032)资助。

一、命运共同体的时代特征和文化属性

2012年，中共总书记习近平同志在首次会见外国人士时即提出，“国际社会日益成为一个你中有我、我中有你的‘命运共同体’，面对世界经济的复杂形势和全球性问题，任何国家都不可能独善其身”。“人类命运共同体”概念的提出旨在追求本国利益时兼顾他国合理关切，在谋求本国发展中促进各国共同发展。

1. 共同体的时代特征

共同体这一概念较早出现在洛克《政府论》一书中，即人们在共同条件下结成的集体；对于现代社会来说，则表现为由若干国家在某一方面组成的集体组织，共同体（Community）的源头是希腊语Communis（Com-词缀+Unity），体现出特殊的共同性与联合价值。与普通社会群体、组织不同，共同体更具向心力，其内部成员关系更为密切，甚至可以做到同荣誉、同命运、同生活。1933年，时任芝加哥大学社会学教授的罗伯特·帕克在燕京大学讲学期间将“Community is not society”的观点带入中国学界，Community最终被以费孝通为代表的青年学者们所熟知。然而，无论共同体功能几何，其开端来源于共同利益的驱使。正如洛克在《政府论》中所阐释的，最早的共同体表现为法国与政府人民缔结的“社会契约”，明确规定“政府是人民的服务者，其核心职能只是保护广大人民的基本权利与财产安全，一旦政府与人民之间产生矛盾或者发生冲突，人民有权解除与政府之间的契约关系。这种“解除契约”的后果仅仅是导致本届政府的倒台，却并不会影响到国家与社会整体的稳定[①]。除政治领域，经济、文化乃至情感方面都可能是共同体的涉及范围，特别是在经济全球化与文化多元化发展的今天，文化元素在共同体形成过程中的作用愈发明显。主要表现在：

（1）共同目标

随着约瑟夫·奈的“软实力”观点逐步深入人心，世界各国对于综合

① [法]洛克,《政府论》，北京：商务印书馆，1999年版。

国力的认知标准发生了根本性转变,"脑体倒挂"的认知错觉正在不断纠正。以武力、经济、科技等简单粗暴的"硬实力"影响模式正逐步被感召力、认同感、价值观念等"软实力"所替代①。文化成为国与国竞争的新焦点,亦成为各类共同体成立所面对的新目标。比如,"一带一路"追求"团结互信、平等互利、包容互鉴、合作共赢,不同种族、不同信仰、不同文化背景的国家可以共享和平,共同发展"的宏伟目标,它同样是以经济利益起步,其最终落脚点却不离文化。

(2)共同基础

共同体概念有别于传统意义上的现代组织,其根本在于共同体的落脚点往往需要长期的文化交流作为纽带。类似于费孝通在《乡土中国》一书中提出的"熟人"概念一样共同体的维系不仅仅需要现代的"契约"精神,更需要在长期交流过程中形成的以"共同记忆"为情感纽带的"信任"加以维系②。

(3)共同规范

共同体内部的行为规范除了标准的规章制度外,更应体现出其中的人文情怀。即实现以数据精准计算的规章、契约与以模糊计算为标准的文化传统、人文情感相融合。做到精确界限与模糊区域的有机结合,进而以情感因素增加共同体内部的"黏合"程度,通过"情"与"理"的适度分工,增加共同体内部的凝聚力。

(4)共同方式

共同体的交流方式,摒弃传统组织内的商务谈判模式,强调成员之间的多"沟通",通过日常事务的联系加深各自感情,以情感与文化交流为政治与商务谈判打开突破口。

(5)共同范围

共同体的影响范围常常以"文化圈"作为存在基础,这超越了传统行政区划与国境线对于世界人民流动与交流的束缚。而不同"文化圈"之间的"涵化"作用可以实现这种文化精神的不断向外远播,形成类似于《乡土中国》中所阐释的"差序格局"概念,如一个入水的小石子,向周边泛

① [美]约瑟夫·奈:《软实力:权力,从硬实力到软实力》,北京:中信出版社,2013年版。

② 费孝通,《乡土中国》,北京:人民出版社,2008年版。

开无限的涟漪[①]，真正实现文化精神的全世界认同——这也是中国最终完成“人类命运共同体”建设的文化情感基础。

2. 共同体与中国角色

作为“人类命运共同体”的倡导者，中国在该“共同体”内部扮演着核心角色，虽然“人类命运共同体”发展趋势是客观且不可逆的，但“共同体”领导者的作用定不能忽视，这是影响共同体力量的首要因素。共同体自身的规模、能力可以是客观的，然而“共同体”的短期前进方向永远是领导者主观决定的。这是历史赋予当今中国的崇高使命。

（1）共同体成立期

现代组织的领导者建设强调制度约束与科学化操作的官僚权威，殊不知在组织建立初期，为了实现组织构建目标，领导者的个人魅力尤为重要。个人魅力型权威（Charismatic authority）强调个体非凡能力对于潜在成员产生的吸引力，这也是早期成员加入共同体的重要诱因[②]。“人类命运共同体”的倡议之所以能够得到世界各国的普遍认同，首要因素在于中国经过多年奋斗而树立的良好大国形象。

（2）共同体发展期

在共同体构建初期，面对诸多未知困难与团队自身离散风险，个人魅力型权威往往是共同体渡过难关的精神支柱。在共同体由弱到强的发展过程中，往往遇到各种际遇甚至是生死存亡的危机时刻，此时领导者决断能力决定了共同体的成败。中国共产党的几度沉浮、中华民族的几番兴衰铸就我们的党是历经风浪而走向成熟的党，我们的国家是久经苦难考验而迈向复兴的国家。面对各种困难，中国有能力领导“人类命运共同体”化解种种危机。

（3）共同体稳定期

一致性、相知度与稳定度是衡量共同体效果的重要指标。在共同体的稳定期，由于共同体内部成员差异较大，需要领导者通过情理相宜、恩威并施的方式实现各种利益分配，继而维持群体内部的稳定、最大限度激发

① 费孝通,《乡土中国》，北京：人民出版社，2008年版。

② [德]马克斯·韦伯,《经济与社会》，上海：上海人民出版社，2010年版。

成员为了共同体目标而积极奋斗。西方价值观过于强调理性契约，将成员个体作为体系内层级划分的唯一标准，这是当今国际机构各类危机产生的重要源头。中国是自古讲究法与德的融合，强调共同体内部成员的一视同仁，在利益分配时推崇开放与共享，这也是"人类命运共同体"建设的基本原则。

（4）共同体完成期

共同体是围绕着特定目标而集合成的组织群体。在共同目标完成后，共同体将面临着"离散风险"。同时，共同体在运行过程中，由于群体内部成员能力、地位以及共同体自身组织结构等发生变化，特别是在共同体目标难以短期达成时，个体成员的"解散需求"会愈发强烈，此时领导者的坚韧显得尤为宝贵。一方面，在共同体阶段性目标完成时对于新发展目标的设计与规划；另一方面，在共同体阶段性目标难以完成时对于成员的鼓励与引导都是共同体领导能力的体现。"人类命运共同体"虽功在千秋，却仍需始于足下，中国领导能力提升需要以不断实践为保证，澜湄区域共同体的尝试正是未来中国"人类命运共同体"领导力的试验田与试金石。

二、湄澜区域文化基因的共同属性

澜湄区域共同体在传统意义上常被定义为一种经济战略合作体，因为其符合了经典区域经济学理论中关于区位优势、资源禀赋、生产方式、产业集聚、交易成本等基本理论的要求，进而显现其在经济一体化进程中的关键作用。然而，从人文角度看，关于澜湄区域共同体的文化研究对于助推澜湄区域共同体的协同发展有着更为重要的意义。

1. 文化属性：共同体概念的文化痕迹

洛克在阐释共同体概念时指出，共同体应体现为一种同质性的意愿与密切联系的状态，是一种建立在深度认同基础上的共同行为。这种状态在滕尼斯《共同体与社会》（*Community and Society*）一书中被定义为立足于初级自然生产基础上结成的群体（家庭、宗族）内实现的。此外，它也可能在小的、历史形成的联合体（村庄、城市）以及在思想的联合体（友谊、师徒关系等）里实现。在滕尼斯看来，共同体是建立在有关组织或个人本能的意愿倾向、习惯制约或者共同记忆之上的[①]。血缘、地缘、宗教和文化等成为共同体促成的天然纽带。这不只是各组成部分的简单叠加，而是有机地浑然生长在一起的整体。澜湄地区在历史上文脉相连、水脉相依，长期的生产协作与文化交融造就了该区域内特定的“共同记忆”。这些记忆在体现文化特有延展性与感染力同时，也已成为澜湄区域共同体建立的价值核心。

2. 生态文明属性：自然禀赋的文化载体

澜湄合作首次领导人会议将主题设定为“同饮一江水，命运紧相连”，明确了自然资源禀赋是澜湄区域共同体建立的核心要素，这一自然生态的共生关系亟须特定的载体加以体现，文化正承载着这项核心功能。在“人类地理学”理论看来，原始社会人类生产力极为低下，自然和地理环境的制约成为决定原始人类生产与生活方式的主要因素之一。这种自然生态限定使得在某一具体自然空间内必然分布着一些彼此相关的文化丛或文化群。不同“文化圈”之间发生持续的直接接触，导致一方或双方原有文化形式发生变迁（文化涵化）是人类文化不断前行的主要方式，更是生态文明的具体体现[②]。共生是人的基本存在方式，这也是“一方水土养一方人”的理论渊源。澜湄区域特定的自然环境促成了该区域人文活动的紧密联系。一方面，从时间尺度上看，这种交流既表现为对于传统生活模式与思想状态的追忆，又体现在区域内各成员在面对现实不确定性时为寻求安全感而表现出的一种想象力，体现了一种历史的向度。另一方面，从空间尺度看，这种交流反映了由于地域自然条件制约而形成的不同文化圈的发展现状。在一定程度上，这种文化共同体形式已经超越传统政治界限（如国界、国际联盟组织）及经济关系的局限而更具合理性。文化圈内部的交流与文化圈间的接触正是各类政治、经济活动得以实现的前提。

① [德]斐迪南·滕尼斯，《共同体与社会：纯粹社会学的基本概念》，北京：北京大学出版社，1999年版。

② 郑晓明，《异文化圈社会规范层次结构模型的比较研究》，北京：经济科学出版社，2003年版。

3. 经济属性之一：机会成本的文化体现

文化元素摄入的重要意义不仅仅在于其价值引导功能，更在于其具备实际可操作性。经济活动之精髓在于开源节流——即拓展利益渠道的同时减少相应机会成本。然而，经济活动的实际运作并不仅仅是一种数学模型的推导与计算，更需要考虑诸多相关元素的间接影响——诸如文化。特别是在文化贸易的过程中，由于世界不同区域文化传统差异性而导致的各种“文化折扣”成为制约区域间文化贸易的桎梏。其根本原因在于随不同文化传统而致的“知沟”[①]。国际贸易顺利完成的首要条件在于贸易双方必须完全掌握与理解对方所要表达的信息。但是，由于中西方的文化差异，这种贸易交流在实际过程中并不顺畅，导致各种贸易纠纷状况不断。澜湄区域共同体由于环境相似、文化相近，其在文化认知与理解过程中并无明显障碍，这对于双方开展深层次的贸易合作过程中减少交易成本、提升经贸效率、实现互利共赢有着非常重要的媒介与联系作用。

4. 经济属性之二：产业交流的文化尝试

澜湄区域共同体的建立首先必须着眼于经济的密切合作，经济效益指数将成为衡量共同体成败的关键指标，尽快保证该资源聚集区产生经济效益成为澜湄项目合作的重中之重。澜湄区域共同体的经济合作需要以产业为支撑，资产的投入与产出的转化周期、比率至关重要。对于一个刚起步的经济共同体，清晰、可观的资金回流是其延续并稳定发展的基础保证。但是，以写字楼、厂房、原材料、机械设备建设为基础的重资产投入大多投资周期较长，利润率较低。此时，以文化、金融为代表的轻资产具有占用资金较少、轻便灵活且投资周期较短、利润率较高的优势，容易在澜湄区域共同体成立初级实现经济效益最大化。传统基础建设类项目的合作，因其固有的制约因素并不能短时间内转化为产出与效益，国际文化贸易项目正可填补这一经贸合作的“真空”时期。以文化旅游、会展演艺、艺术品、版权、动漫、影视为渠道的文化贸易密切贴合当前的消费导向，不仅

① [美]赛佛林、坦卡德,《传播理论——起源、方法与应用》，北京：中国传媒大学出版社，2006年版。

有利于突破区域经济贸易的各种壁垒，加速地区资源禀赋的资本转化效率，而且有助于为大宗贸易营造良好的经济文化氛围。

5. 政治属性：战略构想的文化定位

澜湄区域共同体建设的又一目的在于实现人类命运共同体这一伟大构想的区域尝试。这将是中国由大国向强国发展的必由之路。而当今世界格局正发生重大变革，“软实力”概念的提出深刻地影响了人们对国际关系的看法，使全球从关心领土、军备、武力、科技进步、经济发展、地域扩张、军事打击等有形的“硬实力”，转而关注文化、价值观、影响力、道德准则、文化感召力等无形的“软实力”①。中国要走向世界必须在软实力方面有所作为，文化本身作为实现中国软实力的重要抓手，自可借助澜湄区域共同体这条地区走廊面向全世界“讲好中国故事，传播中国正能量”。

6. 社会属性：区域稳定的文化粘合

澜湄区域共同体的一个重大特征在于该流域所辐射的六国国家经济与社会发展并不平衡。在当下，作为一个前工业、工业和后工业时代并存的区域，澜湄区域本身的社会结构并不固定，这就意味着澜湄区域共同体内部的现实价值是多元的、变动的，有的时候甚至是矛盾的与冲突的。这与区域协调发展所需要的稳定性并不相符，甚至带来了紧张。而对于变革中的区域社会结构，其主导价值应当是指向未来、适应当下的。此时标榜精准与执行力的契约和规则并不能够发挥良好的约束作用，恰恰是在实际操作过程中强调模糊与自我约束的文化元素会更显价值。共同的文化作为一种粘合剂，使得流域内各国能够平心静气地坐在一起共商区域发展之大事，在互利互惠与合作共赢的大前提下实现区域和平稳定，进而为区域内的政治、经济、文化交流奠定坚实的社会基础。

三、湄澜区域文化协同推进的广西禀赋优势

随着澜湄区域共同体成为中国建立与东盟的战略伙伴关系、实现“走

① [美]约瑟夫·奈,《软实力：权力，从硬实力到软实力》，北京：中信出版社，2013年版。

出去”战略的重要节点，其在“一带一路”与“人类命运共同体”倡议和建设中的地位日趋凸显。此时作为中国对东盟开放的“桥头堡”，广西必须充分发挥自身比较优势，通过文化元素的摄入激发其资源禀赋，确立广西在澜湄区域共同体中不可替代的战略地位。

1. 地域优势：海陆并用

广西有得天独厚的区位优势。相较于澜湄区域共同体的兄弟省区云南，与广西接壤的东南亚国家数量虽不及云南，但是广西的交通条件远优于云南。一方面，这里是构建中国—越南—老挝—柬埔寨—泰国—马来西亚—新加坡泛亚东线战略通道的重要起点。另一方面，这里拥有云南省所不具备的海运条件。广西海防因此成为“21世纪海上丝绸之路”的重要港口。一条集“海运、陆运、空运、河运、信息传输”为一体的立体运输网络，以广西为主动脉向四周蔓延开来。这一运输网络体系如同血管实现澜湄区域共同体内部各伙伴之间的信息交密集流，通过顺畅的沟通渠道促进战略伙伴关系的形成，进一步推动中国文化借助广西这一出口实现“走出去”的战略目标。更重要的是，这种多样化的地域环境有助于形成相似程度颇高的生产方式与民俗习惯，进而成为形成区域内共同记忆与价值观念的情感基础。

2. 文化优势：民族同源

“文化圈”是一个超越国际行政区划的文化地域概念，强调以共同价值与情感记忆为基础的文化区域。壮族是中国人口最多的少数民族，著名壮学研究者覃圣敏为首的专家通过对于壮族与泰族在语言、行为习惯、节庆、习俗等方面的相似性考证，提出了“壮泰同源”的民族假设，虽研究成果有待进一步证实，却也可以从此中窥探壮族文化与分布于东南亚、南亚各国的泰族文化之间的密切关系①。这构成了澜湄区域共同体的神经系统，广西则成了该系统的神经中枢。相通的文化因民族情感相互交融成为澜湄区域共同体的灵与魂。

① 覃圣敏，《东南亚民族：越南、柬埔寨、老挝、泰国、缅甸卷》，南宁：广西民族出版社，2006年版。

3. 政策优势：区域自治

广西是中国最南端的民族自治区，更是中国唯一的沿海民族自治区。相较于云南，广西通过中国共产党领导的民族区域自治制度可以获得更多的发展便利，诸如民族立法权、变通执行权、财政经济自主权、文化与语言文字自主权、少数民族干部具有任用优先权等实质性权力。这些特权必将在推进澜湄区域共同体的过程中，为广西自身的崛起提供必要的政策便利，形成文化融合推进的政策优势。

4. 经济优势：背靠特区

文化的发展需要强有力的经济实体支撑。相对于云南而言，广西在经济区位方面的优势地位明显。从国内区域经济状况看，广西紧靠“珠三角”，能够率先享受到这一中国主要经济引擎所带来的强大动力。从国际区域经济状况看，广西的南宁、北海、钦州、防城港与越南海防港所构成的环北部湾经济圈是中国与澜湄乃至东盟国家最早合作形成的经济区域，未来必将在澜湄区域共同体的建设与完善过程中发挥重要的主导作用，同时更突显出广西在澜湄区域共同体中独特的经济优势。

四、湄澜区域文化交流的广西区平台建设路径

为了借助广西特有的诸多优势，实现文化元素在澜湄区域共同体中更为重要的作用，必须从以下角度实现对于广西文化摄入工作的突破。

1. 突破文化传统思维

正确认知文化自身的特殊性质，突破传统文化发展理念。首先，传统意义上的文化大多被作为精神产物加以利用，其应有的其他附属价值往往被人们所忽略，导致其政策、经济、社会、生态附加值很难被决策者所关注。其次，文化自身的模糊性与不可测量性，使得文化对于社会发展的贡献更为隐性化，且难以用数据加以预测与展示。再次，文化本身很难产生价值，其附加值大多需要依托相关实体得以展现，因而导致文化价值本身

被替代并最终被忽视。最后，在传统经济建设为中心的发展理念基础上，经济效益见效快的项目往往更为政府所重视，而前期投资大、功能的转换周期长且功能发挥间接、隐性的文化工作往往在城市有限资源的争夺过程中处于绝对劣势。而今，随着中国现阶段主要矛盾的转变，人民的需求层次不断上升，文化需求与文化消费稳步增加并正在成为中国重要的支柱产业。因此必须破除传统文化发展偏见，通过消费导向与替代价值的充分发挥重新树立广西在澜湄区域共同体中的文化新形象。

2. 突破文化品牌劣势

由于传统认知的限制，使得广西的文化品牌建设进程明显滞后，严重制约广西文化作用的发挥。品牌是指一种具有经济价值的无形资产，是销售者向购买者长期提供的一组特定的特点、利益和服务。由品牌为城市带来的经济与社会效应是城市价值的延续，品牌先导的城市文化发展模式意味着文化产品定位、文化经营模式、文化服务对象与利润回报的综合体现。品牌战略要求城市的文化行业必须具有很强的资源统合能力，通过文化品牌的策划、宣传、运营与维护，将城市文化的本质一面通过品牌展示给世人。广西文化地位的确立、文化影响力的形成、文化粘性作用的发挥必须通过文化品牌的策划、宣传、运营与维护，才能建立起一整套科学、完善的文化品牌营销模式。

3. 突破文化业态困境

受传统思维影响，地方政府在文化产业设计过程中往往将其等同于空间建设与布局。这一"重建设、轻运营"的文化业态发展现状在国内普遍存在，殊不知空间建设仅是文化业态建设与完善程序中的一个环节而已。文化产业发展重心更需要着眼于其自身资本力的发挥，包括：第一，创新融资力。通过创新渠道与形式建立多元化、多样性的文化发展融资体系。第二，资产融资力。对于广西当地的文化资源进行资本化改造，实现文化依托实体资产的合理融资途径。第三，产业整合力。在当前业态融合的总思路影响下，文化已不再是单领域、独行业的产业个体，其产业链的延展程度不可同日而语，"文化+"的概念已经深入人心。这里不仅仅需要关注哪些业态被融入“大文化”的概念，更要注重如何在“大文化”的统筹基础上实现各个相关产业间的有机结合与良性运转。第四，资本运营力。资本能力不仅包括资本筹措能力，更注重资本的合理使用。如何做好文化资本的业态分配、风险评估、应急管理、合理盈利成为文化业态发展成败的关键。第五，创意筹资力。通过多种手段激发社会资本的投资意愿，完成文化资本体系的建设。在上述保证之下，广西文化业态建设困境必将有所突破。

4. 突破文化人才现状

文化人才是广西文化发展的保证。该队伍建设具有多层次、多性质、多专业的特征。其分类标准亦有所差异。第一，按人才层次划分包括高端创意人才、中端管理人才和低端服务人员三类；第二，按专业性质分类包括技术人才、管理人才、运营人才、服务人才等；第三，按人才来源划分包括文化行政人员、文化学术专家、文化企业经营者与文化民间爱好者。针对广西文化产业发展现状，通过高端文化创意人才引进、中端文旅管理人才培养、低端文化服务人员培训，加强文化行政人员能力提升、文化学术专家作用发挥、文化企业经验支撑、文化爱好者有效引导，建立一支结构合理、体系完善的文化人才队伍，并通过各类公共文化服务体系，在全社会营造良好的文化氛围，共同促进广西文化软实力有效提升。

五、湄澜区域文化协同发展与交流的广西方案

为了充分发挥广西在澜湄区域文化协同与交流中的作用，必须从顶层设计、核心价值、技术抓手、路线方针与立足落脚等角度对于文化摄入广西发展进行全面系统的考量。

1. 顶层设计：系统全面

必须提升广西文化发展的战略层次，时刻站在国家战略，从“一带一路”与“人类命运共同体”的战略高度出发，重新审视、设计未来广西的文化发展路径。比如，就广西在澜湄区域合作中的文化作用进行准确定

位，并以此为基础制定合理的广西文化发展战略与行动纲要。实现"广西"这一文化品牌的统筹管理与统一运作，借国家战略之大势形成属于本土的文化核心力与软实力。

2. 核心价值：传统文化

打破西方话语体系在国际文化标准制定与实施、国际文化传播途径与效果方面的垄断性。立足中国传统文化与广西文化发展实际，建立符合东方思维的本土文化体系与发展标准，并以此为模板实现澜湄区域的全面推广，在树立中国文化软实力领导地位的基础上建立新型的澜湄战略合作关系。

3. 技术抓手：软硬兼施

充分利用现代技术，推动广西文化的全面发展。此类技术包括软、硬两类。硬技术即当前兴起并运用的各类科技新手段，其对文化产业发展的诸多限制已有所突破。软技术即与当前文化发展相适应的现代运营与管理技术。一硬一软已成为广西文化发展之两翼，应共同推进本土文化质量的飞越。

4. 路线方向：横贯东西

在广西文化战略的发展方向方面，我们必须有效利用广西"海陆双全"的优势，服务于国家"人类命运共同体"的总体战略，以兼容并蓄的态度，一方面通过"21世纪海上丝绸之路"向西加强与发展中国家在文化层面的密切合作，全球范围内传播、树立中国特有的文化软实力；另一方面在条件成熟的前提下积极向东融入亚太，实现与传统发达国家文化体系间的平等对话。中国特色社会主义道路、理论、制度、文化的不断发展，拓展了发展中国家走向现代化的途径，给世界上那些既希望加快发展又希望保持自身独立性的国家和民族提供了全新选择，为解决人类问题贡献了中国智慧和中国方案。

5. 支点发力：效能发挥

文化自身的先天优势在于其效果的隐性化与间接化。文化自身的诸多优势必须通过具体业态作为落脚点，其效能发挥除文化本身外，还应包涵政治、经济、社会与生态等诸多方面。因此，广西文化战略的实施必须以与之相关的文化产业项目作为载体，通过科学的统计方式与大数据的使用实现文化效益与相关效益的剥离，建立科学、标准的文化影响力指标体系，使文化效能变得可感知、可理解而不再是难以捉摸。

康慧举[①]

中日人文外交趋势与对策

内容介绍

〔摘　要〕作为一种文化外交与公共外交的有机整合，人文外交是一种崭新的外交形式，在政府、经济与社会三者互动中发挥着有效的应对作用。1949年中华人民共和国成立以来的各历史时期，中日两国间的人文外交活动都起到了促进中日邦交正常化以及中国国家利益拓展的作用。纵观全球，当今国际格局正处于转型期。2017年7月美国开始对中国发动“贸易战”，给中美关系造成消极影响，也波及许多国家对华关系，其中就包括美国盟友日本。日本将如何调整对华外交政策？中日关系走向如何？这些问题都将或多或少影响中日人文外交。

〔关键词〕日本；人文外交；中日关系

① 康慧举，北京第二外国语学院中国“一带一路”战略研究院助理研究员。本文受北京市科技重大专项项目(Z171100004417032)资助。

当前世界格局正发生着深刻的变化，国家之间的政治外交关系逐渐拓展为民族之间、人际之间的关系，传统意义上的国际关系、外交关系也日渐从经济关系、政治关系拓展到人文关系，人与人之间的交流正在逐步成为维系国家间外交关系的重要力量[①]。世界各国外交战略的贯彻日渐表现为经济外交、人文外交的实施，其中人文外交尤其受到重视。人文外交主要侧重于文化、教育、科技、旅游等方面的交流，是改善国际形象，展示国家“软实力”的有效方式。因此，人文外交凸显了战略性、全局性和长期性。

目前，各国学术界对“人文外交”具体概念的界定、内涵、实施路径等方面的研究还不够深入，相关理论也不成熟。2008年奥运会结束后，中国正式提出了“人文外交”概念。时任外交部长杨洁篪2008年10月在中共中央党校作了题为“奥运后的国际形势与外交工作”的报告。在这次报告中，“人文外交”的概念首次出现。报告指出推进人文外交、加深民间交往有助于增进国家之间的互信，同时也能起到促进世界和平与繁荣的作用[②]。

在中日外交具体实践中，人文外交活动通常称作“文化交流”，其核心运作机制是中日政府间文化交流协商会议。1972年中日两国关系恢复正常化；1978年两国签署了中日《和平友好条约》；1979年两国签署《中华人民共和国政府与日本国政府为促进文化交流的协定》(以下简称《中日文化协定》)。该协定以条约形式，确立了中日两国在文化、教育、科技、体育等领域的交流与合作。进入21世纪以来，中日人文交流在政冷经热、政府间互信相对下降、民间隔膜对立情绪滋长的特殊关系中发挥了积极作用。

一、中日人文外交的悠久历史

在中日关系的历史发展中，人文交流始终发挥着重要的推动作用。从某种意义上说，中日关系的发展史就是中日文化交流的历史。

---

① 复旦大学国际问题研究院,《人文外交战略、制度与实践》[载《光明日报》,2015年1月7日]。
② 杨洁篪,《奥运会后的国际形势与外交工作》[载《学习时报》，2008年10月20日]。

7世纪初，日本圣德太子为了学习唐朝的政治律例，颁布了《十七条宪法》，三次对华遣使，从此开通了中日之间经由东海的政治与文化交流。从7世纪中期至9世纪中期的200多年间，以“遣唐使团”为两国文化接触的纽带，中日之间的政治文化关系在更加广阔的层面中发展，由此也带动了整个东亚地区文化的进步与交融。7世纪中期，日本社会经历了“大化革新”，国家体制走上了律令制的模式。这时，日本主要是通过与文化高度发达的唐王朝的人文交往获取治国理政经验。期间，大量的日本知识分子、僧侣通过官方或者个人访问的方式来到中国学习，同时邀请中国名儒高僧前往日本讲学。直到14世纪，中日之间民间贸易和僧侣往来频繁，两国通过这些文化交流的途径推动着官方联络。宋元时期，中日僧侣间的宗教交往活动为两国关系的进一步发展起到了重要作用。14—19世纪初，明清时期，中日两国文化交流方式更趋多样化，同时，双方也发生了局部的战争和摩擦。这一时期，双方在宗教、儒学、美术、书法等方面的频繁交往，推动了双边政治和经济往来，反映出中日两国关系在向现代国家关系转化。

综上，从唐代以来的1000多年中，中国与日本的文化交流一直以日本吸收中国文化为主导。日本明治维新之后，这一情况发生了转变。

1868年，日本实行明治维新，建立起以日本明治天皇为首的新政权。其后，日本迅速强盛起来，而中国却遭遇了甲午战败，这种情况引发中国人对日本发展成就的关注。一部分知识分子开始借鉴日本的新思想新技术，如康有为领导的维新变法运动皆以日本为楷模，为缓和两国紧张的政治外交关系，日本政府邀请清政府派遣赴日留学生，同时日本政府通过中国留学生培养自己在中国的影响力。据统计，1901年留日学生人数为274人，到1906年底达177860余人，留日学生人数达到最高峰。

纵观中日文化交流历史，可以发现具有以下三个突出特点：

（1）持久性

7世纪初至20世纪初，两国间保持了高频率且持续的人员往来与文化交流，对中日两国的政治外交起到了积极推动作用。这期间，两国间发生了数次战争，战后两国关系的修复弥合又都是从文化交流开始的。

（2）全面性

中日两国文化交流涉及广泛的政治、文化领域，覆盖了两国政府、民间活动的多个层面。

（3）双向性

明治维新之前，日本广泛吸取中国文化，呈现出尊崇的外交姿态；明治维新之后，日本学习借鉴西方的成果反哺中国，同时日本也逐步以世界列强的姿态开展对华关系。

二、现代中日人文外交曲折的历程与现状

“九一八”事变后，中日双方进入交战国状态，官方、民间正式文化交流随之停止，而日本军国主义政府则在中国扶植了汪伪政府，鼓吹“中日亲善”“大东亚共荣”，配合军事侵略。即使在这样一个特殊的历史形势下，一些同情中国革命的日本进步人士坚持开展日本与中国的文化交流，以此支援中国人民的抗日斗争。

新中国成立后，两国文化交流首先在民间开展。在文艺演出、文物展览等领域，双方互动频繁，特别是在1972年9月中日邦交正常化后，两国文化交流得到迅速发展。1979年12月6日，中国文化部部长黄震与日本外相大黑浩代表两国政府在北京签署了《中日文化协定》，确定了两国在文化、教育、学术和体育等领域的交流合作。

近40年来，中国与日本的文化关系发展迅速，取得了丰硕的成果，也经历了波折与停滞。形成了官方与民间并举的局面，呈现出多渠道、多形式的特点。在音乐、戏剧、影视、动漫、绘画、书法等文化艺术门类，以及高等教育、体育赛事、新闻出版、医疗卫生、互联网科技、宗教、旅游等各个领域都有深度交流与合作。当前，中国和日本两国应肩负起推动中日新型关系建设的历史重任。纵观中日关系发展的历史，呈现出明显的阶段性，笔者将按五个阶段来总结。

1. 从1949年中华人民共和国成立到1979年《中日文化协定》签订

中华人民共和国成立之时，东西方处于冷战对峙时期，两极对抗不断升级。严峻的国际政治环境下，中美之间20多年来对抗成为常态。作为美国盟友，日本在对华外交上迫于美国压力也采取了亦步亦趋的方式，与台湾建立了外交关系，同时禁止本国公民对华交往。基于对中日关系的高

度重视，中国政府开始选择民间文化交流来发展中日关系。在以周恩来为主的中国领导人的密切关注与努力下，通过一系列由点及面、由浅入深的外交努力，逐步打破了日本政府的封锁。例如,《人民日报》多次发文，向日本人民宣传中国政府对日政策:“努力在最短的时间内缔结一项共同和平条约，以便早日结束对日本的战争，日本人民可以尽快获得民主、和平。”[①] 1949年10月10日，日中友好协会筹备会在日本成立，并创立了《日本与中国》刊物（这是日本民间在新中国成立后从事中日友好活动的开端）；1958年，日本松山芭蕾舞团在中国领导人周恩来等多方促成下携舞剧《白毛女》首次访华，剧本母本——田汉歌剧版《白毛女》是当时的中国戏剧家协会主席田汉1953年亲自辗转提供给松山舞蹈团的。此后他们在60年间15次访华，以“芭蕾外交”为中日人文交流做出了重要贡献。中日两国民间交流的扩大也促使日本政府考虑应适时改变对华策略。

20世纪60年代末，长期处于敌对状态的中美双方开始通过人文交流的渠道积极寻求外交突破。1971年4月，参加日本名古屋第31届世界乒乓球比赛的美国代表队应邀访华，开启了被国际社会誉为“小球翻大球”的“乒乓外交”，隔绝22年的中美关系开始出现转机，也为中日关系的发展提供了新的范例[②]。

2. 从日本首相田中角荣访华（1972年）到20世纪末

1967年，尼克松上台后，美国对华策略发生改变，提出“和中国接触，和中国对话”。1971年尼克松正式访华，日本朝野遭受巨大冲击之余纷纷表示要与中国友好，中国政府也做出积极回应。7月11日由时任中日友好协会副秘书长的孙平化以上海芭蕾舞团团长身份率团访日。不久中国外交部亚洲司日本处处长陈抗以中国农业代表团团长身份访日。在日本期间，他们接触到了日本外相以及相关政府部门人员，并以非官方的沟通方式传达了中国政府邀请日本首相田中访华的邀请。

20世纪50年代初到80年代，日本从二战后初期的“贸易立国”转型为“技术立国”，之后又转向“文化立国”，成功实现了国家产业结构的升级转换。1979年1月，时任日本首相大平正芳在施政演说中提出了“文化

① 田桓主编,《战后中日文献集（1945—1978）》，北京：中国社会科学出版社，1996年5月版。
② 郝平,《中美新型大国关系的铺路石》[载《人民日报》，2015年6月18日]。

立国”的口号，并将“文化外交”置于日本外交政策的重要位置。日本在这一时期的对华文化外交十分活跃，主要表现在以下几个方面：以领导人访华带动中日文化交流与合作；发展对华学术、教育和人员交流；同中国进行文化振兴协作，对中国的文化遗产保护工作提供帮助等。

这一时期，中国也十分重视对日文化交往，希望借此化解战争对两国关系造成的负面影响，增进彼此间的相互理解。1972年，日本接受了中国政府赠送的两只大熊猫“康康”和“兰兰”，同年11月4日，日本上野动物园在350多名新闻媒体人员的关注中举行了熊猫首次公开展出的特别纪念仪式，多达上千人报名参加。中国的“熊猫外交”在日本取得了令人瞩目的轰动效果，掀起了日本民众对熊猫的喜爱热潮。

值得特别注意的是，冷战结束后，日本在全球政治格局发生重大变化的情况下对华文化外交有了更为宽松的国际政治环境，但同期内日本追求政治大国地位的目标也日益凸显，对华政策出现较大调整，逐渐开始对日益强大的中国采取战略防范态度。因此，日本政府在进一步深化对华文化外交的过程中，意识形态色彩有所加强。这时日本对华文化外交呈现出接触和防范并举、交融和对立共存的双重属性。

3. 21世纪初至2012年底

中国与世界各国人文交流更加频繁，呈现出系统化、机制化和战略化的发展特点。中日关系却反向发展，进入建交以来的困难时期。日本国内，狭隘民族主义抬头，日本政局逐步“向右转”，日本民间对华感情距离也不断拉大。《读卖新闻》2006年在日本民间的民意调查显示，对中日关系，72%的受访者表示“忧虑”。两国间文化差异、经济竞争、军事对峙、对待历史问题的认知、台湾问题、钓鱼岛争议、东海海洋资源开发等一系列问题是这一时期影响中日互信的主要因素。其中，日本右翼势力利用舆论宣传制造民间敌对情绪，也是一个不容忽视的问题。

4. 自2013年起安倍晋三再次执政至2017年

这一时期，中日关系达到了自小泉政府后最低点。日本政府“购岛”行为、阁员参拜“靖国神社”、渲染“中国威胁论”、修改宪法等行为不断加剧了两国外交关系的恶化，中日两国陷入困局，两国间民众的相互认知也达到了历史新低。

5. 2017年至今

中国自“一带一路”倡议提出5年来，取得了举世瞩目的成就，日本国内对其的关注度不断提高，外交政策发生了相应的变化，为寻求自身战略利益最大化，日本转向了与中国在“一带一路”框架下的“有限对接”，同时积极寻求在“一带一路”框架外采取针对性政策对冲中国的国际影响力。这反映了中日关系所具有的合作与竞争的复杂性。

2017年4月23日，中日两国政府举行了中断9年的第14次政府间文化交流协商会议，中日双方就促进体育赛事交流以及青少年教育交流等问题达成共识，展现出中日关系的改善。2018年5月10日，中国国务院总理李克强访问日本，标志着中日关系重回正轨。李克强总理和日本首相安倍晋三共同参观了“让文物居住——紫禁城文化展”。这是李克强总理访问期间安排的人文领域唯一活动，也是为纪念《中日和平友好条约》缔结40周年的重要活动内容之一。

综上，近代以来，日本对中国的认识经历了“从推崇到质疑”，“由质疑到蔑视”，“从蔑视到无视”，“从无视到敌视”，“从敌视到正视”，“从正视到‘竞合’”的过程[①]。所谓“竞合”所描述的正是当前中日之间既相互对抗又相互合作的关系。据中日关系舆论调查机构数据显示，71.8%日本受访者认为中日关系“重要”或“比较重要”，对中日和平友好与合作较为期待，而68.2%的受访者认为“和平”是最重要的价值观（中国受访者此项比率是54.2%）。值得关注的是，日本受访者对中国印象“不好”或“相对不好”的比例高达88.3%（2014年这一比例曾达到93%）。[②]

三、中日人文外交的重要意义与作用

中日文化交流是中日政治外交冲突与磨合的历史缩影，也反映了日本

① 王洪波，《中日相互认知的不对称性亟需改变———从〈近代以来日本的中国观〉谈起》[载《中华读书报》，2012年10月17日]。

② 《2017年中日联合舆论调查结果发布：两国人民怎么看对方》[载搜狐网，http://www. sohu. com/a/210503890_433398，2017年12月20日访问]。

文明及其文化的独特性，中日之间只有共同维系和平才有利于双方的利益。中日人文外交或者说文化交流是中日关系发展史上重要的部分，发挥着无可替代的作用，具有深远的历史意义。

1. 中日文化外交推动了两国的文明进步与社会发展

中日文化交流与合作的发展不仅起到了修复中日关系的作用，也是促进亚洲区域乃至全球和平稳定的关键，两国间的文化交流对于政治外交关系发生着巨大而深刻的影响。例如，古代日本遣唐使来华，以及大唐鉴真和尚等中国宗教人士东渡日本，都在推动日本政治体制改革和文化进步以及中日双方增进了解的进程中发挥了相当重要的作用；近代中国许多政治家、学者通过对日访问考察，效访日本在中国进行变法改革；大量的中国留学生赴日本学到了西方新知识新技术，接受了新思想。可以说近代以来，中日两国文化交流的发展体现了两国政治外交关系的复杂变化。19世纪末，日本军国主义势力对中国发动了数次侵略战争，严重伤害了两国人民的感情，但是两国民间的文化交流仍然没有因战争而中断。例如，1936年，从日本逃亡到中国的日本反战作家鹿地亘，组织日本反战同盟，积极参与抗战宣传，还创作出了一批反映中国人民英勇抗战的文学作品。综上，如果能够以历史的、发展的观念看待中日关系，就会发现友好与交流才是主流。

2. 中日文化交流为两国恢复关系正常化铺平了道路

冷战时期，美国奉行的反华政策，作为盟友的日本也紧随其后，中日间外交正常化面临种种阻碍。鉴此，周恩来总理曾指示，首先要通过人与人之间的交流来实现突破。民间文化的交流在打破僵局中起到了主导作用。1972年7月，上海芭蕾舞团访日，正值日本新内阁登台，首相田中角荣在公开场合表示，“中日邦交正常化的时机已经成熟”，释放出恢复两国邦交意愿的信号，周恩来总理迅速指示孙平华抓住机会，立即“执行这件事”。孙平华在日本会见了大坪外相，转达了中国政府邀请访华的诚意，并告诉他：“9月至10月北京的秋日空气和新鲜空气是最宜人的”[①]。

① 孙平化,《中日友好随想录》，北京：世界知识出版社，1986年版。

中日文化交流在促进两国政治关系改善、经济合作交流方面发挥着积极作用。1978年《中日和平友好条约》签订之后，中日两国在文学、艺术、书法、戏剧、音乐、舞蹈、电影、科技、教育、卫生、体育、宗教、民俗等多个领域进行了广泛的交流与合作，有力地推动了政治关系和经贸关系的发展。

3. 中日文化交流有助于两国之间消除误解、化解矛盾

中日两国恢复外交关系后，在一些重大政治历史问题方面仍然存在许多分歧、矛盾，也有过摩擦。日本政府在侵华战争问题上的一系列不当言行，激发了中国民众强烈的抵触情绪与普遍的反感。事实证明，通过文化交流缓和这些矛盾和冲突非常有效。

综上所述，中国有必要充分利用文化外交来引导中日关系的走向，在维护国家安全与利益的同时推动中日关系良性发展。当然，从中日文化外交的历史事实来看，中国在文化外交领域仍落后于日本，长期处于“逆差”地位，所以中国需要学习和借鉴日本文化外交的成功之处，加强自身的文化外交建设，真正提升国家的文化软实力。

四、当前中日人文外交面临的挑战与未来可提升空间

考虑到近期，中美贸易战以及中日关系正常化逐步恢复的现状，为推动中日两国关系可持续构建，确保维系早期外交成果并得到进一步发展，笔者认为可以从以下四个方面应对。

1. 以战略性、前瞻性的眼光看待中日人文外交

首先，中日人文交流应当顺应“全球化”潮流，推动中日双方成为国际政治体系转型的引领者；开拓中国与日本“一带一路”的新国际合作空间，共同构建以“合作共赢”为核心的新型国家关系，推动双方共同努力，建立亚洲命运共同体、人类命运共同体、促进中日关系健康发展。在已有的中日政府文化交流机制下可以增设“青年 / 妇女 / 教育 / 互联网”“和平交往与文明共进”等学术研讨会。

其次，人文交流活动要推动两国关系向需求型的务实方向转变。美国

政治目前处于“对抗性”和“极端化”“反全球化”态势，对日本的外交政策有一定影响，中国政府应通过多种渠道开展丰富的人文交流活动，向日本、亚洲以及全世界传播“和平文化”“合作文化”等人文外交理念；开发“民主进步与交流合作文化”联合研究交流项目，开发对妇女、青年等群体赋权赋能合作机制或论坛。

最后，中日双方应密切关注中日美三国关系走向，建立起一套完整系统的项目预测数据库，用以预判中日双边关系的战略走向，实现中日人文外交问题的重点项目管理与优先分类。

2. 深化中日民间人文交流，拓展人文外交渠道，丰富人文外交方式

首先，强化“政府搭台、民间唱戏”的职能，实现职能型转变。中日政府间文化交流协商机制经过30多年的巩固和深化，目前的重点应考虑转变功能，例如引入智库和大学研究机构，建立一个标准化体系，使民间学术力量成为中日文化交流的积极参与者。

其次，利用双方互联网高科技技术，建立文化交流网络虚拟社群，建设中日文化交流的网络化、大众化。如开发中日文化交流网站、研发专用APP、共同建设与维护人才数据库。

3. 建立中日人文交流危机预防机制，增强中日人文交流管理能力

首先，提高中日人文交流活动的内部与外部协调能力，增强对日外交政策的稳定性。目前，中日两国人民交往各方之间缺乏有效协调的常设机制。可以尝试建立常设协调管理机制，如中日人文交流领导小组/委员会或中日人文交流秘书处，实现中日人文交流的战略与决策统一。

其次，建立中国与日本文化交流预警机制。科学评估中日人文交流的成果与当前面临的主要问题，引入第三方评估组织，建立一套完整的、科学的评估指标体系。

最后，加强中日人文交流的数据人才库建设。引进高校智囊团人员和非政府组织人员的力度，形成一种组织伙伴型关系结构，使人文外交相关项目的决策、执行、评估环节有效运转，达到最佳效果。

4. 为维护中国的文化安全，保障国家利益，积极应对日本对华人文外交中的意识形态输出

日本对华文化外交中的意识形态色彩在进入21世纪以来逐渐增强。日本的文化外交反映出其摆脱二战战败国负面形象阴影、重新寻求大国国际身份认同的强烈愿望，但日本意图通过价值观上的优越性或凸显民族主义色彩来塑造大国的形象并得到中国的认同和尊重，这样的方式非但不能取得理想的效果，反而进一步加深了中日之间在文化上的对立与隔阂，也对中国的文化安全形成了一种咄咄逼人的威胁态势。对此，中国需要采取积极的应对措施，维护自身的文化安全，同时积极运用人文外交来对冲日本的意识形态输出，使日本摆正对自身文化及中日文化关系的认识。中日关系的发展必须建立在尊重彼此国家利益的基础上。与此同时，中国的人文外交也要将国家利益摆在首位，在维护国家利益与文化安全的前提下发展中日文化关系。

五、结　语

当今世界正经历着新的一轮发展与变革，中日关系正处在承前启后的关键历史时刻，面临着重大发展机遇与前所未有的挑战。深刻认识中日合作的重要性，努力推动中日关系的良好发展，将造福中日两国人民，也会有利于亚洲与世界和平发展。和平、友好、合作、共赢是两国外交新航程。

第四部分

语 言 篇

计金标　梁昊光　李　晴　邹统钎①

“一带一路”旅游语言服务标准化研究

内容介绍

〔摘　要〕“一带一路”是新型全球化背景下中国向世界提出的国际合作共赢方案，致力于打造新型国际关系，搭建开放型国际合作平台，建立人类命运共同体。旅游业作为经济发展的重点领域之一，旅游国际化进程加快推进，多元文化交流不断深入，旅游服务语言因此显现出一种标准化的趋势。基于此，本文以中国5A级景区为例，梳理中国“一带一路”景区旅游语言服务标准化现状，剖析中国“一带一路”景区旅游服务语言标准化过程中存在的问题，并就此提出相关建议，以提高旅游服务语言文化的传播效能。

〔关键词〕旅游国际化；“一带一路”；旅游语言服务

① 计金标，北京第二外国语学院校长，教授，博士生导师；梁昊光，教授，博士生导师，北京第二外国语学院国家“一带一路”数据分析与决策支持北京市重点实验室主任，北京市首都发展研究院院长；李晴，北京第二外国语学院旅游管理学院，国家“一带一路”数据分析与决策支持北京市重点实验室助理研究员；邹统钎，北京第二外国语学院校长助理，教授，博士生导师。本文受北京市科技重大专项项目(Z171100004417032)资助。

国家发改委、外交部、商务部联合发布的《推动共建丝绸之路经济带和海上丝绸之路的愿景与行动》文件明确强调,"加强旅游合作,扩大旅游规模,互办旅游推广周、宣传月等活动,联合打造具有丝绸之路特色的国际精品旅游线路和旅游产品,提高沿线各国游客签证便利化水平;推动21世纪海上丝绸之路邮轮旅游合作"。可见,旅游合作已成为"一带一路"建设的重点议题。以旅游合作为"一带一路"建设的切入点,无疑会为中国与沿线国家旅游业发展创造重大机遇,并将直接推动国内相关城市以及沿线国家旅游业的长足发展。

"一带一路"是新型全球化背景下中国向世界提出的国际合作共赢方案,该方案既顺应了时代发展潮流,也契合沿线各国的发展规划,致力于打造新型国际关系,搭建开放型国际合作平台,建立人类命运共同体。"一带一路"倡议提出5年来,"五通"建设成效尽显,中国经济与世界经济融合的节奏与步伐加快,跨文化交流不断深入,世界旅游业迈入快速发展的黄金期。随着经济全球化与世界经济一体化进程的逐步推进,以"一带一路"为发展契机,加强旅游合作已成为推动旅游国际化进程的新"引擎"。由于这种新"引擎"是文化吸引力、真诚感染力、协作合力与借力以及人员交流魅力的聚合,其为旅游业创造了前所未有的发展空间。

当前,借"一带一路"之力发展旅游确为旅游业发展的新机遇,而语言成为实现"一带一路"互联互通和旅游业发展必不可少的要素。"一带一路"沿线国家所涉及的官方语言多达60余种,语言服务关乎中国经济国际化与对外话语权的建设,关乎中国参与全球治理的能力①。在"一带一路"倡议下深化旅游合作已是大势所趋。中国旅游研究院与人民网于2017年联合发布的《国民"一带一路"旅游心态及出行大数据报告》显示,不仅"一带一路"与旅游业的话题相关度不断提高,而且游客对"一带一路"旅游相关资讯的关注度也在逐步提升,且关注度在2017年5月举办的"一带一路"国际合作高峰论坛期间达到峰值。

基于"一带一路"已成为旅游业发展的超级"IP"这一事实,考虑到旅游景区是旅游业发展的重要载体,旅游服务语言又是旅游业中提高旅

① 崔璨、王立非,《面向"一带一路"语言服务,推动外语专业教育改革》[载《语言教育》,2018年第6期]。

游服务语言规范水平及传播效能的重要依托[①]，因此，以国家5A级景区为例，梳理中国“一带一路”景区旅游语言服务标准化现状，剖析中国“一带一路”景区旅游服务语言标准化过程中存在的问题，并就此提出相关建议，对进一步发挥旅游服务语言在城市乃至国家特定文化形象塑造、完善及传播使命上有着较强的指导意义与实践价值。

一、“一带一路”旅游景区语言服务标准化现状

旅游景区作为发展旅游业的重要基础，其语言文字运用的规范性与标准化直接关系到旅游景区服务语言的传播效能，甚至关系到一个城市或国家的形象建设。语言与文化相伴而行，不同的语言背后蕴含着不同的民风民俗，只有保持高度的语言敏感性才可能减少语言文化误解，助力中华语言文化有序有效传播。为此，在梳理中国“一带一路”旅游景区语言服务规范化及标准化发展过程时，选择国家5A级景区语言服务为评价对象，一方面需要明确中国“一带一路”5A级景区的数量、区位及其重要性，另一方面需要全面梳理中国“一带一路”5A级景区语言文字的规范使用情况，以提高景区语言文字的传播效能。

1. 中国“一带一路”5A级景区概述

国家5A级景区具有极强的代表性与示范性，对“一带一路”5A级景区语言服务水平与提升景区语言文字传播效能有着重要的现实意义。

当前，中国景区星级评定实行动态化管理。目前，全国共有250个5A级旅游景区。在中国，“一带一路”国际合作涉及的省份基本覆盖全国范围。这些地区正在依托其现有开放态势，以更加积极主动的姿态全面提升中国开放型经济水平，致力于打造2个核心区、4个面向、8个高地、15个港口。具体表现在：

（1）2个核心区

结合新疆与福建独特的区位优势，将新疆与福建分别打造为丝绸之路

① 韩荔华，《“一带一路”中国旅游景区普通话使用情况调查研究》[载《语言文字应用》，2017年第1期]。

经济带核心区与21世纪海上丝绸之路核心区。

（2）4个面向

根据西北、东北、广西与云南在全国经济的开放地位，致力于将西北地区打造为面向中亚、南亚、西亚国家的通道、商贸物流枢纽、重要产业和人文交流基地，主要包括陕西、宁夏、青海、甘肃4个省份；将东北地区定位为向北开放的重要窗口，主要涉及北京、内蒙古、辽宁、吉林、黑龙江5个省市；将广西地区建设为面向东盟区域的国际通道,有机衔接21世纪海上丝绸之路与丝绸之路经济带；将云南地区打造为面向南亚、东南亚的辐射中心。

（3）8个高地

主要分为三大类，一是内陆型改革开放新高地——西安，二是西部开发开放重要支撑——重庆，三是内陆开放型经济高地——成都、郑州、武汉、长沙、南昌、合肥等。八个城市均为各地方经济发展与改革开放的引领者。

（4）15个港口

主要涵盖上海、天津、宁波—舟山、广州、深圳、湛江、汕头、青岛、烟台、大连、福州、厦门、泉州、海口、三亚等地。

2. 旅游服务语言概述

（1）旅游服务语言的概念界定

旅游服务语言是旅游从业人员为向旅游者表达想法、交流感情以及解决各种问题而使用的一种工具，充当旅游从业人员与旅游者间的媒介，体现旅游从业人员专业素养与服务质量水平的高低，也关系到一个城市形象乃至一个国家形象的塑造与完善。就旅游本身具备极强实践性这一点，不难看出，隶属于旅游业领域的旅游服务语言也由此具备极强的应用性，即旅游服务语言的工具特性尤为突出。以旅游景区视角来看，旅游服务语言更多是指景区解说语言，因此编写导游词时注重语言艺术尤为重要，这是因为规范高效且极具艺术色彩的导游词是实现旅游解说服务必不可少的前提条件，是提升旅游解说服务水平的根本所在。就旅游服务语言的高度敏感性而言[①]，“一带一路”倡议作为旅游业长足发展的强大“IP”支撑，促使跨文化交流不断深入、多元文化相互交融，旅游服务语言也由此不断变化，旅游服务语言则必然会面临多元语言利益诉求的挑战，因此在“一带一路”语言战略作为一项系统工程、跨国工程、民心工程与中国工程的时代要求下[②]，借“一带一路”之力发展旅游业时，应高度重视旅游语言文字在提升旅游系统语言传播效能方面的重要作用，促进旅游系统中多语言规划与语言政策的制定与完善。

（2）旅游服务语言的四大功能

提及“服务”一词，一般多指对客服务，那么在“以人为本”服务理念的指导下，旅游从业人员对客服务本身具备的无形性、不可储存性、差异性与不可分离性决定了旅游服务语言的顾客导向性与服务性，主客关系也侧面体现出旅游服务语言的不平等性[③]。在中国特色走向新时代的今天，旅游从业人员会随时代潮流不断调整旅游服务语言，以灵活应对旅游者求新求异的需求，这也体现出旅游服务语言的时代感与灵活性。

笔者认为，在对旅游服务语言的特性进行基本了解的基础上，理解旅游服务语言的四大功能会更有价值。从顾客导向视角来看，旅游服务语言最基本的功能在于向旅游者传达正确有效的信息，如景点游览介绍、景点故事介绍、向导服务等。在满足旅游者最基本游览需求的基础上，第二层次的功能在于真正及时有效地与旅游者实现情感交流，但做到这点并不容易。这是因为旅游团人员构成、背景、受教育经历、知识水平等差异不仅拉大了团队成员间交流的心理距离，也不利于旅游从业人员与旅游者间的情感交流。此时，极具艺术性的旅游服务语言便会在协调顾客关系方面发挥出意想不到的效果。第三层次的功能在于塑造与完善一个城市乃至一个国家在旅游者心目中的旅游服务形象，传播中华语言文化。从根本上来讲，如果旅游服务语言具有很强的艺术性，旅游从业人员具备很强的说话艺术，那么，规范巧妙运用旅游服务语言，正确恰当地向旅游者传达有效

① 毛金凤,《论国际经济环境下旅游服务语言的变化》[载《商情（教育经济研究）》，2007年第3期]。

② 梁昊光、张耀军,《“一带一路”：二十四个重大理论问题》，北京：人民出版社，2018年5月第41页。

③ 夏林根,《旅游服务语言艺术》，太原：山西教育出版社，2003年版。

信息，为旅游者营造一种安全、可靠、欢乐、美好的旅游服务氛围，则无形中会对旅游者起到感召、感化功能，从而提高旅游者的体验性与满意度。这既是一次旅游服务的终极目标，也是一套旅游服务语言第四层次的功能。

（3）旅游景区解说语言的类型

从旅游景区视角来看，景区旅游解说系统是指通过第一手的实物、人工模型、景观及现场资料向公众介绍关于文化和自然遗产的意义及相互关系的宣传过程[①]。景区旅游解说系统是为游客服务的重要组成部分，是旅游目的地教育功能、服务功能、使用功能得以发挥的重要基础。

目前，旅游景区解说语言类型划分的标准较多，主要从软硬件构成、景区解说系统范围、解说语言种类、解说服务的提供方式、解说系统媒介、广狭义概念等方面进行划分（见表1）。本文则从旅游系统的三大要素出发划分旅游景区解说语言。旅游系统的三大要素是旅游主体（旅游者）、旅游客体（旅游资源）、旅游媒介（旅游主管部门）。旅游业的主体部门主要包括酒店业、旅行社行业、交通运输业，其中旅行社行业是旅游业的核心部门，是直接向旅游者提供旅游服务的主体，因此，旅游景区解说语言可大致划分为两大方面：一方面是旅游资源方面的旅游解说语言服务，多表现为导游解说词；另一方面是旅行社范围内的导游语言服务。

（4）旅游景区语言服务研究的重要意义

笔者认为，在"一带一路"框架下，对国家5A级景区语言文字使用方面的不规范现象以及表达失误情况进行深入细致的分析，进而有的放矢地提出相关解决对策，具有重要的理论意义与现实意义。

从理论视角上看，开展旅游景区语言服务研究具有四个方面的理论指导价值，具体表现在：A. 根据文化和旅游部党组副书记、副部长李金早作的2018年全国旅游工作报告，新时代中国旅游业应由高速旅游发展阶段转向优质旅游发展阶段，对此，旅游服务语言不仅具备基本的信息传达功

① 唐鸣镝,《景区旅游解说系统的构建》[载《旅游学刊》，2006年第1期]。

表1 旅游景区解说语言类型划分

划分标准	划分类型	表现形式
软硬件构成	能动性解说	导游人员、资讯服务
	硬件解说	导游图、相关旅游资料、标识牌、影音资料、自助语音解说、资料展示栏柜
景区解说系统	景区解说系统	动态口头解说系统 相对静态的书面解说系统
	非景区解说系统	交通网络导引解说系统 接待设施解说系统 观光度假地解说系统 可携带解说系统
解说语言种类	单语解说系统	普通话解说、方言解说、英语解说
	双语解说系统	普通话与英语解说
	多语解说系统	多语言解说
解说服务方式	向导式解说系统	导游人员主动向游客传达动态信息
	自导式解说系统	标识牌、解说手册、导游图、语音解说、录像带、幻灯片等
解说系统媒介	印刷物解说系统	正式或非正式出版的纸质印刷解说材料
	非印刷物解说系统	线形与非线形非平面的声像影视解说系统
广狭义概念	广义的景区解说系统（三大解说层次）	第一解说：包括游客中心及其展示、音像品、人员辅助、模式、现场标识牌、隐蔽观察所、手册、导游资料等，专门为游客使用； 第二解说：采用口头、书写的形式附载于往来景区的交通工具上，如公共汽车、客车、飞机等，具有辅助功能； 第三解说：各种广告媒体，包括海报、电视、广播、商品、图书、口传交流等
	狭义的景区解说系统	动态口头解说系统与相对静态书面解说系统

能，而且具备提高旅游质量与品位的潜能。B. 开展旅游景区语言服务研究有助于进一步促进国家相关部门在旅游景区方面多语种语言规划与语言政策的研究。C. 开展旅游景区语言服务研究有利于进一步提高旅游景区乃至更广泛区域的汉语言文化传播效能，对城市形象建设、国家形象建设以及中华文化传播等起到重要作用。正如姚喜双教授在《语言是打开未来之门

的钥匙》一文中所说，语言作为国家与民族的象征，既是国家发展的硬实力也是国家强大的软实力，国家语言能力水平的高低影响着国家整体实力的强弱[①]。D. 旅游景区语言文字景观丰富多彩，其语言资源、语用环境具有一定的特殊性。

综上所述，5A级旅游景区通过规范而高效能的语言文字传播可达到沟通特定信息的目标，并在实现相关服务和教育等功能的基础上可进一步发挥语言文字在城市乃至国家特定文化形象的塑造、完善以及传播的使命，借以实现"一带一路"建设的文化吸引力、真诚感染力、协作合力与借力以及人员交流魅力等战略目标。这应被视作是开展旅游语言服务研究的终极追求。

从实践视角看，开展旅游景区语言服务研究，梳理并分析旅游景区标识语语言文字运用方面存在着的一些不规范问题，具有四个方面的现实意义。具体表现在：A. 有助于促进旅游系统服务语言水准的进一步提升以及旅游服务语言能力的进一步提高。B. 有助于促进景区语言文字规范化工作乃至旅游系统语言文字规范化建设。C. 有助于促进全社会标识系统标识语的语言文字规范化建设。D. 有助于进一步促进国家相关语言规划，特别是旅游系统语言规划建设进程。

二、"一带一路"旅游景区语言服务标准化问题

明确全国各地方在"一带一路"建设中扮演的角色后，以抽样的方式选取部分景区作为调研对象，根据国家5A级景区服务语言文字的规范使用情况，剖析国家5A级景区服务语言存在的问题，如错别字、标点符号滥用现象、景点词语表述不当、景点语言语法问题等，由此提供相对应的建议。

由于本研究工作准备周期较长、开始时间较早，因此，本研究以2015年9月的国家5A级名单为基础数据，即从201个5A级旅游景区为调研对象的基础景区中进行抽样，并确保抽样景区完全覆盖"一带一路"的2个核心区域、4个门户、8个高地、15个港口等区域，力求使"一带一路"旅游系统特别是5A级旅游景区语言文字使用情况的调查研究与国家"一

① 姚喜双,《语言是打开未来之门的钥匙》[载《人民日报》, 2015年9月15日, 第5版]。

带一路”国际合作地区无缝对接（见表2）。

1. 语言应用与语言服务

（1）饼状图颜色说明

A. 2个核心区域和4个门户的饼状图部分，其整体颜色一致，表明其抽样调研景区的覆盖率为100%。

B. 8个高地和15个港口的饼状图部分，其整体颜色不一致，其中颜色较深部分为调研涉及区域，颜色较浅部分为调研未涉及区域。

（2）数据说明

所调查的43个抽样景区中，有37个抽样景区位于“一带一路”的2个核心区域、4个门户、8个高地、15个港口等区域。

A. 2个核心区域抽取了6个景区，抽样景区区域覆盖率为100%。在区域实际5A级景区数量中抽样景区比例为35.3%。

B. 4个门户抽取了16个景区，抽样景区区域覆盖率为100%。在区域实际5A级景区数量中抽样景区比例为33.3%。

C. 8个高地抽取了10个景区，抽样景区区域覆盖率为100%。在区域实际5A级景区数量中抽样景区比例为58.8%。

D. 15个港口抽取了11个景区，抽样景区区域覆盖率为53.3%。在区域实际5A级景区数量中抽样景区比例为57.9%。

图1　中国相关“一带一路”旅游景区语言服务示意图

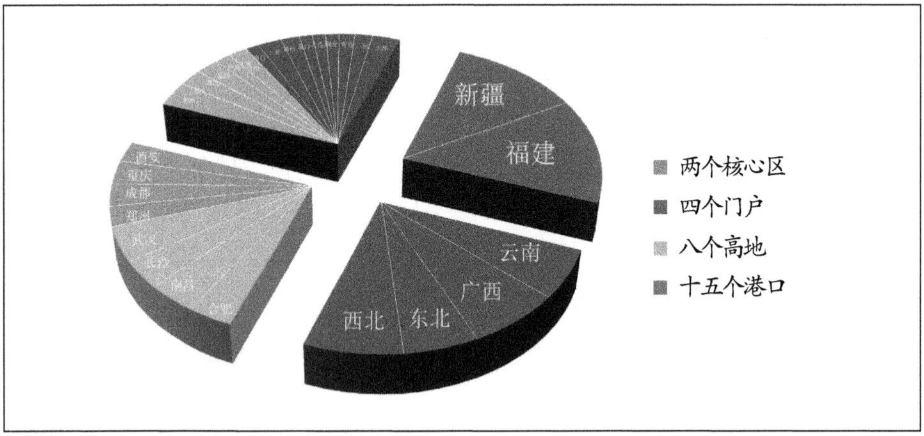

表2 "一带一路"2个核心区域、4个门户、8个高地、15个港口与抽样调研景区覆盖比率

5A级景区分布区域					调研景区				区域覆盖率	调研景区比率	备注
区域	序号	组成部分			序号	景区名称	景区数量（个）				
							完成数量	实际数量			
	1	2个核心区域	福建		1	泉州市清源山风景名胜区	6	17	100%	35.3%	
					2	厦门鼓浪屿风景名胜区					
					3	福建土楼（永定·南靖）旅游景区					
					4	宁德市福鼎太姥山旅游区					
			新疆		5	昌吉州阜康市 天山天池风景名胜区					
					6	吐鲁番葡萄沟风景区					
	2	4个门户	西北	陕西	7	西安秦始皇兵马俑博物馆	16	48	100%	33.3% 加上其他区域 15.4% 总计 48.7%	
					8	西安华清池景区					
					9	西安大雁塔—大唐芙蓉园景区					
				甘肃	10	嘉峪关文物景区					
					11	甘肃省敦煌鸣沙山月牙泉景区					
				宁夏		0					
				青海		0					

续表

区域	5A级景区分布区域				调研景区				区域覆盖率	调研景区比率	备注
	序号	组成部分			序号	景区名称	景区数量（个）				
							完成数量	实际数量			
区域	2	4个门户	东北	北京	12	天坛公园	16	48	100%	33.3% 加上其他区域15.4% 总计48.7%	
					13	恭王府景区					
				内蒙古	14	鄂尔多斯达拉特旗响沙湾旅游景区					
					15	鄂尔多斯伊金霍洛旗成吉思汗陵旅游区					
				辽宁	16	大连金石滩景区（地质公园—发现王国—蜡像馆—文化博览广场）					
				吉林		0					
				黑龙江		0					
			广西		17	桂林漓江风景区					
					18	桂林独秀峰·靖江王城景区					
					19	南宁市青秀山旅游区					
			云南		20	丽江古城景区					
					21	大理崇圣寺三塔文化旅游区					
					22	迪庆藏族自治州香格里拉普达措国家公园					
	3	8个高地	西安			西安秦始皇兵马俑博物馆	10	17	100%	58.8%	见7
						西安华清池景区					见8
						西安大雁塔-大唐芙蓉园景区					见9
			重庆		23	大足石刻景区					
					24	南川金佛山-神龙峡风景区					

续表

5A级景区分布区域				调研景区				区域覆盖率	调研景区比率	备注
区域	序号	组成部分		序号	景区名称	景区数量（个） 完成数量	实际数量			
	3	8个高地	郑州	25	郑州登封嵩山少林景区	10	17	100%	58.8%	
				26	洛阳龙门石窟景区					
			武汉	27	武汉黄鹤楼公园					
				28	十堰丹江口市武当山风景区					
				29	武汉市东湖景区					
			成都		0					
			长沙		0					
			南昌		0					
			合肥		0					
	4	15个港口	天津	30	天津古文化街旅游区（津门故里）	11	19	53.3%	57.9%	
			广州	31	广州长隆旅游度假区					
				32	广州白云山景区					
			青岛	33	青岛崂山景区					
			烟台	34	烟台蓬莱阁-三仙山-八仙过海旅游区					
			大连		大连金石滩景区（地质公园-发现王国-蜡像馆-文化博览广场）					见16
			厦门		厦门鼓浪屿风景名胜区					见3
			泉州		泉州市清源山风景名胜区					见5
			三亚	35	三亚南山文化旅游区					
				36	三亚南山大小洞天旅游区					
				37	海南省保亭县槟榔谷黎苗文化旅游区					

续表

5A级景区分布区域				调研景区				区域覆盖率	调研景区比率	备注
	序号	组成部分		序号	景区名称	景区数量（个）				
						完成数量	实际数量			
区域	4	15个港口	海口		0	11	19	53.3%	57.9%	
			上海		0					
			宁波-舟山		0					
			深圳		0					
			湛江		0					
			汕头		0					
			福州		0					
其他区域			江苏	38	扬州瘦西湖风景区	6	39	100%	15.4%	
			浙江	39	杭州西湖风景区					
			安徽	40	杭州西溪湿地旅游区					
				41	绍兴市鲁迅故里-沈园景区					
				42	黄山市黄山风景区					
				43	黄山市黟县皖南古村落-西递宏村					
小计						43	140			

2. 旅游景区服务语言问题分析

通过梳理中国“一带一路”5A级景区语言服务现状，发现在旅游景区服务语言研究这一领域的问题讨论较为零碎，未能从全局视角看待旅游领域的语言研究问题，而普遍从书面文本语言与导游解说语言着手单一分析某个或多个特定景区旅游服务语言的不规范运用现象。对此，笔者在阅读大量相关文献的基础上，结合调研结果，将旅游景区服务语言存在的问题归纳为以下三类，具体表现在：

（1）普通话运用不规范问题普遍存在

单从普通话运用不规范角度看，本研究结果表明，国家5A级旅游景区服务语言除缺乏语言规划与设计外，在使用普通话向旅游者提供服务的过程中也存在一些不规范现象，主要包括汉字使用不规范、词语运用错误、语言修辞不当、语言逻辑不通、标点符号错用、语义表达不当等六大类问题。目前来看，在汉字使用不规范方面，国家5A级景区服务语言问题多体现为错别字与繁体字滥用以及汉语拼音拼写错误等问题；在词语运用错误方面，缩略不当、生造词语、文言词滥用、词语错用、同义词近义词混淆等问题较为常见；在语言修辞不当方面，常见的语言问题便是句式风格失调、修辞错用、句式不对称等；在语言逻辑不通方面，国家5A级景区旅游服务语言仍存在着概念模糊使用、前后表述矛盾等不足；在标点符号错用方面，标点符号的误用、错位等问题均反映出旅游主管部门对旅游景区语言规划设计的重视程度较低；在语义表达不当方面，叙述角度随意切换、语义不完整、指称不当、语义不连贯等问题仍会出现在国家5A级景区旅游服务语言文本中。

（2）多语种语言翻译不当问题较为常见

在国家5A级景区旅游服务语言的设计中，不规范的多语种语言翻译问题举不胜举，在旅游景区整体介绍与景区标识语的翻译中尤为常见，主要包括违背英语语法规则与生硬直译带来的文化误解两种问题。在违背英语语法规则方面，所有格错用、语态与时态滥用、句子结构不完整等较为常见。除此之外，因生硬直译导致文化误解的例子彼彼皆是。例如，景区解说语言中多将中国佛教四大菩萨——文殊菩萨、观音菩萨、普贤菩萨、地藏菩萨分别翻译为Manjusri, Guanyin, Samantabhadra与Ksitigarbha。类似生硬直译的翻译只会加深外国旅游者对中华佛教文化的误解，降低旅游景区服务语言的传播效能，可能会直接影响到中华语言文化的传播。

（3）口头解说语言问题较为普遍

导游口头解说服务是旅游从业人员对客服务的重要一环，也是影响旅游服务水平与旅游者满意度的重要因素。在现实的导游解说服务中，导游人员要么语音语调一成不变，缺乏抑扬顿挫，要么用词不准确、语言过于书面化，要么方言俚语过多。这些问题均会直接影响导游人员与旅游者的沟通交流，甚至可能会影响旅游者对景区魅力的感知，从而影响到旅游者满意度。

三、“一带一路”旅游景区语言服务标准化建议

经过对中国“一带一路”5A级景区解说语言服务问题深入细致的分析，不难发现，问题的产生一方面来源于旅游主管部门对旅游景区语言规划设计的重视程度不够，另一方面来源于在“一带一路”框架下的旅游景区语言服务的标准化程度较低。数据显示，部分发达国家的标准英文版率均达到40%以上，而我国尚不足5%[①]。针对中国“一带一路”旅游景区语言服务的现存问题，笔者提出以下相关建议。

1. 高度重视旅游景区语言管理，充分发挥主导作用

从根源上讲，旅游景区解说语言服务存在的大量问题来源于旅游景区松散的语言管理。未来，在旅游景区服务语言管理中，文化和旅游部在开展景区星级评定工作时，应将旅游景区的语言管理作为重要考核项，灵活选择旅游景区解说系统分类标准，并就此标准设定一套高效、专业、合理、有效的语言管理量化考核体系，联合国家相关语言文字管理部门的专业工作人员共同考核旅游景区服务语言的规范化与标准化使用工作。除文化和旅游部要高度重视旅游景区的语言管理工作外，各地方的旅游景区管理部门应高度认识到景区语言管理的重要性，充分发挥其主导作用，一方

① 王立非、蒙永业，《论实施中国标准“走出去”战略的语言服务路径》[载《中国标准化》，2016年第3期]。

面，旅游景区有责任不断美化旅游景区语言文字景观，加强普通话的规范使用，努力为旅游者营造一种可靠美好的旅游服务语言环境；另一方面，旅游景区应建立景区解说语言系统的自查自纠机制，动态管理与监察旅游景区各类服务语言的规范使用与标准化使用情况，促使有效监测并及时纠正景区服务语言问题成为旅游景区的常态化工作。

2. 加快制定景区服务语言标准方案，提升语言服务标准化程度

从全局角度看，在“一带一路”框架下，中国旅游景区管理部门应加快制定景区服务语言标准化方案。这一方面可为各地旅游景区语言管理工作提供一套统一化的指导标准，另一方面能够加快中国旅游景区语言标准化服务“走出去”，促进“一带一路”与旅游业发展的关联更为紧密，助力旅游国际化进程的持续推进。为此，未来，中国旅游管理部门应加强对旅游从业人员的中英文语言基础教育与标准化知识培训，在确保景区普通话规范使用的基本前提下，确保多语种翻译正确地道的表达。除此之外，中国应不断完善旅游景区服务语言标准化方案，并借“一带一路”发展契机向全球推广中国标准，将中国标准与中华文化完美融合，对外推广中华语言文化，以提升中国旅游景区服务语言的传播效能，加强中国形象的塑造与对外传播。

王 岩 徐正丽①

“一带一路”对外文化传播话语体系构建

内容介绍

〔摘 要〕作为人文社会交往平台，“一带一路”在跨种族、跨民族、跨宗教、跨文化的交融过程中发挥着积极作用，并逐步演化为不同种族、不同信仰、不同文化背景的国家可“共享和平，共同发展”的丝路精神。在人文交流过程中，中国如何扮演好“组织领导者”角色的意义重大。特别是在当今逐渐固化的“西方话语体系”背景下，如何打破西方思维在社会行为传统与意识价值判断领域的“垄断”，建立独具本土化与中国特色的新传播话语体系与价值判断标准，是摆在中国面前的一道新难题，更是决定“一带一路”未来走向与成败的关键。

〔关键词〕“一带一路”；文化传播；人类命运共同体

① 王岩，法学硕士，中共包头市委党校讲师，中国文化传媒集团国家文化产业规划设计研究院专家委员会秘书长，研究方向：文化建设，现代传播。徐正丽，语言学硕士，桂林电子科技大学商学院讲师，北京第二外国语学院国家“一带一路”数据分析与决策支持北京市重点实验室研究员，研究方向：战略管理，语言应用。

为了维护世界文化的多样性，第三世界欠发达国家以UNESCO为平台与阵地，兴起了一场构建世界传播新秩序（NWICO）的活动，这项活动以《多种声音，一个世界》(又被称作《麦克布拉德报告》）为标志，旨在促进全球信息文化传播更为多样与均衡。该运动伴随着20世纪70年代的“不结盟运动”在第三世界欠发达国家内部产生了积极影响，并最终在2005年UNESCO文化多样性大会上通过了《麦克布拉德报告》的部分倡议，但因受到西方主流价值体系的漠视，并未从根本上转变第三世界欠发达国家在国际文化传播体系中被边缘化的尴尬局面。

一、现行国际传播话语体系的“金字塔”分层结构

全球围绕文化与价值传播的“博弈”造就了世界综合国力的新判断、新标准的诞生。1990年，美国哈佛大学教授约瑟夫·奈在《美国权力的改变实质》一书中首次指出“软实力”概念。“软实力”概念的提出，对于现行国际关系理论来说是具有颠覆性意义。在他看来，人们在衡量一国综合国力时，指标体系正从对于领土、军备、科技、经济以及地域扩张等“硬实力”的关注转而更倾向于对于文化、价值观、影响力、道德准则等“软实力”的重视。一个伟大的国家仅仅靠“硬实力”是不够的，必须适时加入“软实力”，更重要的是适度善用软硬兼施的“巧实力”，才能真正发挥领导力①。这一概念已经为世人所接受并成为世界各国的重要奋斗目标之一。2007年，中国亦提出增强自身软实力的战略方针。

国际文化传播研究重点的演变体现出不同时期国家之间文化实力的权重与对比变化。然而，从宏观角度看，当前国际传播的层级结构仍无法摆脱世界体系理论②对于世界“中心—半边陲—边陲”的等级关系设定。国际传播话语体系以此为模板形成了一套符合西方体制观念的“金字塔”型分层结构模型。世界各国依据自身综合国力的差异、与西方世界亲密程度

① [美]约瑟夫·奈,《软实力：权力，从硬实力到软实力》，北京：中信出版社，2013年版。

② 世界体系理论是美国社会学家沃勒斯坦首次提出的理论。他认为，世界体系是资本主义生产内在逻辑充分展开的结果，当今国际事务、国家行为和国际关系都是这一逻辑的外在表现。资本主义的延续性质是由它的深层社会经济结构的基本因果联系所决定，并规定世界面貌的形成。国家互相作用体系是世界范围资本积累的政治结构。列强的兴衰和世界大战是国家相互作用体系的暴力改组。

图1 国际传播话语体系的“金字塔”分层结构示意图

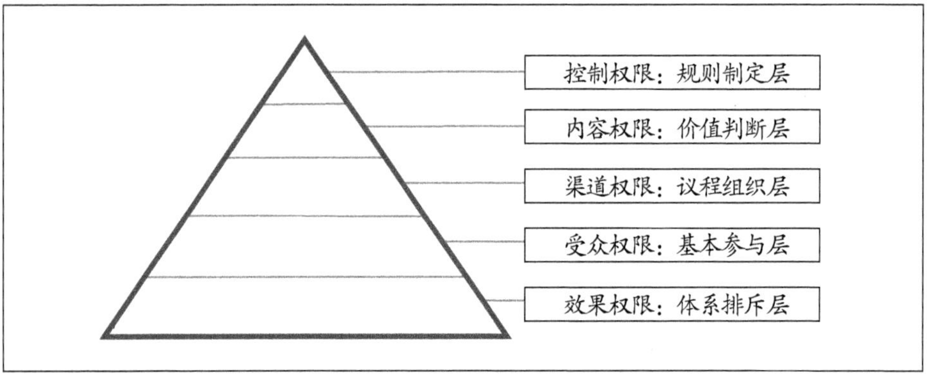

等指标在体系中占据不同位置，同时发挥着不同程度的传播影响力。

1. 受众权限：基本参与层

该类群体是整个文化传播体系中数量最为庞大的基数国家，亦是整个文化传播价值体系中的主要受众国家，其大多以获得某种参与资格（入场券）作为标志，虽在某些场合具有发声权，但绝大多数时刻充当“无言的听众”角色。由于此类国家的经济命脉大多被西方发达国家所掌控，导致该层次国家在思想观念、意识形态、行为方式等领域完全受到西方价值观念的影响（甚至是奴役）。本土文化虽存在独立发声之意愿，却因为自身在传播内容与渠道博弈方面的绝对劣势，导致此类“逆向殖民”式的文化传播影响微乎其微，并不能够触及整个层级体系之根基。这一层次主要包括当今绝大部分的第三世界欠发达国家。其中部分国家虽有一定反抗意志，无奈自身经济命脉被西方控制，加之西方国家的军事恐吓而不得不屈从于西方文化价值观念与规则体系，逐步成为西方文化的附庸，国家对外传播完全受制于西方主导的国际传播话语体系，基本丧失对外传播能力。

2. 渠道权限：议程组织层

相较于基本参与国家，议程组织层次国家的权限则稍强一些，除了可以参与该体系内所举办的各项活动，甚至可以承办某些具体活动。该类层次国家大多指那些按照西方经济模式、价值体系、行为方式在综合国力提升方面获得较大成果的原第三世界欠发达国家，其随着各类体系类活动的承办而获得较大出镜率与知名度。然而，此类国家的经济体系大多依靠全球资本主义市场、缺乏自主性。本土意识亦在自身发展过程中为西方价值理念所侵蚀、替代。因此，该类国家虽可以凭借自身优势获得一定质量的文化传播渠道，然而在传播内容方面仍受西方主流思想影响，文化传播内容缺乏自主性与创新性，虽具备一定的对外传播能力，但话语体系则完全为西方价值观念所控制。

3. 内容权限：价值评判层

进入该层次的国家亦可被看做是国际文化传播话语体系的"决策层次"，其大多是由西方老牌资本主义国家组成（如G7）。其主要职责为在组织体系内活动的基础上参与体系行为规则制定，对体系国家价值理念与行为方式的合理化程度进行评判。在文化传播过程中，该层次国家在传播内容设定与渠道选择方面有着较强的独立自主性与影响力。其传播价值与本国价值差异性较小，一定程度上可以主导本国对外文化传播的话语体系。然而，由于自身经济受中心国家——美国的绑定，在"决策层次"内部竞争过程中常常会处于劣势，虽具有对外传播价值的评判权，但在尺度把控与规则制定方面存在局限性。

4. 控制权限：体系建构层

这是当前国际传播话语体系的顶层，这一角色毫无疑问由当今唯一的超级大国——美国所扮演。第二次世界大战后（简称：二战）后，随着美国通过"马歇尔计划"为欧洲复兴而作出的杰出贡献，世界形成了一套以"布雷顿森林体系"为基础的经济新格局，美国也因此跃升为全球文化传播话语体系的实际控制者。作为规则制定者，美国按照自身意愿，从自身利益、价值观念与行为要求出发，通过自身经济掌控力完成对于文化传播渠道、内容资源的调配与控制，形成一套以自身为蓝本的"美式"传播价值体系与行为准则。此外，美国甚至拥有按照自身要求随意修改对外传播"游戏规则"的权力，"美国优先"战略在对外传播领域体现得淋漓尽致，这种"主宰式"的权力模式决定了美国站在当前国际传播话语体系"金字塔"的顶端。

5. 效果权限：体系排斥层

上述层次的国家都属于接受西方价值理念的"体系内"国家，对于那些主导理念和行为方式与西方主流观念相背离的国家，以美国为核心的国际传播话语体系大多会通过"剥夺资格"及"制裁"的方式将其他国家排斥在国际传播体系之外，并通过各类粗暴方式从内容、渠道、受众、影响效果等环节限制该目标国家对外传播的影响力，切断其与主流世界的信息与价值联系，甚至将目标国家的声音从国际传播话语体系中“抹去”。

二、文化国际传播“控制论”与“联结论”的碰撞

通过上述论述不难看出，当今世界传播话语体系是以美国为主导，以“控制论”为基础的一套等级严格、分工明确的对外传播体系。这在二战后的很长一段时期成为国际传播话语体系的主要存在模式。人类社会“意识形态”的秩序维护功能体现得较为明确。但是，随着社会生产力的飞速发展，特别是以互联网、大数据、云计算、移动终端、自媒体为代表的新传播体系的兴起对传统话语控制体系产生了极大冲击。这种“乌托邦”[①]式的反秩序行为希望取代现有主流意识形态，开启一种“自我对立”与“自我扬弃”的历史推动模式。这是一种以发挥个体实际作用的“联结论”思维体系，对现行“控制论”指导下的国际传播话语体系发起了挑战。

联结理论起源于本世纪初人们对互联网时代冲击现行文化传播话语控制体系的关注与认知。该理论经历了“行为主义的联结”“认知主义的联结主义”阶段后最终达到“关联主义”的认知层次[②]。其中以加拿大学者西蒙斯与克罗斯于2005年首次提出“关联主义”概念为标志，进而成为新技术背景下研究国际传播话语体系的新范式。联结理论[③]现已成为在“互联网”科技背景下国际传播体系内部成员间相互影响的新指导思想。在文化传播研究中，该理论表现为“在差异性中产生同一性，在碎片中产生统

① 曼海姆通过知识社会学领域研究证明了意识形态本身的自我进化与更迭过程，其在《意识形态与乌托邦》一书中证明了人类社会所具备“意识形态”与“乌托邦”这两种形态，“前者的功能在于维护现行秩序，后者则在于反对这种秩序。人类历史的更替和演进在观念的维度上可以表达为意识形态与乌托邦之间的振荡，在乌托邦取代意识形态之后，自己亦相应地成为了意识形态，并创造自己的对立面”。所谓意识形态，是指“维持现行秩序活动的那些思想体系”；所谓乌托邦，是指“产生改变现行秩序活动的那些思想体系”。按照曼海姆的思路，即探寻人类“思想混乱的基本因素及其过程”。

② 李继东、胡正荣，《从控制到联结——人类传播范式的转变》[载《中国社会科学报》，2015年第4期第1版]。

③ 在斯图亚特·霍尔看来，“接合”就是在一定条件下将两种或多种不同要素连接在一起的方式，它体现为一种关联的实践。这种关联通过差异化要素的组合建构同一性而完成。因而，“接合”是建构，它不是必然的，也不是绝对的。它是特定时机下各种“相异原素”连接在一起的某种方式。这种方式形成某种新的机制或连接后获得某种新的意义。

一，在实践中产生结构"[①]。联结理论主张国际传播体系内部主导者功能的弱化，以及成员个体自身对外传播影响力的强化与显现。新的话语体系的完善着眼于国与国之间的相互合作与影响，通过实现对于个体的理解与串联形成一种"跨文化"的包容价值传播体系，并以特定历史语境与动态思维模式实现各要素国家间的有机联动。在这里，联结理论的思维模式与传统中国对弈的"围棋"思维不谋而合

1. 体系构建

联结传播话语体系的设定在于打破传统传播话语体系中的线性、单向与分层架构模式，并逐步演进为一种互相作用的新型传播生态体系。特别是新科技手段的普及打破了当前国际传播话语体系中西方国家对于传播内容与渠道的垄断，文化霸权[②]与符号暴力的作用因此受到削弱，传播体系内国与国的关系由等级控制模式逐步发展为复合依赖模式[③]，以此为基础构建世界各国（包括第三世界欠发达国家在内）共同主导的传播话语新秩序。

2. 角色扮演

在联结理论主导的传播话语体系中，每个国家所处的位置是平等的，国家个体所发挥的作用不应受自身综合国力差异与思想意识形态偏见而被区别对待，某些第三世界欠发达国家甚至可以利用在国际传播体系中的优势位置和联系构成（类似于围棋中的"棋势"），一步步形成传播话语比较优势（类似于围棋中的"大龙"），并最终完成对主流国际文化传播话语体系的"绝杀"。

3. 胜负判断

不同于"控制论"国际传播体系在传播价值冲突时，以国力竞争为主要形式，通过直接对决的方式，以"杀气腾腾"的强硬态度达到局面掌控

① 李继东、胡正荣，《从控制到联结——人类传播范式的转变》[载《中国社会科学报》，2015年第4期第1版]。

② 文化霸权由葛兰西首次明确使用，是指一个阶级主宰另一个阶级的意识型态及文化，通过控制文化内容和建立重要习俗以统一意见来达到支配目的。

③ 1977年，罗伯特·基欧汉与小约瑟夫·奈合作出版了《权力与相互依赖》一书。他们在书中创建了复合相互依赖理论。该理论冲击了"国家中心"范式，提出了"多元主义"范式，即大量次国家和非国家行为体构成了一个远比通常仅由国家构成的世界更为复杂的世界，非国家行为体直接参与世界政治，各问题之间不存在明确的等级区分，武力并非有效的政策工具。

的战略目的。联结主义更强调面对错综复杂的国际传播话语形势（类似于围棋中犬牙交错的棋势），通过精准计算与持久努力，通过韬光养晦、厚积薄发的战略，通过慎重的周边战略布局（类似于围棋中的“闲子”），在逐步做强自身文化传播影响力的同时（类似于围棋中的“做厚”），逐步消磨对方战略主导的掌控能力，最终达到“窒息”对手的目标。联结理论在解决传播话语冲突时不主张明显尖锐对战，而是弥漫在对全局的判断中不断取势。

4. 核心战略

以联结理论为指导的国际传播话语模式的构建，强调成员个体的主体与独立影响，希望通过培养平等、包容的文化传播理念建立多元化价值共存的合作型传播生态网络，突破传统国际传播体系中的“二元”对立结构，建立相互影响、相互依赖的新型传播国际关系，以传播内容与技术的创新充当多元文化间的“弥合剂”，进而形成一种微观碎化、宏观粘合，表面碎化、实际粘合的特殊共同价值，最终为构建人类命运的文化与价值共同体做出积极贡献。

三、中国对外文化传播体系探索

纵观中国对外文化传播体系的演进过程，完全体现了联结理论对中国文化传播话语权形成与发展的战略指导意义。中国由建国初期在国际传播话语体系中的“体系排斥层”地位，经由几代中国人的不懈努力逐步迈入国际传播体系的“价值判断层”，并在“一带一路”倡议指引下，立足中国文化传统实际，以构建“人类命运共同体”为长远目标，开始了对于构建新型国际文化传播话语体系的尝试。

1. 中国对外传播的守势

建国之初，中国因羸弱的国力状态不足以对国际传播话语权产生足够影响力。从传统的“控制论”思维看，彼时中国对于世界价值传播与话语体系的影响力极为有限，加之，中国的社会主义制度与意识形态性，被当时刚刚形成的以美国为核心的国际传播话语体系排斥在外。当时，中国由于奉行“独立自主”的发展道路，即使在社会主义阵营的外交行动亦处于被防范的角色，完全处于国际传播话语体系的"体系排斥层"。从国家战略出发，彼时中国的战略要义在于实现国民经济的恢复与发展以及社会主义制度的建立与完善，中国对外传播的主导思想亦与国家战略相契合，将重点着眼于为国家发展营造良好的国际环境，因此中国对外传播主要表现为一种"守势"。但是，在极为有限的国际发声场合上，中国亦独立自主地充分表达了对现行国际传播话语体系的看法。

（1）以"求同存异"为指导的国家对外交流准则

1955年在印度尼西亚万隆举行亚非会议之际，为了争取有利于建设的国际和平环境，周恩来总理兼外长率领中国代表团参加会议，提出并坚持"求同存异"的方针（中国最早关于对外传播话语体系的论述）。其核心要义在于反对西方价值主导的国际传播价值设定，倡导多元化的国际文化传播理念以及独立的本土化文化价值观念。这可以被看做是构建世界传播新秩序（NWICO）的先声。

（2）以"和平共处五项原则"为标准的行动纲领

在"求同存异"理念的指导下，中国在1953年周恩来访问印度时提出了互相尊重领土主权、互不侵犯、互不干涉内政、平等互惠、和平共处的五项原则，并于万隆会议上以《关于促进世界和平与合作的宣言》的方式向全世界宣告，主张"一切国家实行和平共处五项原则"。该原则强调世界各国无论大小、强弱都应被一视同仁。此观点打破了"控制论"国际传播话语体系关于"层次"划分的理论基础，体现了中国"关联论"对外文化传播的战略思维雏形。此时的中国虽仍被排斥在国际传播话语体系之外，却已为自身自主对外话语体系模式的构建寻求了正确方向。

2. 中国对外传播参与权的获得

新中国早期被排斥在国际传播话语体系之外，孤立无援的状况严重制约了中国的各项事业全面发展。为了获取更大的发展空间，中国必须在国际社会拥有一定的"发声权"，融入国际传播话语体系显得至关重要。只是在对外传播参与权的获得过程中，中国并未完全按照传统"控制论"思维指导行动，并尝试采用"联结主义"思维展开自主话语权获得尝试，并最终取得了意想不到的效果。

（1）“联结主义”战略的形成

按照传统的“控制论”传播思维，综合国力与战略等级应是衡量国家在国际传播话语体系地位的核心指标，在对外传播的关注点上应集中于以美国为首的西方势力，以及以苏联为首的社会主义阵营。中国当时的对外传播战略则反其道而行，其重视每一个国家个体，指出国家无论大小、强弱都能在国际话语体系中发挥自身应有作用。中国一反“控制论”思维对于“中心”国家的关注，而是将对外传播重点放在了“边陲”国家——第三世界欠发达国家，以布“闲子”的方式开始了中国对外传播的“关联理论”尝试，并通过“做厚”周边形成对“天元”区域的压制。

（2）“亚非拉”战略与走进“联合国”

在“联结主义”的影响下，中国开始了针对“亚非拉”国家的文化传播尝试。1962年，中国成立“东方歌舞团”，旨在把中国传统民族民间歌舞艺术和表现现代中国人民生活的音乐舞蹈作品介绍给国内外观众，同时把外国健康优秀的歌舞艺术介绍给中国人民，因此，“亚非拉”地区是早期东方歌舞团的工作重点。类似的独立历史、相似的生活条件以及同等的国际地位使得这种对外文化传播活动取得了杰出成果。中国的“联结主义”对外传播策略也最终结成了果实，1971年在联合国第26届联大上，中华人民共和国顺利恢复联合国合法席位，其中赞成票主要来源为第三世界欠发达国家。正如毛泽东同志所说“是非洲兄弟把我们抬进联合国的”。中国联合国合法席位的获得标志着中国正式进入国际传播话语体系内部，获得了宝贵的国际话语参与权，这是中国“联结主义”传播思维的胜利。

3. 中国组织对外传播的尝试

改革开放以来，随着中国综合国力的日趋发展，中国在世界传播话语权方面的作用日趋重要，逐步成为世界舞台不可忽视的传播力量。中国同样需要更广阔的国际空间用以推动综合实力进一步提升。此时，中国积极参与国际传播新体系建设，借助国际传播平台发出中国声音也就显得迫在眉睫。特别是20世纪90年代，“东欧剧变”与“苏联解体”对于社会主义价值体系造成毁灭性打击。在西方主流价值体系横行一时的国际形势下，如何巩固和发出中国声音来捍卫社会主义价值体系显得尤为关键。在上述形式要求下，中国仍沿着"联结理论"的战略指导开始了新一轮的对外传播话语权的组织与参与，从"金角银边"出发，逐步向文化核心价值与核心话语体系迫近。

（1）中国与东南亚的对话与交流

中国于上世纪90年代初开始布局东南亚，1996年成为东盟全面对话伙伴国，2002年11月签署中国—东盟自由贸易区协议（10+1），并以此为契机开始了中国在东南亚地区对外文化传播话语新体系的构建活动。这是以文化为纽带、以经济为推手，开展建立符合中国文化与价值理念的新型对外传播方式的试点。

（2）中国与非洲的新对外传播体系

在与非洲国家世代友好的优良传统基础上，2000年中国应非洲有关国家的提议开始推动建立中非合作高官论坛，为中国在非洲建立对外文化传播话语体系构建交流平台，2006年升级为中非合作论坛峰会，成为中国对外传播战略的又一新布局。

（3）中国文化传播体系在欧洲的发展

2012年中国发起推动建立中国—中东欧（1+16）领导人会晤机制，将对外文化传播工作深入西方价值体系影响的"腹地"，并日渐见成效。

（4）博鳌亚洲论坛

2001年博鳌亚洲论坛在海南省琼海市博鳌镇隆重开幕。该论坛由25个亚洲国家和澳大利亚联合发起，作为非官方、非营利性、定期的国际组织，为政府、企业及专家学者等提供一个共商经济、社会、环境及其他相关问题的高层对话平台，海南博鳌因而成为论坛总部的永久所在地。博鳌亚洲论坛的发起标志着中国在亚太地区的国际话语权的逐步强化。

（5）上海合作组织

2001年中华人民共和国、哈萨克斯坦共和国、吉尔吉斯斯坦共和国、俄罗斯联邦、塔吉克斯坦共和国、乌兹别克斯坦共和国在中国上海宣布成立永久性政府间国际组织。近年来，随着上合组织影响力的日趋扩大，中国对外传播话语体系构建又有了新的实施路径。

4. 中国特色对外传播体系的构建

进入新世纪以来，中国综合国力获得了质的提升。2010年，中国GDP总量超越日本，成为了世界第二大经济体。考虑到中国与以美国为首的西方国家在社会制度及价值体系方面差异较大，很难进入西方主导的国际传播话语体系核心，我们很有必要建立一套符合自身特征的新文化传播话语体系，为解决人类问题贡献中国智慧和中国方案。

（1）“人类命运共同体”战略思维的提出

2012年，习近平总书记在首次会见外国人士时提出，“国际社会日益成为一个你中有我、我中有你的‘命运共同体’，面对世界经济的复杂形势和全球性问题，任何国家都不可能独善其身”。这是中国领导人首次提出“人类命运共同体”概念。这一概念的提出，在客观上要求各国在追求本国利益时必须兼顾他国合理关切，在谋求本国发展中促进各国共同发展。这是有关中国传播战略“联结理论”最具精准性、时代性与指导性的阐述，它明确了新传播时代的去组织化、去中心化与去疆域化的特征，突出了国际传播领域的新共同价值——这是新传播话语体系建立的基础；它强调对多元文化的包容、释放与激发，通过发挥各行为主体价值追求多元化的世界共生新生态——这是新传播话语体系建立的重点；它强调超越国界、民族与文化界限，建立普遍与特殊相结合、整体与个体相协调的国际文化传播协商共治新体系——这是新传播话语体系建立的方向。正是在上述战略指引下，中国通过“一带一路”倡议的推进尝试构建与对外文化传播话语新体系。

（2）“一带一路”倡议与对外文化传播话语新体系构建

“一带一路”倡议的提出，可以认为是以中国的“陆地权力”传播话语体系逐步对话西方世界的“海洋权力”传播话语体系的过程，是在国际话语新体系的构建方面向传统体系的核心问题进行正面回应。18世纪以来，英国靠武力征服与殖民统治揭开了全球化的“潘多拉魔盒”，标志着“海洋权力”的兴起；20世纪，美国靠制定规则与划分全球层级体系推动了全球化的实现；本世纪，中国更要靠“建立人类共同体”的理念引领“全球化”走向正确的方向，实现以“陆地权力”为表征的中华民族伟大复兴中国梦。

四、"一带一路"背景下对外文化传播的节点考量

为了更好地体现新时代中国对外文化传播话语新体系的变革，真正做到以"人类命运共同体"思维为指引，以"一带一路"倡议为纽带，立足中国本土，通过对于拉斯韦尔传播学"5W"关键点的认真梳理，实现对外文化传播新体系的变革。

（1）控制研究：立足本土

中国对外文化传播新话语体系的构建首先必须立足中国传统文化，摒弃西方价值理念与行为习惯在中国各有关方面所造成的习惯性影响，学会立足中国实际，客观审视西方文化传播规则，"要讲清楚每个国家和民族的历史传统、文化积淀、基本国情不同，其发展道路必然有着自己的特色；讲清楚中华文化积淀着中华民族最深沉的精神追求，是中华民族生生不息、发展壮大的丰厚滋养；讲清楚中华优秀传统文化是中华民族的突出优势，是我们最深厚的文化软实力；讲清楚中国特色社会主义植根于中华文化沃土、反映中国人民意愿、适应中国和时代发展进步要求，有着深厚历史渊源和广泛现实基础"。

（2）内容研究：多元整合

在当下，作为一个前工业、工业和后工业时代并存的世界，全球各国的社会结构并不固定、经济社会发展速度亦不同步，这就意味着中国对外文化传播新话语体系所面对对象的现实价值是多元的、变动的，这与传统传播理论追求传播主导价值体系的稳定性并不相符，从而带来了紧张。对于变革中的社会，其主导价值应当是指向未来、适应当下的。换句话说，即中国对外文化传播话语新体系的内容设定，虽在价值方面充当着未来和当下之间的弥合剂，而其思想却不能不从过往的历史中寻找资源，其在内容设定方面必须符合导向性、时代性、包容性的标准。

（3）渠道研究：消除知沟

1970年，蒂奇纳、多诺霍和奥里恩等人通过《大众传播流动和知识差距增长》一文提出了知识沟假说。他们指出知沟是关于大众传播活动带来的社会分化后果的一种理论假说，意指在一定的社会系统中，由于各种因素的影响，不同的群体或个人之间所形成的知识差距。1974年，卡茨着

眼于新传播技术的发展，提出了"信息沟"理论[①]。由于民族语言、信仰、知识水平、行为习惯等方面的差异，为对外传播的新话语体系建设制造了客观障碍，中国对外文化传播新话语体系的构建必须通过一切手段着力打造融通中外的新概念、新范畴、新表述，以讲好中国故事、传播好中国声音。互联网日益盛行的今天，新传播技术的使用促使一种席卷全球的新文化情感形式悄然产生，传统固有文化共同体之间的界限随着交流的频繁而被逐步打破，全球性的文化价值新体系正在建设中。这一转变让世界看见了重建"巴别塔"的希望——这也是中国构建对外传播新话语体系的时代基础。此时基于保持内部核心价值和情感体系对于全球价值体系普遍认知的需要，这种新共同体概念自然也就成为了全球新共生关系的情感基础。"涵化"[②]的作用变得不可替代。

（4）受众研究：奋力扎根

中国要建构对外传播的新话语体系必须了解用户导向，中国的对外文化传播只传授经验而决不输出意识，这就需要我们通过"扎根"的方式认真研究我们的传播受众。该方法源于格拉斯和斯特劳斯在20世纪60年代所创造的定性研究方法，其要求研究者在研究开始之前一般没有理论假设，直接从实际观察入手，从原始资料中归纳出经验概括，然后上升到系统的理论[③]。"扎根理论"要求我们必须注重传播对象实际需求而非主观臆断，以此进一步完善对外传播的新话语体系，做到与传播受众的实际需求相匹配。

（5）效果研究：实现均势

"均势"的概念是在16世纪欧洲民族国家争夺欧陆和海上霸权的基础上逐渐形成的外交学术语。最早推行这一政策的是英国，其战略核心在于避免对立大国或集团之间力量对比中一方占有压倒优势状况的出现，进而维持国际环境的一种相对稳定状态。中国在"一带一路"倡议背景下构建对外传播的新话语体系，其根本目的在于通过建立中国主导的新对外传播

① [美]赛佛林、坦卡德，《传播理论——起源、方法与应用》，北京：中国传媒大学出版社，2006年版。

② 涵化亦称"文化摄入"，一般指因不同文化传统的社会互相接触而导致手工制品、习俗和信仰的改变过程。常有三种形式：接受、适应、反抗。1880年美国民族学局的鲍威尔首先提出该名词。

③ 李强，《应用社会学》，北京：中国人民大学出版社，2004年版。

话语体系，实现与传统西方思维主导的国际传播话语体系的"均势"关系。中国现有实力尚不足以取代现行国际传播话语体系，然而这种动态均衡关系的出现，有利于中国获得更为广阔与自由的发展空间，特别是"一带一路"国际合作对于中国前期战略布局的整体"联结"，并在全球范围为新对外传播话语体系营造氛围，形成与传统国际传播话语体系的抗衡之势，为实现未来世界对外文化传播话语的主导权打好坚实基础。

周从从①

"一带一路"人文交流中的语言需求和人才培养研究

内容介绍

〔摘　要〕"一带一路"倡议涉及65个国家，其文化多元，语言丰富，有着多种多样的语言需求，故语言的沟通对"一带一路"国际合作的深入推进、"五通"的实现以及国家人文外交的开展等有重要的作用。目前国内的非通用语人才、复合型人才及"多语言+"人才较为匮乏，建议高校制定切实可行的人才培养政策，加强针对性和实用性，培养优秀、实用的外语人才，同时，语言应融合多领域共同发展、推进语言政策实施，为"一带一路"人文交流提供强有力支持。

〔关键词〕"一带一路"；语言需求；语言人才

① 周从从，北京第二外国语学院MBA/MTA中心工作人员。本文受北京市科技重大专项项目(Z171100004417032)资助。

2013年，习近平主席提出"一带一路"倡议，旨在促进亚非欧沿线各国的合作交流。"一带一路"所经国家众多，跨越东西方多个文明交汇区，地理、民族、文化等差异极大，各种社会历史文化因素相互交织在一起，整体上呈现出极为复杂的国情民意，而语言作为一种重要的社会文化因素，对"一带一路"双边贸易必然产生重要影响，语言互通是"一带一路"背景下中外开展互联互通建设的保障和基础，对于各国间的贸易和其他往来带来了极大的便利。"一带一路"建设离不开语言保障，语言文化融通是"一带一路"建设的系统工程、跨国工程、先导工程和民心工程。

目前，我国学者对"一带一路"沿线语言的研究越来越多，中国知网上收录的相关文献有2000多篇，多侧重于语言战略、政策、服务、互通路径和语言人才培养等方面，对语言需求、外语人才现状的研究相对较少，因此，研究"一带一路"人文交流中的语言需求及人才现状具有重要的现实意义。

一、"一带一路"建设的语言需求丰富多样

"一带一路"贯穿亚、欧、非三大洲，沿线国家语言文化复杂丰富，且具有鲜明的区域特色。"一带一路"倡议可促进沿线国家之间人员交流，各种深度合作也将由此增多，因而语言的需求会丰富多样[①]。据保守统计，"一带一路"沿线国家官方语言或国家通用语共有53种，再加上区域民族或部族语言，语言的种类多达200余种，分属于印欧、阿尔泰、南亚、汉藏、高加索等语系。从法律上看，大部分国家官方语言以单一为主，东帝汶、印度、菲律宾、以色列、新加坡等12个国家采用两种或者两种以上的官方语言，以阿拉伯语作为官方语言（或之一）的国家有14个，主要集中在西亚和北非地区；东南亚和南亚地区有4个国家以英语作为官方语言之一，分别为新加坡、菲律宾、印度、不丹；中亚和中东欧地区以俄语为官方语言（或之一）的国家有4个。除官方语言以外，沿线国家使用的

① 鲁明易，《"一带一路"战略下中资企业"走出去"的语言需求分析》[载《常熟理工学院学报》，2017, 31(5):85-89]。

非官方语言数量也很多。整体看来，“一带一路”沿线国家的交际语言分为4种，即英语、俄语、阿拉伯语和非通用语。就现实而言，由于我国长期主要聚焦于欧美语言，对“一带一路”区域的语言关注不多，准备不足，相关语言人才严重不足[①]。这使得“一带一路”建设的语言需求变得更为迫切。

1. 中亚地区多语言现象常态化，俄、中、英语言需求增加

多语现象是中亚地区的常态。中亚地区包含塔吉克斯坦、哈萨克斯坦、乌兹别克斯坦、土库曼斯坦、吉尔吉斯斯坦5个国家，是实现“一带一路”陆上丝绸之路的枢纽，是中国“走出去”战略支点之一。该地区的语言需求是中国与中亚5国互联互通不可或缺的一部分。中亚5国在独立前使用俄语，独立后，语言国情逐渐多元化，主体民族语言逐渐成为国家语言，俄语由官方语言变为族际交际语或者通用语[②]。据中国外交部统计资料显示，哈萨克斯坦的国语是哈萨克语，官方语言是哈萨克语和俄语，世界交流语言是英语，国家政策规定为3语国家；吉尔吉斯斯坦的国语是吉尔吉斯语，官方语言是俄语，国家政策规定为双语国家；塔吉克斯坦的国语是塔吉克语，族际交流语是俄语，俄语虽在政策层面地位下降，但在语言交际和使用方面目前仍属于主要交际语言，成为实际双语国家；1989年乌兹别克斯坦通过了《语言法》，规定乌兹别克语为国语，俄语仅为族际交际用语，在登记出生、死亡、缔结和废除婚姻时可用；土库曼斯坦去俄语化走得最远，1992年《宪法》明确土库曼语为国语，俄语成为通用语。由此可见、多语现象在中亚地区呈现常态化的趋势。

俄、中、英语言需求增加。虽然在独立后中亚5国在国家机构、社会生活等方面更多地强调使用国语，但由于目前中亚国家的法律、经济、外交等部门仍保留了俄语文本，俄语仍坚守着自己的阵地，成为中亚地区第二大语言，呈继续回升走势。俄语需求是中亚地区的首要语言需求，俄语

① 王辉、王亚蓝，《“一带一路”沿线国家语言状况》[载《语言战略研究》，2016, 1(2):13-19]。

② 王新青，《池中华，丝绸之路经济带中亚五国语言状况考察与思考》[载《云南师范大学学报（哲学社会科学版）》，2015(5):14-20]。

与母语双语服务的需求也会有所增长①。语言服务型人才的需求主要集中在有专业背景、综合素质高的语言人才，对复合型俄语专业人才的需求成了中亚国家的迫切愿望。汉语作为世界第二大经济体语言呈迅速上升趋势，有学者对中亚地区语言需求进行调查，结果表明：在近10多年时间里，中国境外企业在中亚国家投资增长迅猛，还有许多民企也走进了中亚国家。当地语言服务需求猛增，学习汉语的人数也日益增多，主要缺乏的是普及型的汉语人才。另外，在独立后的20多年中，中亚5国对外奉行中立政策，加上受西方文化影响，英语逐渐成为重要语言。

2. 东北亚地区俄、蒙语需求大

中国、俄罗斯、蒙古地理位置接近。因受汉字文化和儒学、佛教的影响，中、俄、蒙在沟通理解上相对容易。这种文化同质性是蒙、俄同中国建立和平共处、文化交融、互利互助区域构架的基础。

俄罗斯一直是一个多民族的国家。民族文化多样性是俄罗斯语言国情最突出的特点，语言多样性是俄罗斯文化多样性的最主要体现。其境内共有160多种语言在使用，近50%的语言有标准语形式，主要分属于斯拉夫语族（俄语、乌克兰语、白俄罗斯语等，约占85%）、波斯语族、突厥语族、高加索语族、蒙古语族等，但随着1991年苏联解体、“新俄罗斯”诞生、俄罗斯国家政治环境的变化和国家治理的需要，俄语化的趋势逐渐凸显。目前，俄罗斯的官方语言是俄语，是俄罗斯掌握人数最多的语言。随着中俄关系日益密切和深入，俄语人才紧缺的状况日益严峻。除了传统的翻译类、贸易类俄语人才，在某一个专业领域（特别是能源、金融、机械设备、IT等行业）拥有完备专业知识和突出经验的人才缺口比较大。

蒙古国拥有典型的游牧和草原文化，蒙古国的官方语言是蒙古语，有其独立的语言文字系统。中、蒙两国蒙古语是现代蒙古语的两大分支，两者之间存在着一定的差异。随着中蒙交流和边境贸易的不断加强，必然会刺激对蒙语人才的需求。如果蒙古国的经济迅速发展，那么这种势头会更强一些。

① 邢欣、梁云,《“一带一路”背景下的中亚国家语言需求》[载《语言战略研究》，2016, 1(2):39-46]。

3. 南亚地区语言繁杂、语言需求多样

南亚地区是我国的重要近邻，是我国实施“一带一路”倡议的交汇区和先行区，包括印度、巴基斯坦、孟加拉国、斯里兰卡、尼泊尔、不丹、马尔代夫7个国家。南亚地区人口稠密，民族众多，语言种类繁杂，共有210余种语言，被誉为世界的语言宝库。目前，我国针对南亚区域的外语能力明显不足，已不能满足“一带一路”建设需要。

印度的语言政策是印地语+英语+地方语言并行的3语制，印度中央政府规定印地语、英语为印度官方语言。此外，每个邦还可以指定1种语言为自己的地方官方语言。巴基斯坦的语言状况复杂，国语为乌尔都语，但长期以来，巴基斯坦的官方文件、法律条文以及行政办公都使用英语，同时英语还是高等学校的教学用语。孟加拉国98%的人口为孟加拉族，官方语言为孟加拉语，但英语在知识界和商界中被广泛使用。斯里兰卡的官方语言为僧伽罗语和泰米尔语，英语是沟通国内各个民族的联系语言。尼泊尔的官方语言为尼泊尔语，英语作为一门课程从小学高年级阶段开始开设，同时英语还是高等学校的教学用语。根据美国马里兰大学周明朗教授的“语言秩序”理论，南亚地区的语言秩序可概括为超核心语言（英语、印地语）、核心语言（乌尔都语、孟加拉语、僧伽罗语、尼泊尔语、普什图语）、中心语言（旁遮普语、泰米尔语、泰卢固语、马拉地语、古吉拉特语、坎纳达语等）及边缘语言（宗卡语、迪维希语以及一些少数民族语言）。

通过对南亚国家语言等级和语言秩序的分析发现，在中国与南亚国家合作中发挥关键作用的语种有：印地语、乌尔都语、孟加拉语、僧伽罗语、尼泊尔语、普什图语。此外，还有在南亚各国广泛通行的各种英语变体，其中以印度英语为典型代表。这些关键语种在中国与南亚国家的双边和多边外交、经贸合作以及文化交流中发挥着不可替代的重要作用。我国对这些语言的需求是潜在的，政府须储备少量掌握这些偏门外语的人才以期有朝一日为维护国家安全与经济利益提供服务。

4. 东南亚地区跨境语言资源丰富

“一带一路”涉及东南亚11国：新加坡、马来西亚、印度尼西亚、缅甸、泰国、老挝、柬埔寨、越南、文莱、菲律宾、东帝汶。其中：新加坡

的官方语言有4种：英语、马来语、华语、泰米尔语，跨不同语系、语族；东帝汶的官方语言为德顿语和葡萄牙语；菲律宾的官方语言是菲律宾语和英语；马来西亚、文莱和印度尼西亚的官方语言均为马来语；柬埔寨、老挝、泰国、缅甸、越南的官方语言分别为柬埔寨语、老挝语、泰语、缅甸语、越南语。

东南亚国家的老挝语、泰语、越南语是分别与我国境内的克木语、傣语、京语相同或十分相近的跨境语言。此外，东南亚国家也存在非官方的跨境语言。例如我国云南与通行于缅甸、泰国和老挝的拉祜语；中泰共有的瑶语，主要分布在云南省德宏傣族景颇族自治州和缅甸北部景颇族居住区等。

5. 中东欧地区非通用语需求繁多

中东欧地区是"一带一路"的重要交汇处，中东欧16国包括中欧4国（波兰、匈牙利、捷克和斯洛伐克）、东南欧9国（罗马尼亚、保加利亚、阿尔巴尼亚、斯洛文尼亚、克罗地亚、塞尔维亚、波黑、马其顿和黑山）、波罗的海3国（立陶宛、拉脱维亚和爱沙尼亚）。该地区民族众多，民族混居现象复杂。

中东欧地区非通用语需求繁多。中东欧16国所使用的官方语言各不相同，16个国家共有16种官方语言（详见表1）。这16种语言多属于印欧语系下的斯拉夫语族，但各国民众之间如不借助其他语言不能直接交流。中东欧地区民族众多，语言多样[①]，因而需要大量的语言翻译人才，尤其是非通用语人才。虽然我国不断加大对非通用语人才的培养，但是沿线国家的非通用语专业远未完全覆盖。这对于庞大的语言需求来说还是杯水车薪。

6. 西亚北非地区阿拉伯语需求迫切

西亚北非地区包括西亚15国（土耳其、伊朗、叙利亚、伊拉克、阿联酋、沙特阿拉伯、卡塔尔、巴林、科威特、黎巴嫩、阿曼、也门、约旦、以色列、巴勒斯坦）和非洲国家埃及，地处大西洋和印度洋之间枢纽地带。

---

① 穆正礼、罗红玲、蓝玉茜、魏珮玲，《"一带一路"背景下的人才需求及人才培养模式——基于中国—中东欧国家合作大数据的分析报告》[载《海外华文教育》，2017(7):869-892]。

表1 中东欧国家的官方语言

国 家	官方语言
波 兰	波 兰 语
匈 牙 利	匈牙利语
捷 克	捷 克 语
斯洛伐克	斯洛伐克语
罗马尼亚	罗马尼亚语
保加利亚	保加利亚语
阿尔巴尼亚	阿尔巴尼亚语
斯洛文尼亚	斯洛文尼亚语
克罗地亚	克罗地亚语
塞尔维亚	塞尔维亚语
波 黑	波斯尼亚语和塞尔威亚语
马 其 顿	马其顿语
黑 山	黑 山 语
立 陶 宛	立陶宛语
拉脱维亚	拉脱维亚语
爱沙尼亚	爱沙尼亚语

注：资料来源于中国外交部官网

西亚北非地区的主要语言是阿拉伯语，语言需求大。土耳其的官方语言是土耳其语；伊朗的官方语言是波斯语；叙利亚的官方语言是阿拉伯语、通用语是英语和法语；伊拉克的官方语言是阿拉伯语和库尔德语；阿联酋、沙特阿拉伯、卡塔尔、巴林、科威特、黎巴嫩、阿曼、也门、约旦、巴勒斯坦的官方语言均是阿拉伯语；以色列的官方语言是希伯来语和阿拉伯语。整体来看，西亚北非地区的主要语言是阿拉伯语、土耳其语、希伯来语、波斯语等[①]。这几种语言均属于小语种，人才较为匮乏。随着“一带一路”的深入推进，中国与西亚北非地区的合作日益频繁，对语言的需求也越来越迫切[②]。

① 艾哈迈德,《现代汉语与阿拉伯语“体”的对比研究》，北京：中国人民大学，2008年版。

② 郭旭、陶陶、黄丽君,《大数据视野下西亚北非与中国经贸合作人才需求与培养模式分析》[载《海外华文教育》，2017(8):1013-1036]。

二、国内外语人才及培养现状

语言人才需求主要分为两类：一是专门语言人才。这类人才不仅需要精通沿线国家的主体语言和相关地区语言，乃至部族语言，而且应能熟悉当地文化、制度、风土人情和地理，具有国际视野和跨文化交际能力，以满足各种复杂的语言服务需求[①]，其中包括担任各不同的语言服务角色。例如翻译、各类语言教师、语言策划师、从事地区和企事业单位的语言规划及话语策划、语言技术人员、语言信息处理人员、语言软件开发人员、语言资源建设和开发人员、语言研究人员等。二是“外语＋专业”复合型人才。“一带一路”建设会带来大量工程技术人员、经贸人员、交通运输人员、法律政治人士、文学艺术工作者、历史地理研究者等跨国工作或在本国从事国际业务，就这些人士而言，不仅需要过硬的专业知识和业务能力[②]，而且，需要掌握工作目标国家和地区的语言，“外语＋专业”的复合型人才是必然需求。

1.“多语种+”人才短缺

“多语种”指的是至少精通两门以上第二语言，并且具有较好的全球理解能力，“+”不是简单相加，而是强调融合。“多语种+”人才是具有国别区域全球新知，有全球视野和人文素养的人类文明的实践者、全球理解的促进者、全球和平与合作的参与者[③]。语言是国家之间进行交往合作的根本所在，“多语种＋”人才在“一带一路”倡议中扮演着重要的角色。[④][⑤]

（1）小语种人才匮乏

长期以来，英语一直是我国学校教育中强制性学习的语言，为了跟随

① 邢欣、张全生，《“一带一路”倡议下的语言需求与语言服务》[载《中国语文》，2016(6):761-765]。

② 曹思佳，《“一带一路”建设的语言需求及对外语人才的新要求》[载《海外英语》，2016(23):23-24]。

③ 姜锋，《培养“多语种+”的国际化人才》[载《人民日报》，2017年6月8日]。

④ 白彤，《“一带一路”下“多语种+”人才在多国经贸合作中的作用》[载《现代商贸工业》，2018, 39(4):42-44]。

⑤ 杨信，《国际化人才在“一带一路”中的重要性——评“一带一路”背景下的多语种人才培养研究》[载《教育发展研究》，2018,38(8):87]。

时代的步伐，大部分人都在英语学习中投入了很大的精力。受我国教育环境的影响，法语、西班牙语、德语、阿拉伯语等小语种的学习却少有人问津，最终的结果是我国小语种人才匮乏。

（2）应用型语言人才缺乏

我国的语言教学基本停留在课本上，语言练习环境缺乏，在一定程度上影响了语言人才的语言实践及应用能力，直接导致应用型语言人才缺乏，即便是英语学习，很多人仍无法用英语和外国人流畅沟通。对于稀缺的小语种人才来说，语言的应用能力也亟需提高。

（3）综合型“多语种+”人才短缺

“一带一路”人文交流需要的小语种人才不仅仅要精通一门或多门外语，更重要的是要能够结合一个国家的国情和文化背景，在相应的专业领域里发挥自己的所长，为国家之间的合作创造一个良好的沟通环境。这就要求“一带一路”人文交流中的“多语种+”人才应该是：语言技能+专业技能+综合素质全方位发展的复合型人才，但是这样的人才目前来看在我国仍处于短缺状态。

2. 国内高校非通用语种逐渐增多

（1）非通用语专业建设主要集中在国内传统外语类高校

本文选取国内传统9大外语类高校——北京外国语大学、上海外国语大学、四川外国语大学、西安外国语大学、大连外国语大学、天津外国语大学、北京语言大学、广东外语外贸大学和北京第二外国语学院进行分析。这9所高校的非通用语专业基本涵盖了国内所有的非通用语专业。

（2）非通用语种数量越来越多

表2对国内9大传统外语类高校的非通用语开设情况进行了详细梳理，从中可以看出，我国传统语言类高校开设的非通用语专业数量都在10种以上，其中最多的是北京外国语大学，已经接近100种，在全国处于领先地位，最少的是北京语言大学和大连外国语大学，均为10种，其他高校的非通用语专业在20—40种之间。并且，随着“一带一路”的深入推进，

其他有关高校也开设了"一带一路"沿线国家的非通用语专业[①]。

（3）非通用语专业的整体优势和专业建设都较为欠缺

很多高校非通用语专业的教材建设、师资评聘、学生培养方案等尚未健全，非通用语人才培养的数量、规模和质量还不能满足我国社会发展、战略布局的需要[②]。随着中国在国际上发出越来越多的声音，越来越广泛地参与国际重大事务，对非通用语人才的需求会越来越大，要求也会越来越高。高校在非通用语专业建设和人才培养方面的力度、范围和规模也需进一步加大。

表2　国内9大传统外语高校非通用语开设情况一览表

序　　号	学　　校	专业数量	专业名录
1	北京外国语大学	97	俄语、法语、德语、日语、西班牙语、阿拉伯语、意大利语、瑞典语、葡萄牙语、柬埔寨语、越南语、老挝语、缅甸语、泰国语、印尼语、马来语、僧伽罗语、土耳其语、朝鲜语、斯瓦希里语、豪萨语、波兰语、捷克语、斯洛伐克语、匈牙利语、罗马尼亚语、保加利亚语、塞尔维亚语、克罗地亚语、阿尔巴尼亚语、芬兰语、乌克兰语、荷兰语、印地语、乌尔都语、波斯语、希伯来语、挪威语、冰岛语、丹麦语、希腊语、菲律宾语、斯洛文尼亚语、爱沙尼亚语、拉脱维亚语、立陶宛语、爱尔兰语、马耳他语、孟加拉语、哈萨克语、乌兹别克语、祖鲁语、拉丁语、吉尔吉斯语、普什图语、阿姆哈拉语、梵语巴利语、尼泊尔语、索马里语、迪维希语、德顿语、达里语、卢旺达语、塞苏陀语、隆迪语、切瓦语、桑戈语、斐济语、皮金语、纽埃语、比斯拉马语、库克群岛毛利语、卢森堡语、格鲁吉亚语、阿非利卡语、柏柏尔语、科摩罗语、旁遮普语、俾路支语、汤加语、等毛利语、萨摩亚语、斐济语

① 李茂林,《我国高校非通用语专业建设的现状梳理与特征分析——以国内九大传统外语类高校和教育部直属高校为例》[载《大学（学术版）》，2014(5):32-39]。

② 高琳琳、刘岩、单韧等,《"一带一路"战略下我国高校外语教育转型发展策略刍论》[载《消费导刊》，2015(12):95-95]。

续表

序　　号	学　　校	专业数量	专业名录
2	上海外国语大学	26	俄语、乌克兰语、阿拉伯语、波斯语、朝鲜语、泰语、印尼语、越南语、希伯来语、土耳其语、印地语、法语、德语、瑞典语、西班牙语、葡萄牙语、意大利语、希腊语、荷兰语、日语、哈萨克语、乌兹别克语、波兰语、捷克语、斯瓦西里语
3	广东外语外贸大学	22	俄语、德语、法语、西班牙语、阿拉伯语、日语、朝鲜语、印度尼西亚语、印地语、泰语、越南语、葡萄牙语、意大利语、柬埔寨语、老挝语、缅甸语、波兰语、马来语、乌尔都语、波斯语、孟加拉语、土耳其语
4	北京语言大学	10	法语、德语、西班牙语、日语、阿拉伯语、朝鲜语、意大利语、葡萄牙语、俄语、土耳其语
5	西安外国语大学	23	俄语、德语、法语、西班牙语、阿拉伯语、日语、波斯语、朝鲜语、印地语、泰语、葡萄牙语、土耳其语、意大利语、朝鲜语、阿拉伯语、印地语、泰语、波斯语、土耳其语、乌尔都语、印尼语、马来语、菲律宾语
6	天津外国语大学	31	俄语、法语、德语、西班牙语、意大利语、葡萄牙语、芬兰语、匈牙利语、波兰语、捷克语、乌克兰语、白俄罗斯语、保加利亚语、罗马尼亚语、希腊语、塞尔维亚语、日语、朝鲜语（韩语）、阿拉伯语、斯瓦希里语、印度尼西亚语、缅甸语、马来语、泰语、柬埔寨语、印地语、乌尔都语、希伯来语、波斯语、土耳其语、豪萨语
7	四川外国语大学	13	俄语、法语、德语、西班牙语、日语、意大利语、阿拉伯语、朝鲜语、越南语、葡萄牙语、泰语、希伯来语、匈牙利语
8	大连外国语大学	10	日语、俄语、法语、德语、韩语、西班牙语、阿拉伯语、意大利语、葡萄牙语、波兰语
9	北京第二外国语学院	21	日语、俄语、德语、法语、意大利语、西班牙语、葡萄牙语、阿拉伯语、朝鲜语、波斯语、波兰语、捷克语、匈牙利语、拉脱维亚语、罗马尼亚语、塞尔维亚语、立陶宛语、爱沙尼亚语、印地语、希伯来语、土耳其语

注：数据来源于各外语高校官网

3.“孔子学院”助力汉语人才培养

随着国际汉语市场逐步扩大，“一带一路”沿线国家学习汉语的人数不断增加[①]。2017年，全球学习汉语的人数已超过5000万，汉语学习者呈现多元化、复杂化的特点[②]，既有学生、工作者，还有老年人。“一带一路”亟需3类汉语人才：基本交际型通用汉语人才，具有专业特点的复合型汉语人才，了解中国文化、精通中文的高级汉语人才[③]。我国借鉴英、法、德、西等国推广本民族语言经验，设立“孔子学院”，面向社会各界人士，开展汉语教学工作。孔子学院有助于向“一带一路”沿线各国传播中华文化，增进沿线各国民众对中国文化的了解，为“一带一路”建设夯实文化认知的基础，加强中国与世界各国人文交流合作[④]。

根据孔子学院统计数据，截至2017年底，孔子学院总部在全球146个国家共建孔子学院525所、孔子课堂1113个。其中，非“一带一路”国家拥有孔子学院387所，占孔子学院资源总量（525所）的73.71%，且50%以上的孔子学院资源集中在发达和较发达国家。“一带一路”沿线国家大都属于发展中国家，有51个国家设立了138所孔子学院和135个孔子课堂，拥有孔子学院的数量仅占孔子学院资源总量的26.29%，孔子课堂占孔子课堂总量的12.13%。同时，世界各国孔子学院的汉语教学质量和水平不断提高，孔子学院的发展战略布局与国家“一带一路”倡议相匹配。截至2016年底，孔子学院中外专兼职教师总数4.6万人，向147国派出汉语教师3450人，向130个国家派出汉语教师志愿者6071人，其中向413所孔子学院（课堂）派出2924人，各类面授学员155万，网络注册学员59.7万，全年共举办各类文化活动4.1万场，受众1300万人。孔子学院不断挖掘自身优势、丰富语言传播内容、创新语言传播渠道、加强与企业的合作，培

---

① 王建勤，《“一带一路”与汉语传播：历史思考、现实机遇与战略规划》[载《语言战略研究》，2016,1(2):33-38]。

② 杜敏，《“一带一路”背景下汉语国际传播及其特点》[载《青海师范大学学报（哲学社会科学版）》，2016, 38(5):134-140]。

③ 靳风，《汉语传播在“一带一路”沿线国家：现状、问题与对策》[载《外交学院》，2016]。

④ 李宝贵、尚笑可，《“一带一路”背景下汉语国际传播的新机遇、新挑战与新作为》[载《辽宁大学学报（哲学社会科学版）》，2018,46(2):121-130]。

养了大批汉语国际专业人才[①]。

三、“一带一路”语言发展策略

1. 语言融合多领域共同发展

“一带一路”语言与文化、安全、话语权、大数据等诸多领域联系密切，应融合发展。语言是文化的重要依托，文化则是语言的直观外化，建设“一带一路”要懂得沿线国家的语言，更要了解语言背后隐藏的文化背景[②]。语言事关国家安全，其对国家稳定的影响具有隐蔽性、长期性、复杂性和战略意义，要构建平等互尊的话语体系。语言能力是一国话语实力、国际竞争力的最直接体现，是软权力的重要组成部分，提高中国话语体系的国际影响力是“一带一路”语言战略必须承担的责任[③]。新时代大数据技术为“一带一路”语言发展、语言建设开辟了新路径、提供了新服务、新方法和新思路。

2. 加强“一带一路”语言发展政策实施

（1）“一带一路”语言发展是一项系统工程，需要强化顶层设计

“一带一路”建设的深入推进将直接带动汉语语言需求升温，要把语言互联互通提升到关系国家发展和“一带一路”全局的高度加以重视，积极与“一带一路”重大发展项目相结合，实现同步规划、同步实施。

（2）“一带一路”语言发展是一项跨国工程，需要加强国际合作

培养“一带一路”语言人才要教育先行、高校先行，充分发挥教育合作平台作用，加强沿线国家知名高校的校际交流合作。此外，也要充分发挥语言智库、海外汉学家的资源优势，促进沿线国家战略对接和民心相通。

---

① 王建勤，《“一带一路”与汉语传播：历史思考、现实机遇与战略规划》[载《语言战略研究》，2016, 1(2):33-38]。

② 曹德明，《“多语种+”卓越国际化人才培养理念与实施路径分析》[载《外国语言与文化》，2017,1(1):11-17]。

③ 聂丹，《“一带一路”亟需语言资源的互联互通》[载《人民论坛·学术前沿》，2015(22):66-71]。

（3）"一带一路"语言发展是一项先导工程，需要目标导向和支撑机制

"一带一路"语言发展的首要目标是提升中国话语能力，构建丝路话语体系，应深入研究不同国家历史文化、政策法规、社会习俗、语言习惯等，加强语言传播机制建设，以实现传播渠道多元化、传播对象精准化、传播流程精巧化、传播形式多样化。

（4）"一带一路"语言战略是一项民心工程，需要注重语言安全

加强"一带一路"沿线国家语言文化国情和现状调研，基于所在国政情、商情、社情、学情、舆情，建立语言文化风险预警、应急救援和舆情监测机制，深化对跨境语言的掌握，合作防范语言风险，深化与沿线国家语言文化互联互通水平①。

3. 加大力度培养语言人才

（1）加大对小语种人才的培养力度

要从教育层面做好非通用语专业设置的顶层设计，同时高校要加大对小语种人才的培养力度。目前，部分国内语言类高校已增开了"一带一路"沿线国家语言专业，为我国"一带一路"建设储备人才。② 另外，外语类高校也可与其他院系联合培养，或与参与"一带一路"建设的单位联合，采取短期强化培训的形式，举办出国前的语言速成班，学习相应语言的日常用语，满足"一带一路"建设对小语种人才的需求。③

（2）强化措施培养多语言人才

"一带一路"涉及国家较多，单一的语言人才需求可能会受到限制，多语言人才需求会更大。为了引导和鼓励多语言人才的成长，高校应更多地开设小语种课程。国家可以在政策层面，以经济资助的方式鼓励在校学生学习多种语言，为"一带一路"建设提供语言准备和人才储备。

（3）创新方法培养复合型人才

从事"一带一路"建设的人员不仅要有过硬的专业知识，还要知晓所

① 梁昊光、张耀军,《"一带一路"语言战略规划与政策实践》[载《人民论坛·学术前沿》，2018(10):98-105]。

② 张日培,《服务于"一带一路"的语言规划构想》[载《云南师范大学学报（哲学社会科学版）》，2015, 47(4):48-53]。

③ 杨小卜,《"一带一路"战略下的高等教育人才培养》[载《科技与企业》，2016(1):170-172]。

在国家的一般交往性语言，通晓法律、金融、贸易等方面的知识，且掌握一定技能。这样的人才更符合“一带一路”建设的需求。[①] 高校应转变人才培养模式，前瞻性地促进外语专业由纯语言教学的单一培养模式向复合型外语人才培养模式转变，[②] 加快对应用型、复合型人才的培养。

① 赵世举,《“一带一路”建设的语言需求及服务对策》[载《云南师范大学学报（哲学社会科学版）》，2015,47(4):36-42]。

② 陆娟,《“一带一路”战略下复合型外语人才培养对策研究》[载《陕西理工学院学报（社会科学版）》，2016, 34(2):101-104]。

第五部分

产 业 篇

薛海丽　兰　晓　梁昊光　王　忠[①]

2019年"一带一路"文化旅游发展趋势

内容介绍

〔摘　要〕文化旅游是旅游业发展的重要力量，越来越多的国家和城市将文化旅游作为战略性支柱产业和产业转型的主攻方向。"一带一路"倡议为文化旅游产业的发展提供了契机，而文化旅游是推动"一带一路"互联互通的重要抓手。本文通过分析"一带一路"文化旅游的政治经济环境，剖析"一带一路"文化旅游现状，从政策、管理体系、基础设施建设和产业发展互联互通等方面总结"一带一路"文化旅游发展面临的挑战，进而提出相应的政策建议。

〔关键词〕"一带一路"倡议；文化旅游；跨境旅游合作

① 薛海丽，北京第二外国语学院国家"一带一路"数据分析与决策支持北京市重点实验室研究员，博士。兰晓，北京第二外国语学院国家"一带一路"数据分析与决策支持北京市重点实验室，讲师。梁昊光，教授，博士生导师，北京第二外国语学院国家"一带一路"数据分析与决策支持北京市重点实验室主任，北京市首都发展研究院院长。王忠，北京市社会科学院经济研究所副研究员。本文受北京市科技重大专项项目(Z171100004417032)和朝阳区文化创意产业与旅游产业融合发展研究项目(410049)资助。

自2013年中国向世界提出“一带一路”倡议以来，沿线国家以“政策沟通、设施联通、贸易畅通、资金融通和民心相通”为核心建设内容积极开展国际合作。国家发展改革委员会、外交部、商务部联合发布的《推动共建丝绸之路经济带和21世纪海上丝绸之路的愿景与行动》的文件明确提出，要“加强旅游合作，扩大旅游规模”。旅游作为促进经济合作的重要抓手，具有开放性和综合性，在“一带一路”国际合作中具备先联先通的优势①，是实现民心相通的直接途径，同时也是促进国际社会全面认识和接受“一带一路”倡议的重要因素。为此，国家旅游部门提出“‘一带一路’，旅游先行”。

文化旅游是旅游业发展的重要力量，越来越多的国家和城市将文化旅游作为战略性支柱产业和产业转型的主攻方向。目前，文化旅游的驱动力量为资本、创意和科技，其显著特征为“无中生有、变废为宝”，评判文化旅游产业发展的主要尺度为创新能力。“一带一路”跨越65个国家，拥有世界80%的文明，囊括四个文明古国（即中国、古印度、古巴比伦和古埃及），为文化旅游的发展提供了新的机遇。2012年开始，我国已经成为世界性的旅游大国。据《中国出境旅游发展年度报告（2018）》统计，2017年中国出境旅游消费额为1152.9亿美元，旅游人数达到1.31亿人，同比增长了5.0%和6.9%，具有出境旅游业务资质的旅行社达到4442家。中国和“一带一路”沿线国家来往旅游人数均呈现增加趋势，2017年达到4.3亿，占全球国际旅游人数的32.4%；旅游收入为3.76亿美元，占全球国际旅游收入的28.4%。中国和“一带一路”沿线国家巨大的旅游客流量消费实力和潜力，给“一带一路”文化旅游发展提供了契机，但同时在政策、管理体系、基础设施建设和产业发展等方面面临挑战。

一、“一带一路”文化旅游政治经济环境

1. 完善的政策措施为“一带一路”文化旅游发展提供保障

2013年，国务院出台的《关于促进旅游业改革发展的若干意见》中明

① 唐睿、冯学钢,《“一带一路”倡议是否推动了入境旅游的发展——基于“21世纪海上丝绸之路”沿线地区双重差分的实证》[载《上海对外经贸大学学报》，2018, 25(4):17-27]。

确提出，发展旅游业成为“一带一路”的切入点，是实现“民心相通”的直接途径。《推动共建丝绸之路经济带和21世纪海上丝绸之路的愿景与行动》中也明确提出要加强旅游合作。为了促进“一带一路”文化旅游发展，中国和沿线国家纷纷打造具有丝绸之路特色的精品旅游产品和旅游线路，依托“一带一路”城市旅游联盟、“一带一路”合作高峰论坛、上海合作组织平台和中国—东盟等平台，建立“一带一路”及其6大经济走廊国际旅游部长会议机制，并通过简化签证办理手续、签署合作备忘录和举办“一带一路”旅游年等措施，为文化旅游提供良好的政策环境。

（1）依靠“一带一路”国际合作契机，国内各地分别出台《×××旅游总体规划纲要》

在北方线路上，甘肃拥有1600余公里的“丝绸之路”，处于陆上丝绸之路的核心地段，拥有丰富的文化资源，“一带一路”倡议为甘肃的文化旅游合作和发展提供了机遇，省旅游产业发展领导小组于2014年12月出台《甘肃丝绸之路经济带建设大景区总体规划纲要》，提出合理规划旅游资源，形成精品丝绸之路旅游路线，计划至2020年建成20个旅游大景区，容纳300万游客①。新疆作为丝绸之路经济带上的重点省区，依托“一带一路”国际合作倡议，构建丝绸之路旅游品牌和丝绸之路经济带大旅游概念，并面向中南亚、西亚、欧洲和非洲开放。除此之外，其他省如陕西、湖北、四川、重庆和海南等地也开展了“一带一路”旅游线路建设，探索文化旅游模式，依托文化旅游建设国际知名的旅游目的地。②③

（2）越来越多“一带一路”沿线国家推动免签和落地签政策

中国具有庞大的旅游客源市场，为吸引中国游客，越来越多国家允许中国公民免签、落地签证或电子签证。截至2018年7月，与中国互免普通护照签证的国家有3个，包括阿联酋、波黑和塞尔维亚；单方面允许中国公民办理落地签证的国家有21个，包括印度尼西亚、缅甸、泰国、老挝、柬埔寨、越南、文莱、伊朗、约旦、黎巴嫩、卡塔尔、巴林、埃及、孟加

① 王多勇，《“一带一路”战略背景下甘肃文化旅游业创新发展的思考》[载《农家参谋》，2018,(4): 265+292]。

② 姚亚亚、李学芹，《“一带一路”背景下西藏民族旅游文化传播》[载《旅游纵览》，2018(7): 127-128]。

③ 桑振、雷婷，《基于“一带一路”的西安文化旅游品牌构建——“固游”体系研究》[载《现代商贸工业》，2018. 39(24): 30-31]。

拉国、马尔代夫、尼泊尔、斯里兰卡、土库曼斯坦、亚美尼亚、阿塞拜疆和乌克兰；单方面允许中国公民免签入境的国家有1个，为印度尼西亚；允许办理电子签证的国家有9个，包括马来西亚、柬埔寨、新加坡、阿联酋、卡塔尔、土耳其、缅甸、阿塞拜疆和印度（表1）。

（3）中国与“一带一路”沿线国家签署旅游合作备忘录。

旅游是“一带一路”国际合作高峰论坛的重要成果之一。为促进旅游合作、项目投资的推进和有效落实，我国与多个国家签署旅游合作备忘录，以加强两国之间旅游景点互相推广、资源共享、游客互访、旅行社交流和旅游品质提升等方面的合作。截至2018年7月，中国与保加利亚、俄罗斯、捷克、斯里兰卡、泰国、菲律宾、马来西亚、印度尼西亚和越南等国签署旅游合作备忘录（表2）。此外，中国与“一带一路”沿线国家通过互办旅游年活动推动文化旅游发展。中国将2017年确定为“中哈旅游年”，2018年为“土耳其旅游年”。在2017年中国—东盟旅游合作年开幕式上，中国提出将与“一带一路”沿线有关国家合作，先后举办中俄、中韩、中印、中美、中国—中东欧、中澳、中丹、中瑞、中哈、中国—东盟等系列旅游年。

表1 “一带一路”沿线国家与中国签证办理政策情况

政　策	国　家
互免互签	阿联酋、波黑、塞尔维亚
单方面落地签	印度尼西亚、缅甸、泰国、老挝、柬埔寨、越南、文莱、伊朗、约旦、黎巴嫩、卡塔尔、巴林、埃及、孟加拉国、马尔代夫、尼泊尔、斯里兰卡、土库曼斯坦、亚美尼亚、阿塞拜疆、乌克兰
单方面免签	印度尼西亚
电子签证	马来西亚、柬埔寨、新加坡、阿联酋、卡塔尔、土耳其、缅甸、阿塞拜疆、印度

表2 “一带一路”沿线国家与中国签署旅游合作备忘录

签署国家或省市	签署时间	签署国家或省市	签署时间
中国与保加利亚	2015年6月	中国与菲律宾	2016年10月
中国与俄罗斯	2015年10月	成都与马来西亚	2016年11月
四川与捷克	2016年3月	中国与印度尼西亚	2018年7月
中国与斯里兰卡	2016年5月	中国与越南	2018年8月
中国与泰国	2016年9月		

2. 国际旅游经济持续增长为“一带一路”文化旅游发展提供动力

“一带一路”沿线国家旅游经济持续增加，为推动“一带一路”文化旅游发展奠定了基础。根据世界旅游组织2018年6月发布的《世界旅游晴雨表》（表3），与2017年同期相比，2018年1—4月国际游客人数增长了6%，2017年全球国际旅游人数达到13.23亿，全球国际旅游收入为13.32亿美元。“一带一路”倡议提出后，沿线国家旅游发展持续增温，2017年“一带一路”沿线国家旅游人数达3.59亿，占全球国际旅游总人数的32.4%，有16个国家排名进入全球50名，分别为土耳其、阿联酋、蒙古、马来西亚、希腊和印度尼西亚等国。2017年“一带一路”沿线国家旅游收入为3.76亿美元，占全球国际旅游收入的28.4%，有17个国家排名进入全球50名，分别为泰国、土耳其、马来西亚、希腊、沙特阿拉伯、波兰和匈牙利等国，其中位于西亚的塞浦路斯首次排入前50名，从2016年的66名上升为2017年的37名（表4）。

表3　“一带一路”倡议提出前后沿线国家旅游市场规模

地　　域		收入（百万美元）		旅游人数（百万人）	
		2013年	2017年	2013年	2017年
	世　　界	1199	1332	1087	1323
	中　　国	51.664	32.617	55.686	60.740
东　　亚	蒙　　古	0.189	32.617	0.418	0.469
东南亚	新加坡	19.301	0.396	11.898	13.906
	马来西亚	21.496	19.707	25.715	25.948
	印度尼西亚	9.119	18.323	8.802	—
	缅　　甸	0.959	12.520	2.044	—
	泰　　国	41.780	—	26.547	35.381
	老　　挝	0.596	57.477	2.700	—
	柬埔寨	2.659	—	4.210	5.602
	越　　南	7.250	—	7.572	12.922
	文　　莱	0.092	8.861	0.225	0.259
	菲律宾	4.690	—	4.681	6.621

续表

地域		收入（百万美元）		旅游人数（百万人）	
		2013年	2017年	2013年	2017年
西亚	伊朗	1.294	6.986	4.769	4.867
	伊拉克	—	—	0.892	—
	土耳其	27.997	—	37.795	37.601
	叙利亚	—	22.478	—	—
	约旦	4.117	—	3.945	3.844
	黎巴嫩	5.872	3.844	1.274	1.857
	以色列	5.666	1.857	2.962	3.613
	巴勒斯坦	0.789	6.821	0.545	0.503
	沙特阿拉伯	7.651	—	15.772	16.100
	也门	0.940	12.056	0.990	—
	阿曼	1.295	—	1.392	—
	阿联酋	12.389	—	—	15.790
	卡塔尔	3.456	21.048	9.990	2.256
	科威特	0.298	5.971	0.307	—
	巴林	1.165	0.313	1.069	4.372
	希腊	16.140	—	17.920	27.194
	塞浦路斯	2.893	16.528	2.405	3.652
	埃及	6.047	3.128	9.174	8.157
南亚	阿富汗	0.114	7.775	—	—
	孟加拉国	0.129	—	0.148	—
	不丹	0.083	0.337	0.116	0.255
	印度	18.397	0.103	6.968	15.543
	马尔代夫	2.337	27.365	1.125	1.390
	尼泊尔	0.438	2.742	0.798	0.940
	巴基斯坦	0.288	0.630	0.565	—
	斯里兰卡	1.715	0.352	1.275	2.116
	阿尔巴尼亚	1.473	3.952	2.191	4.643
	波黑	0.686	1.929	0.529	0.922
	保加利亚	3.882	0.826	6.897	—
	克罗地亚	9.525	4.045	10.948	15.593
	捷克共和国	7.042	10.924	10.300	—

续表

地域		收入（百万美元）		旅游人数（百万人）	
		2013年	2017年	2013年	2017年
中东欧	爱沙尼亚	1.629	6.932	2.873	3.245
	匈牙利	5.366	1.628	10.675	15.785
	拉脱维亚	0.864	6.170	1.536	1.950
	立陶宛	1.375	0.885	2.012	—
	马其顿	0.267	1.299	0.400	0.631
	黑山	0.884	0.327	1.324	1.877
	波兰	11.297	1.041	15.800	18.400
	罗马尼亚	1.590	12.772	1.715	2.760
	塞尔维亚	1.053	2.527	0.922	1.497
	斯洛伐克	2.556	1.346	—	—
	斯洛文尼亚	2.709	2.923	2.259	3.586
中亚	哈萨克斯坦	1.522	2.699	4.926	—
	吉尔吉斯斯坦	0.530	1.781	3.076	—
	塔吉克斯坦	—	—	0.208	—
	土库曼斯坦		0.008		—
	乌兹别克斯坦	—	—	1.969	—
独联体	亚美尼亚	0.880	—	1.082	1.495
	阿塞拜疆	2.365	1.120	2.130	2.454
	白俄罗斯	0.791	3.012	0.966	—
	摩尔多瓦	0.226	2.751	0.096	0.145
	俄罗斯	11.988	0.312	28.356	24.390
	乌克兰	5.083	8.945	24.671	14.230
其他	格鲁吉亚	1.720	4.405	2.065	3.497
合计		358.608	376.055	412.620	428.998

数据来源：《世界旅游晴雨表》

表4 2017年"一带一路"沿线国家国际旅游收入、人数和消费排名情况

国家	国际旅游收入排名	国家	国际旅游人数排名	国家	国际旅游消费排名
泰国	4	中国	4	中国	1
中国	12	泰国	9	俄罗斯	8
土耳其	14	土耳其	10	新加坡	12
阿联酋	16	马来西亚	12	印度	17
蒙古	19	希腊	14	阿联酋	20
马来西亚	20	沙特阿拉伯	19	沙特阿拉伯	21
希腊	23	波兰	20	科威特	25
印度尼西亚	28	匈牙利	24	菲律宾	26
沙特阿拉伯	31	阿联酋	25	马来西亚	28
克罗地亚	32	克罗地亚	27	卡塔尔	31
俄罗斯	34	乌克兰	28	泰国	33
越南	35	新加坡	29	印度尼西亚	36
埃及	37	捷克共和国	29	以色列	37
菲律宾	42	印度尼西亚	31	乌克兰	38
捷克共和国	43	越南	38	捷克	42
以色列	44	保加利亚	40	越南	43
匈牙利	45	斯洛伐克	42	黎巴嫩	44
		菲律宾	46	伊朗	45
				土耳其	47
				罗马尼亚	50

数据来源:《世界旅游晴雨表》

"一带一路"沿线国家旅游消费潜力巨大。2017年，俄罗斯和新加坡国际旅游消费额均超过20亿，分别为31.1和24.5亿美元，印度、阿联酋、沙特阿拉伯、科威特、菲律宾和马来西亚国际旅游消费额均超过10亿，其他国家国际旅游消费额为10亿以下（图1）。"一带一路"沿线国家中有19个国家排名进入全球50名，包括东南亚6个国家（分别为新加坡、马来西亚、印度尼西亚、泰国、越南和菲律宾）；西亚北非9个国家（分别为伊朗、伊拉克、土耳其、黎巴嫩、以色列、沙特阿拉伯、阿联酋、卡塔尔和科威特），南亚国家印度；中东欧3个国家（分别为捷克、波兰和

罗马尼亚）；独联体2个国家（分别为俄罗斯和乌克兰）。2015年以来，除了俄罗斯和沙特阿拉伯以外，其他国家国际旅游消费额均呈现增加的趋势（图1）。

图1　2015—2017年全球前50名“一带一路”沿线国家旅游消费额

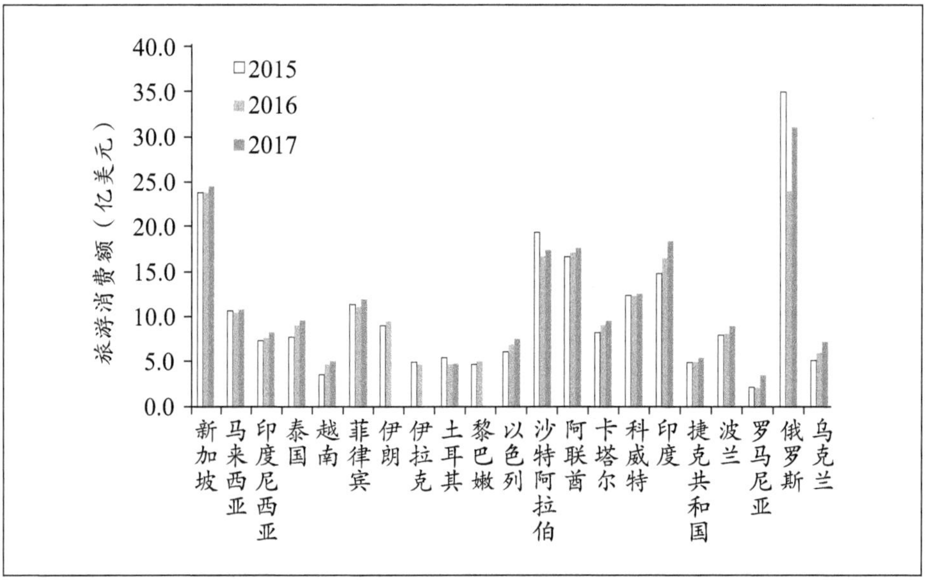

3. 旅游投资合作为“一带一路”文化旅游发展提供新机遇

“一带一路”国际合作以亚洲市场为起点，连接了世界重要的经济体，为旅游对外投资提供了巨大的消费市场。据国家旅游局预计，在“十三五”期间，中国将为“一带一路”沿线国家输送15亿中国游客和超过2000亿美元的旅游消费，同时吸引8500万游客来中国旅游，拉动旅游消费约1100亿美元。与其他产业相比，旅游行业更加能够吸引大项目的投资，具有巨大的投资发展机会和潜力。首先，中国旅游业不断加大投资。根据《中国对外直接投资统计公报》，中国旅游业对外直接投资存量呈现不断增加的趋势，2015—2016年涨幅较大，增加至41.9亿美元，2016年约为2015年的1.9倍。中国旅游业对外直接投资流量在2010—2013年出现下降的情况，但从2013年开始又呈现快速增加趋势，即从2010年的2.2亿美元增加至2016年的16.3亿美元，增加了7.4倍（图2）。此外，“一带一路”

图2 历年中国旅游对外直接投资流量与存量变化趋势[①]

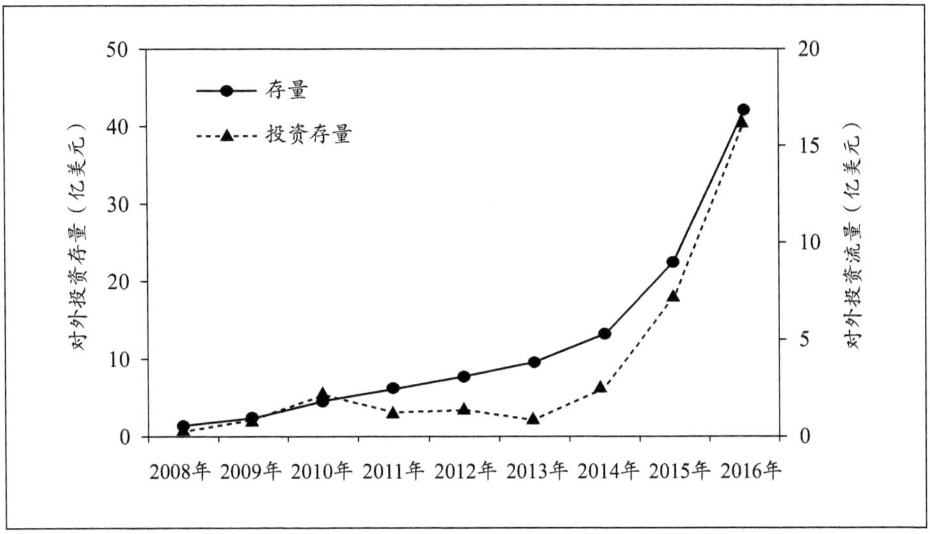

投资企业共有123家，海上丝绸之路地区的旅游投资企业数量为31家，陆上丝绸之路经济带的旅游投资企业为92家。其次，“一带一路”沿线国家将旅游业作为重点或优先发展领域。根据《对外投资国别产业指引（2011）》，泰国、土库曼斯坦、乌兹别克斯坦、沙特阿拉伯、波兰和格鲁吉亚将旅游业作为重点发展领域；蒙古国、马来西亚、缅甸、巴基斯坦、尼泊尔、以色列、阿联酋、波黑、罗马尼亚、吉尔吉斯斯坦、阿塞拜疆和亚美尼亚等31个国家将旅游业作为优先发展领域。

4. 基础设施互联互通为“一带一路”文化旅游发展提供支撑

基于“一带一路”倡议，中国将连同其他国家，为欧亚非沿线60余国家、44亿人口建设铁路、公路、航空、航海、油气管道、输电线路和通信网络等设施，建立综合性立体互联互通的交通网络，缩短旅游时空距离，以促进商业流、信息流和旅游流等双向流，推进“一带一路”文化旅游。根据中国商务部统计，2018年1—6月中国对“一带一路”沿线55个国家直接投资为76.8亿美元，沿线61个国家对外承包工程项目合同1922份，

① 通过住宿和餐饮业度量中国旅游业对外直接投资规模。

合同额占我国对外承包工程新签项目的45%，主要投资国家为柬埔寨、泰国、马来西亚、越南、老挝、新加坡、巴基斯坦和印度尼西亚等国家。在旅游便利提升的前提下，截至2017年10月，南亚、西亚北非、中东欧、中亚和独联体的48个国家已经开展与中国组团的出境旅游业务。

二、“一带一路”文化旅游现状

无论是海上丝绸之路还是陆上丝绸之路，均拥有丰富多元的文化旅游资源和旅游路线。文化旅游将中国和世界有机地结合在一起，同时让中国的传统文化传扬世界，让更多的人了解中国。文化旅游作为新兴业态迅速崛起，尤其在“一带一路”国际合作背景下，文化旅游存在区位优势、资源优势和产业优势，发展潜能巨大。2017年10月21日，中国旅行服务产业发展峰会暨“一带一路”城市旅游联盟年会上发布的国内首份《中国文化旅游发展报告2017》，指出，文化旅游作为“双加双创”最活跃的领域和一项没有天花板的智慧产业已深入人心，已从传统的以历史文化资源为依托的文化旅游1.0版本转变为以资本、创意和科技为驱动的文化旅游2.0版本，具有“人类文明游”“丝绸之路特色的国际精品线路游”“互办旅游推广活动游”“体育活动交流游”和“新海上丝绸之路游轮游”等特征。

1. 文化旅游资源丰富

“一带一路”沿线国家涵盖65个国家，拥有世界4/5的世界物质和非物质文化遗产，具有丰富的文化旅游资源。从时间上分析，丝绸之路起源于公元前138年汉代张骞出使西域，拥有超过2100多年的历史，实现了中国与中亚之间的人文交流。从空间上分析，“一带一路”跨越了东西方四大文明古国，包含了世界四大宗教（佛教、道教、基督教和伊斯兰教），多族多语共生共存，为“一带一路”文化旅游提供了丰富的人文资源。截至2017年，“一带一路”沿线国家拥有自然保护区18404个，占全球比重的75%；世界自然遗产地62个，占全球比重的32%；世界文化遗产地382个，占全球比重的51%。此外，还有很多自然人文旅游资源处于开发和待开发状态。

2."一带一路"沿线国家游客持续增加

丰富多元的"一带一路"文化旅游形式，带动更多的中国游客到"一带一路"沿线国家旅游的同时，也吸引了更多的"一带一路"沿线国家游客来到中国。2010—2016年，中国与"一带一路"沿线国家互访人数逐渐增加，且从2015年开始中国到"一带一路"沿线国家游客人数首次超过了"一带一路"沿线国家到中国的人数，且呈现迅速增加的趋势。截至2017年中国到"一带一路"沿线国家的旅游人数达到1800万（图3）。"一带一路"沿线国家和地区逐渐成为中国游客的首选，其旅游目的地主要为越南、俄罗斯、菲律宾、蒙古、新加坡、印度、泰国和印度尼西亚等国家（表5）。不过，目前"一带一路"沿线仍然有19个国家尚未成为中国公民出境旅游目的地。

图3　历年中国旅游对外直接投资流量与存量变化趋势

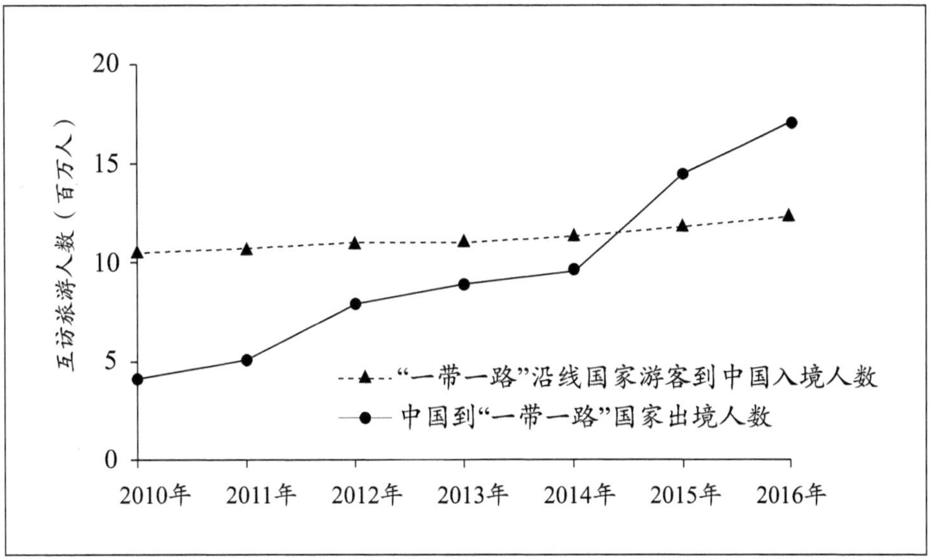

表5 中国到“一带一路”部分沿线国家旅游出境人数（单位：万）

国家	2012年	2013年	2014年	2015年	2016年	2017年
越南	89.39	105.37	135.66	153.63	175.63	196.44
俄罗斯	190.71	168.71	162.36	124.31	121.61	127.99
菲律宾	75.62	76.91	76.81	78.88	90.56	102.66
马来西亚	97.11	93.11	89.65	84.49	91.17	99.05
蒙古	79.43	81.03	85.92	79.67	82.97	84.74
新加坡	80.79	74.59	77.09	71.12	74.89	79.45
印度	47.96	52.22	56.34	57.39	65.49	74.58
泰国	50.9	50.29	48.66	50.4	54.47	58.53
印度尼西亚	48.89	46.71	44.99	42.8	46.85	51.95
哈萨克斯坦	38.63	30.37	27.27	18.97	18.83	19.29
巴基斯坦	7.60	8.22	8.64	8.89	10.08	11.29
土耳其	7.55	8.02	8.43	8.94	9.46	10.17
伊朗	7.15	6.86	9.02	8.5	9.29	9.94
乌克兰	9.45	9.41	9.37	8.18	8.41	8.97
埃及	5.71	5.74	6.66	7.55	8.27	8.72
以色列	6.49	6.15	6.23	6.8	7.35	7.97
波兰	5.39	5.53	6.04	6.59	7.03	7.65
乌兹别克斯坦	4.41	4.45	5	5.59	6.37	7.05
斯里兰卡	3.36	3.82	3.97	4.56	5.01	5.43
柬埔寨	2.34	2.67	3.12	3.52	4.07	4.65
总出境人数	5772.50	5568.60	5562.20	5692.47	5931.56	6340.27

3. 精品旅游路线和特色品牌发展兴旺，新型文化旅游产业初具规模

在“一带一路”国际合作背景下，中国各地结合文化资源特色，不断涌现出丰富的精品文化旅游线路和品牌。如甘肃的红色旅游线、华夏寻根线和民族风情线等主题精品线路，西安的“固游”旅游体系，江西以千年瓷都和万里茶道为核心的旅游品牌和西藏的藏传佛教文化旅游等。此外，新型的文化旅游产业不断崛起，《中国文化旅游发展报告2017》中指出主题公园、旅游小镇和主题度假酒店文化旅游等产业不断崛起，其中主题度假酒店成为主题公园和旅游小镇文化旅游的重要载体。近年来，企业不断

加大对新型文化旅游产业的投资，尤其是上海迪士尼的成功运营和城镇潜在的资源价值，吸引了众多地产公司（如万达、恒大、富力城和碧桂园等）和上市企业（如苏宁环球、海尔、棕榈园林和长城动漫等）投资主题公园，初步形成了多元和具有特色的主题公园品牌，以及“文化+旅游+城镇化”模式。

4. 开发合作机制不断推陈出新，跨境文化旅游发展态势迅猛，

“一带一路”国际合作为中国与沿线国家跨境旅游合作创造了条件。中国与沿线国家拥有各自特色的地理、资源和经济等要素，通过国际旅游合作集结优势力量，合力开创了“一带一路”互惠互利共赢和文化旅游新局面。2016年开始，国家旅游局正式启动跨境旅游合作区建设。作为“一带一路”陆路通道的重要节点，新疆、西藏、内蒙古、广西、云南、吉林、辽宁和黑龙江等8个省区提出了边境城市建设的跨境旅游合作诉求。截至2017年10月，中国已与48个“一带一路”沿线国家和地区开展组团业务的出境旅游合作项目，未正式开展旅游合作的国家包括阿富汗、不丹、巴林、伊拉克、阿尔巴尼亚、吉尔吉斯斯坦和阿塞拜疆等18个国家。

跨境文化旅游合作模式主要包括：A. 通过跨境申请丝绸之路世界文化遗产，打造文化旅游品牌。如2014年6月22日，由中国、哈萨克斯坦和吉尔吉斯斯坦联合申报的“丝绸之路”跨境项目——丝绸之路：长安—天山廊道路网，正式被列为世界文化遗产保护项目，借助世界文化遗产项目的世界影响力，联合打造丝绸之路旅游世界品牌，对跨境共创“一带一路”文化旅游产生了巨大推动力。B. 融合多种文化，促进跨境文化旅游合作。如中国和越南边境地区均居住着少数民族，且大部分同根同源，在文化上有很大的融通性，有良好的旅游合作基础，进而形成了民族文化特色带①；中国和蒙古边境地区同样包含同根同源的少数民族，通过跨境合作，在中蒙边境地区发展出了具有特色的旅游小镇，如达尔罕茂明安联合旗满都拉特色旅游小镇和甘其毛都小镇等。

---

① 梁福兴、罗丹,《“一带一路”背景下中越两国骆越文化旅游产业合作发展研究》[载《广西社会科学》, 2016(6):47-51]。

三、“一带一路”文化旅游发展面临挑战

1. 部分民众对“一带一路”政策的态度仍然消极

近年来，随着我国综合国力的迅速提升，在国际反华势力的挑唆下，部分周边国家对中国开始产生了疑虑，并不断制造麻烦，企图阻碍中国的崛起。另一方面，在“一带一路”的大背景下，随着到“一带一路”沿线国的中国游客和中资企业不断增加，国际舆论中出现了一股厌华情绪。此外，目前，我国与不丹尚未建立外交关系，与印度和尼泊尔虽然已经建立了外交关系，但仍然受到了以美国为首的反华势力的影响。所有这些必定阻碍文化旅游的发展。

2. 国内旅游管理体系不完善，跨境旅游合作机制不健全

在国内，部分旅游市场目前仍然面临较为严重的粗放经营和无序竞争现象，对旅游景区没有统一的规划，市场定位也比较模糊，存在旅游产品类型单一、活动方式乏味、服务水平差、游客参与度低等问题。在跨境旅游合作方面，尽管中国边境地区如新疆、广西和吉林等省区与接壤“一带一路”沿线国家在积极推动跨境旅游合作区建设，但是合作仍然面临现实瓶颈，主要表现在合作机制的双多边协调机制尚不健全，文化旅游合作区建设的整体规划以及相应配套政策仍未出台等方面。此外，在推动跨境旅游合作时，对合作区域范围和功能定位尚不明确，阻碍了跨境文化旅游合作。

3. 跨境旅游合作区域的基础设施薄弱

基于“一带一路”倡议，中国将连同其他国家建设铁路、公路、航空、航海和输电线路等基础设施，但是国内边境地区和跨境旅游合作区基础设施仍然比较薄弱。首先，我国多数沿边地区经济发展相对落后，现代服务业水平仍然较低，未能吸引游客和促进旅游产业发展，究其原因是由于旅游地区的基础设施和公共服务体系落后。从周边国家角度分析，由于均为发展中国家，经济发展水平不发达，合作城市多为距离中心城市较远的旅游小镇，道路和交通等基础设施不方便，同时配套服务设施如酒店住宿、

餐饮、旅游景区等都比较滞后。

4. 文化旅游与其他产业融合度低

“一带一路”国际合作，为旅游产业指明了新的方向，文化旅游也具备更加深层次的含义，已不再是简单的观光旅游，还承担起了促进各地区和各国之间经济合作、设施互通、文化交融的重任，需要与其他产业、其他领域进行融合[①]。但目前，一方面文化和旅游的融合领域与文化旅游产品较为单一，部分地区忽略了文化在旅游中的核心地位，在传统文化的创新转化和发展上存在短板；另一方面文化旅游产业与其他产业之间的融合性比较低。事实上，“一带一路”国际合作的推进，需要以文化旅游为纽带，与其他产业有机融合，带动政治、经济和文化等方面的共同和可持续发展。

四、“一带一路”文化旅游发展策略

1. 加强政策沟通，打造政治互信，推动文化旅游发展

自“一带一路”倡议提出以来，中国已经和“一带一路”沿线国家及地区建立了多层次、多领域、多形式的政策协调与沟通，如上合组织框架、“丝绸之路市长论坛”、“欧亚经济论坛”等对话形式。“一带一路”倡议在政策层面的“互联互通”将推动沿线国家及地区发展战略的对接与紧密配合，达成政治合作新共识，维护沿线国家的和谐稳定。在目前复杂的政治形势下，中国既要充分发掘传统媒体的外宣渠道，进一步夯实对国际社会主流话语体系的影响力，也要积极拓展新媒体的应用手段，切实增强对国际新生代民众的感染力，以及对热点议题的引导能力。“一带一路”倡议在政策层面的“互联互通”，将推动沿线国家及地区文化旅游发展战略的对接与紧密配合，达成政治合作新共识，维护沿线国家的和谐稳定，推动文化旅游发展。

---

① 周耀林、戴有山，《推动新时代文旅融合深度发展》[载《光明网》，http://baijiahao.baidu.com/s?id=1603197638427317119&wfr=spider&for=pc]。

2. 完善文化旅游资源开发与管理体系，实现文化旅游可持续发展

“一带一路”沿线地区文化旅游资源的分布和开发程度不均造成了服务供给的区域不平衡性，当地旅游基础设施的建设水平直接影响了文化旅游的可获得性和服务的体验感。因此，文化旅游资源的开发和管理，对互联互通水平提出了更高的要求。互联互通需要旅游先通，设施联通和民心相通则是文化旅游畅通的必要条件。当前对文化旅游的管理工作通常由单个部门体系自上而下执行。这种管理工作一般具有两面性，合理的资源管理能够加强文化旅游服务水平，不合理的措施则可能为服务带来负反馈。例如，旅游部门增加的旅游项目加强了游憩服务的供给，但是如果项目不合理，过度旅游活动将致使当地生态环境遭到破坏，文物遭到损毁，从而极大地降低当地文化旅游的可持续性。

目前这种单体系部门自上而下的管理策略（即管理层是从更高级别的管理层向当地居民进行管理），无法充分发挥文化旅游与其他服务行业之间潜在的协同增效作用，也没有适当利用当地居民对资源的利用和治理。在这种情况下，管理部门容易忽略非重点区域的文化旅游资源管理和场所建设，当地居民和外地游客也很难有渠道和机会将自身文化旅游需求反映给行业管理部门。这种自上而下的管理系统通常具有较低的弹性，可能无法解决资源用户的冲突，或者造成新的环境冲突。然而，参与式自下而上管理系统能够有效补充现有的自上而下的管理系统。因此，我们建议在地方文化旅游的管理工作中，采取自上而下为主，自下而上为辅的旅游开发和管理方式，特别是针对目前文化旅游资源开发不足的地区，可以由地方政府执行这种参与制度，并由上级组织进行统筹调解，针对目前服务供给薄弱的地区，通过设计各利益相关者的参与机制，定期互动和讨论，讨论对当地文化旅游资源的挖掘、利用与保护，加强已有资源的管理水平，实现资源开发的可持续性，为当地居民带来更多的收入并增加福祉。

3. 加强全流程的文化旅游管理，联通“一带一路”文化旅游流

在“一带一路”文化旅游的管理中引入流的概念，有助于从时空两个维度连接文化旅游的供给与需求，从而为决策制定提供理论依据和现实指导。文化旅游的全流程管理应当从流向、流量和流速三个方面着手。

流向代表文化旅游的方向，能够呈现独特的时间流向特征和地点流向特征。某些文化旅游资源的固有资源属性并不易改变，但是流向可以受人们引导而改变。部分“一带一路”沿线资源并没有被其他国家的民众感知到。一方面，信息宣传的力度仍不足；另一方面，该地区的旅游管理者对该类型资源缺乏良好的管理与文化产品设计，导致服务供给的品质仍与人们的期望需求有差距。建议从以下两个方面着力解决：

第一，建立国际旅游合作机制，合理引导文化旅游路线。针对特定时间段游客流量压力较大的国家和区域，通过多国政府部门的协调与合作，创造便利条件主动开拓新的服务流路径改变流向，引导游客转向周边国家和地区同类型的文化旅游资源，从服务上为民众提供多个供给进行选择，改变文化旅游流向。

第二，增加资源的信息宣传，使居民对该旅游场所的感知增加，着力打造文化旅游品牌，保持活动的高品质和持续性。随着时间的推移能够加深游客对该文化旅游项目文化内涵的认知和认可，逐渐培养游客需求，从旅游流的需求一端改变流向。

流量主要指游客的数量，通常随旅行距离增长而衰减，人们出行的意愿会随目的地距离的增加而降低。流量的管理主要通过游客的引导和疏解。流量的引导主要体现在对偏远地区的引流以及将偏远地区居民引向热点区域。流量的引导应当把握以文化沟通和文化认知为核心的原则，一切从游客的需求角度出发，为游客讲好文化故事，从而能够在满足游客需求的前提下吸引更多的游客前往。流量的疏解主要体现在流量密集的区域和路径上。对于游客量密集的区域最有效的流量管理办法是限流，通过计算景区的最大服务需求承载量，制定和实施相应的流量控制方案，通过网络售票、高峰时段门票网络预约等“互联网+流量”管理方法，从起点便开始展开对流量的控制，为游客选择目的地提供充分的空间。在这过程中，需要格外重视信息传播工作，使游客能够及时了解文化旅游场所的服务供给状态；通过公示服务承载量、门票获取方式等信息保证信息的对称性，从而保障服务获取的公平性。同时，我们建议做好流量预警工作，通过分析，对于游客流量压力高的区域，对入境游客和境内游客提前进行警示，尽可能早地规避该游览线路。

流速主要指载体运动的速度，流速影响载体到达受益区的时间成本。

交通路线越畅通，流速越快，越能更快地享受到旅游服务带来的惠益，并直接影响人们在游览场所的逗留时间和服务体验。国际交通建设规划、国内交通路线设置以及出行设施的可达度等都是需要我们加强建设的领域。同时，在文化旅游的管理过程中，我们切忌一味求快，需要充分考察旅游对当地环境的影响，避免对环境带来较大的压力。

4. 重视旅游规划与交通规划的衔接，提高文化旅游交通保障的国际化水平

影响公众关注文化旅游的因素主要有两个：一个是文化旅游资源的分布，另一个是获取文化旅游服务的便捷程度。“一带一路”倡议重视加快发展沿线地区之间交通基础设施，但是需要注重顶层设计和体系规划。首先，需要各地区重视自身部分地区薄弱的交通基础设施，从顶层设计着眼大交通，加强国际间的基础设施建设合作，加大交通网络体系的建设；其次，加强交通运输发展规划与旅游业发展规划的衔接，全力拓展全域旅游空间，提高交通运输服务对于文化旅游服务的保障能力；最后，加开扩大“一带一路”沿线国家和地区的国际航线的广度和密度，增强“一带一路”沿线地区的交通可进入性，全面提升“一带一路”沿线地区旅游交通的国际化水平。

5. 加深对全域旅游的认识，以文化旅游带动融合式旅游发展，推动跨境旅游合作

对于“一带一路”入境文化旅游，应当明确全域旅游发展思路。以打造“一带一路”文化旅游品牌为目标，全域规划、多产业融合、多元化发展。在项目开发过程中，深层次挖掘“一带一路”沿线区域民众的文化旅游需求，通过融汇文化元素和旅游要素，体现地域特色，推行差异化发展；多维度拓展产业链，通过品牌打造和旅游推介，讲好“一带一路”故事，打造文化旅游精品，将文化旅游打造成为带动地方经济转型发展的战略性新兴主导产业，以文化旅游带动融合式旅游产业发展。

车南林　蔡尚伟　许志强[①]

“一带一路”与中国文化产业发展的机遇

内容介绍

〔摘　要〕本文深入梳理“一带一路”与中国文化产业关系，认为“一带一路”沿线部分国家的经济转型与差异化的文化消费需求以及交通枢纽发展和大型金融体系支撑等为中国文化产业在这些国家的发展提供了机遇。在此基础上，本文提出利用国际关系、政策、资金等机遇推动构建文化产业共同体，选好文化产业类别并加大“走出去”与“引进来”力度，精选文化产业合作共赢模式，形成差异化文化产业生态圈，加强风险管理，构建文化产业的安全机制以及建构评估体系等建议，以期助力中国文化产业打造升级版、国际版。

〔关键词〕“一带一路”；文化产业；共同体；生态圈

① 车南林，女，副教授，四川传媒学院“一带一路”文化传播研究中心副主任。蔡尚伟，男，博士，教授，博士生导师，博士后合作导师，四川大学文化产业研究中心主任。许志强，男，高级工程师，四川传媒学院“一带一路”文化传播研究中心主任。本文系2017年度国家社科基金项目《丝绸之路经济带沿线国家文化产业合作共赢模式及路径研究》（项目编号：17ZDA044）的阶段性成果。

自2013年“一带一路”倡议提出以来，世界上已有60多个国家予以积极响应。“一带一路”沿线油气管道、输电线路、交通枢纽和通信网路等基础设施正在不断建设，包括陆上、海上、空中、能源、电力、信息在内的丝路产业已经逐渐清晰，丝路基金、亚投行等资金池业已逐渐成型，各类文化交流、文化旅游也如火如荼开展起来。这一切正是“一带一路”以“政策沟通、设施联通、贸易畅通、资金融通、民心相通”（下称“五通”）为合作重点的充分体现，而在“五通”的全面实现过程中文化交流、文化产业起着至关重要的作用。为推进中国文化产业在“一带一路”促进“五通”方面的作用，有必要弄清楚“一带一路”倡议与文化产业的基本关系。

一、“一带一路”倡议与文化产业的竞合关系

1.“一带一路”倡议内容包含文化产业

“一带一路”倡议与沿线国家的合作重点在于“五通”，而“五通”尤其是“民心相通”则主要通过文化交流活动来促进。《推动共建丝绸之路经济带和21世纪海上丝绸之路的愿景与行动》文件提到，中国将与沿线国家开展合作办学，互办文化年、艺术节、电影节、电视周和图书展，合作开展广播影视剧精品创作及翻译，联合申报世界文化遗产，共同开展世界遗产的联合保护工作，开展旅游合作以及体育合作等事项，而这些都属于文化交流的范畴。中国与沿线国家要开展合作办学将催生新的教育培训业态；互办文化年、电影节、图书展等活动将加大政府对相关文化产品采购的力度，从而促进相关文化产业的发展；合作开展广播影视剧精品创作及翻译将带动影视文化产业的发展；“联合申报世界文化遗产，共同开展世界遗产的联合保护工作”，开展旅游合作则将推动文化旅游业的发展；沿线国家开展体育合作将推动体育产业的高速发展。事实上，无论是教育培训业、会展业、影视产业还是文化旅游业、体育产业都是文化产业的不同类别，因此，“一带一路”倡议包含文化产业。

2.“一带一路”倡议需要文化产业带路

“一带一路”更倾向经济合作，但在经济合作过程中，文化就像人体

血脉一样，始终贯穿其中。经济合作、文化交流过程中最直接、最彻底、最广泛的方式就是文化消费、文化贸易、文化产业①。另外，“一带一路”涉及亚、欧、非沿线众多国家，每个国家都有自己的文化。本国文化于他国而言又总有神秘色彩。但是，在“一带一路”广泛区域中，由于政治格局错综复杂，各国交往沟通较少甚至存在隔阂、冲突，“民心相通”有难度。为此，在“一带一路”国际合作的推进过程中，需要“媒体合作”带路，营造良好的舆论氛围；需要电影、电视、纪录片等带路，让各国民众通过荧屏、电脑屏、手机屏了解各国的自然风光、人文社会以及经济发展潜力；需要教育培训业、文化旅游等带路，增进民众的文化认同感，增加民众间的信任感；需要会展、话剧、旅游演艺等带路，丰富各国民众日常生活，提高各国民众生活质量。

3. “一带一路”倡议需要文化产业搭台

“一带一路”沿线国家正大力加强包括交通、通讯、油气管道等在内的基础设施建设，但部分国家基础设施建设却因政治、经济等原因受到一定阻碍；沿线国家也正在进一步深化经贸旅游合作，但部分国家的合作由于技术性贸易壁垒的存在而难以快速升级。因此，要消除这些障碍，打破这些壁垒就需要文化产业搭台。换句话说，“一带一路”的实施，需要文化产业为沿线国家进一步加强基础设施建设搭台②；为沿线国家更加深入的政治交往搭台；为沿线国家的生活用品、农副产品、工业制品、能源、电力等经贸往来搭台；为沿线国家的观光旅游、度假旅游、探险旅游、商务旅游等旅游合作搭台，从而不断深化合作，形成利益共同体、文化共同体、命运共同体、责任共同体。

① 蔡尚伟，《“一带一路”蕴藏的文创机遇与挑战》[载《新闻研究导刊》，2015(20):4-5]。

② 中华人民共和国商务部，《2017年我对“一带一路”沿线国家投资合作情况》[载 http://fec.mofcom.gov.cn/article/fwydyl/tjsj/201801/20180102699450.shtml]。

4.“一带一路”倡议可让文化产业搭车

“一带一路”在实施过程中，可以让文化产业搭车。在国际合作过程中，各参与方一方面可以输出沿线国家特色文化产业产品，让世界更加了解该国真实情况；另一方面能消解民众之间的隔阂，促进各种合作进一步落实。此外，“一带一路”沿线涉及60多个国家，30多亿人口，20多万亿美元的经济总量，具有强大的文化消费能力，所以让文化产业搭车将带来巨大的文化消费，带动就业，促进沿线国家增加文化产业收入，最终增加沿线国家的GDP。由此可见，文化产业可以搭车“一带一路”各种项目。这些项目包括交通建设、能源合作、电力与通讯设施建设以及丝绸、瓷器、茶叶、服装、小商品、建材等贸易和互联网或电商合作项目等。

二、“一带一路”上的中国文化产业基础

1. 人文交流营造了文化产业发展的氛围

中国与哈萨克斯坦等中亚5国的人文交流十分密切。这些交流包括互派留学生和举办各类中国文化节、电影节、艺术节、会展等。中国与西亚、东南亚、南亚、中东欧、非洲国家的人文交流合作也较多。在西亚，宁夏富有回族特色和伊斯兰风情的《月上贺兰》在卡塔尔演出引起了当地民众的共鸣；在东南亚，从2013年至今，云南台与泰国、老挝、柬埔寨等国家媒体成功合办的首个省级卫视“跨国春晚”，深受各国民众欢迎；在南亚，中国与印度的佛教文化交流影响巨大。在中东欧，中国西藏文化周活动在波兰首都华沙举办，其“雪域风采”图片唐卡展、“魅力西藏”歌舞演出等让波兰真正了解到神秘的西藏高原。中国与“一带一路”沿线各国的这种文化交流合作活动为中国文化产业“走出去”营造了良好的氛围。

2. 日渐密切的经贸旅游往来奠定了文化产业基础

通过“一带一路”沿线亚欧大陆桥、中欧班列等铁路，国际航线，公路及口岸等交通枢纽，中国与沿线国家的经贸、旅游往来已相当成熟。

(1)经贸方面

图1 中国对"一带一路"的投资及占比

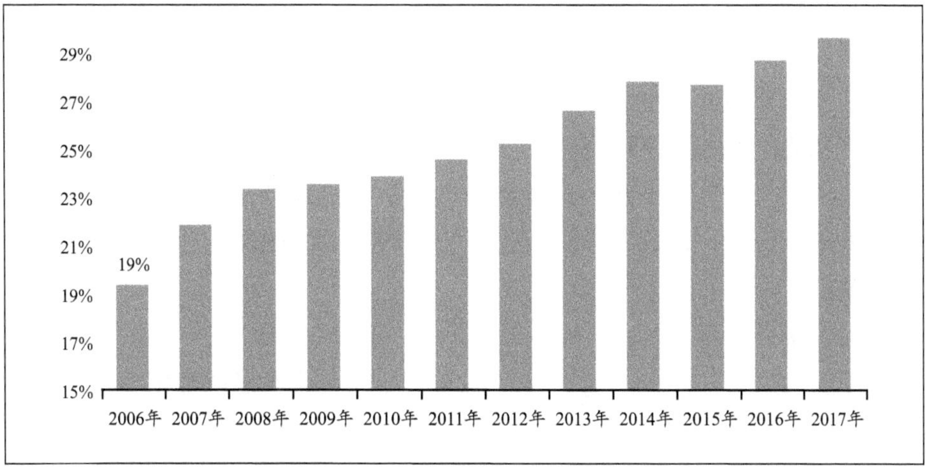

资料来源:摩根士丹利

图2 中国对"一带一路"不同区域的投资占比

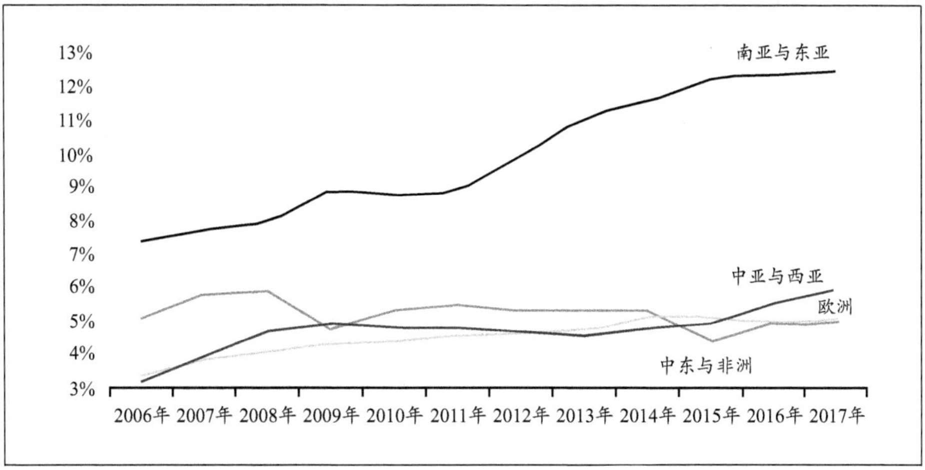

资料来源:摩根士丹利

由摩根士丹利统计的数据可以看到，中国向“一带一路”沿线国家的投资呈现一定增长态势，其中，向东南亚国家投资的占比最高。另据商务部的数据显示，2017年中国企业共对“一带一路”沿线59个国家非金融类直接投资143.6亿美元，占同期总额的12%，较上年提升了3.5个百分点，主要投向新加坡、马来西亚、老挝、印度尼西亚、巴基斯坦、越南、俄罗斯、阿联酋和柬埔寨等国家[①]。中国企业对“一带一路”沿线国家实施并购62起，投资额88亿美元，同比增长32.5%。中国与沿线国家日渐密切的经济贸易往来在促进彼此经济发展包括文化经济发展的同时，更带来了巨大的人流量，而这些人流量又成为中国与沿线国家文化产品推广与销售的基础。

（2）旅游方面

中国与沿线国家的旅游交流日渐密切。国家旅游局的数据显示，2017年全年，在中国主要客源市场前17位国家中，缅甸、越南、俄罗斯、蒙古、马来西亚、菲律宾、新加坡、印度、泰国、印度尼西亚均是“一带一路”国家。另外，中国游客前往“一带一路”国家旅游的人数整体上呈现上升趋势。2017年全年，中国公民出境旅游人数13051万人次，比上年同期增长7.0%[②]。中国已是泰国、越南、印尼、俄罗斯、柬埔寨、马尔代夫等多个国家第一旅游客源国，同时在2017年新晋为新西兰、斯里兰卡、尼泊尔、菲律宾等多个国家第二旅游客源国。这在一定程度上说明，中国与“一带一路”沿线国家的旅游交流十分密切，为民众的相互交往与理解提供了充足的机会，并为中国文化产业面向这些国家民众提供文化产品和引进沿线国家文化产品奠定了基础。

3. 现有优秀文化产业实践提供了文化产业发展的经验

随着文化产业成为各国经济增长的重要动能以及交通运输的便捷，中国文化产业“走出去”、国外文化产业“走进来”已经成为常态[③]。在“走

① 中华人民共和国商务部，《2017年我对“一带一路”沿线国家投资合作情况》[载 http://fec.mofcom.gov.cn/article/fwydyl/tjsj/201801/20180102699450.shtml]。

② 国家旅游局，《2017年全年旅游市场及综合贡献数据报告》[载 http://www.cnta.gov.cn/zwgk/lysj/201802/t20180206_855832.shtml]。

③ 刘晓，《<吴哥的微笑>依然灿烂》[载http://paper.english.yunnan.cn/html/2016-02-29/content_1042289.htm?div=1]。

出去"方面，由云南文化产业投资控股集团在柬埔寨吴哥打造的驻场演出《吴哥的微笑》，自2010年11月30日开演以来到2015年12月31日，共演出1923场，46个国家97.33万人次观看，总销售收入超过1.96亿元人民币，年度收入为349.8万美元。在"走进来"方面，2011年，埃及人艾哈迈德·白鑫与合伙人张时荣联合创办了宁夏智慧宫文化传媒公司，主要从事中阿文互译工作。到2015年，公司先后翻译及版权输出阿拉伯语图书440余册，目前智慧宫已获得中国和阿拉伯国家中阿文互译市场70%以上的份额[①]。据介绍，在阿拉伯图书市场，90%的中国图书是智慧宫贡献的。国外文化产业"走进来"比较典型的例子当属印度的瑜伽文化产业。走在中国的街头，四处可见各式各样的、大大小小的瑜伽馆。上述种种都为中国文化产业"走出去"，进而推动"一带一路"沿线国家文化产业"走进来"并与中国文化产业融合发展提供了可资借鉴的经验。

三、"一带一路"上的中国文化产业机遇

1. 中国相关协议、计划、政策等为文化产业发展提供了基本保障

（1）中国与"一带一路"沿线国家签订的协定、计划、谅解备忘录等为文化产业合作搭建了新平台[②]

截至2017年10月，中国已与"一带一路"沿线国家签订了300多项政府间文化交流合作协定以及相关执行计划。在此基础上，近年来，中国与沿线各国已陆续开展了"缅中友好音乐会""中国主题图书展销月""文明古国论坛""'一带一路'中土合作论坛""'一带一路'与中捷文明交流互鉴论坛"等文化活动。这些活动的开展增大了政府采购文化产品的力度，带动了相关文化产业的发展，而文化产业合作年则更是直接推动了中国文化产业在"一带一路"的发展。

目前，中国已与丹麦、新加坡、印度、马耳他、希腊、爱沙尼亚等国家和地区签署了电影电视剧合拍协议。此外，中国个别媒体、影视文化企

① 李慧,《透视"一带一路"文化战略：新"丝路"要有新"思路"》[载《光明日报》，2015年7月30日]。

② 叶飞,《供丰富精神食粮，满足人民过上美好生活新期待》[载《中国文化报》，2017年10月21日]。

业也同沿线国家媒体、文化企业签订了相关电影合拍协议。迄今，中印合拍了《大唐玄奘》等三部电影、中泰合拍了《索命暹罗之按摩师》、中越合拍了《越来越囧》等一系列影片；中缅和中俄分别合拍了《舞乐传奇》和《明亮的天空》等电视剧。

（2）中国各有关规划、计划、政策的出品为中国文化产业“走出去”提供动力

2017年，中国文化部陆续发布的《“十三五”时期文化发展改革规划》《“一带一路”文化发展行动计划（2016-2020）》（以下简称《行动计划》）有利于中国文化产业在“一带一路”沿线国家开疆拓土。尤其是《行动计划》，制定了“丝绸之路文化产业带”建设计划、动漫游戏产业“一带一路”国际合作行动计划以及“一带一路”文博产业繁荣计划。这些计划为中国文化产业在“一带一路”的发展提供了方向性引导。事实上，自提出“一带一路”倡议以来，中国就陆续出台了诸如《关于加快发展对外文化贸易的意见》《境外投资管理办法》《营业税改增值税跨境应税服务增值税免税管理办法》《关于支持文化服务出口等营业税政策的通知》《关于加快发展服务贸易的若干意见》《关于改进口岸工作支持外贸发展的若干意见》《关于促进跨境电子商务健康快速发展的指导意见》《关于促进服务外包产业加快发展的意见》等政策文件。这些文件虽不直接针对“一带一路”国际合作，但在客观上为中国文化产业在“一带一路”沿线国家的生根开花提供了政策、资金、税收、保险等方面的支持，尤其是为中国文化艺术、广播影视、商业巡演等文化产业及中医、体育、餐饮等特色文化产业“走出去”提供了强大的动力。

（3）中国各级政府为“一带一路”沿线文化产业“走进来”提供支持

商务部修订的《外商投资产业指导目录（2015年修订）》放开了外资能够进入的范围，提到外商可以在中国投资教育系列中非学制类职业培训机构，卫生和社会工作中的老年人、残疾人和儿童服务、养老机构，音像制品（除电影外）的分销（限于合作），文化、体育和娱乐业中的演出场所经营和体育场馆经营、健身、竞赛表演及体育培训和中介服务；允许外资投资摄影服务；鼓励外资投资物联网技术开发与应用以及工业设计、建筑设计、服装设计等创意产业。另外，中国各省、市、自治区为进一步对接“一带一路”资源，加大与沿线各国的合作力度，已经纷纷制定各类政

策，迎接外资。这些政策虽不是直接针对“一带一路”国际合作，但是对“一带一路”沿线国家同样适用。因此，“一带一路”沿线国家的资本可在教育培训业，养老、健身、摄影服务以及创意设计和部分文化、体育、娱乐业等领域“走进”中国，获得投资发展新空间。

2. 各国经济结构转型的需要为中国文化产业外向发展奠定基础

“一带一路”沿线大多数国家都属于国际货币基金组织所定义的新兴市场和发展中经济体。这些国家主要以原油、天然气、重金属、农业、工业等作为支柱产业。随着文化产业对经济的贡献力量逐渐得到认可，沿线国家亟需经济转型，改变国家经济结构，开创新的经济增长点。因国际能源与原材价格下降，经济发展遭遇困境的俄罗斯为拯救经济，先后推出反危机计划和“经济现代化”方案，希望将能源出口型的经济模式转向以高新技术、人力资本为基础的创新型经济发展模式。该政策中尤其强调摆脱依赖能源和矿产的产业结构，发展新型经济。卡塔尔、阿联酋、科威特、沙特阿拉伯、白俄罗斯等以石油、天然气、重金属为主的国家也非常重视将既已获得的财富转向文化产业[①]。比如，卡塔尔将依靠石油获取的大量财富转向大型文化项目，形成了涵盖传媒产业、知识经济、艺术品收藏、文化旅游、旅游地产等多个产业门类的文化产业发展业态。哈萨克斯坦、土库曼斯坦、吉尔吉斯斯坦等国家也希望通过发展文化产业转变经济增长方式，调整或升级经济结构。在哈萨克斯坦，总统纳扎尔巴耶夫2014年11月宣布了“光明大道”计划，希望通过一系列投资促进哈萨克斯坦经济结构转型。其文化领域的优先发展方向是增加居民接触文化宝藏的机会，推动本国文化产品服务市场的发展。2020年前国家图书馆基金将实现全面综合数字化，博物馆将获得优先发展，实施博物馆基础设施现代化和扩充收藏量的措施。此外，部分第三产业占比较大的国家也希望拓展新的文化产业，以平衡、升级经济结构。由此看来，“一带一路”沿线国家地区具有经济转型的需求，而这种转型需求为中国文化产业深入这些国家发展奠定了基础。

---

① 张胜冰、徐向昱、马树华，《世界文化产业导论》，北京：北京大学出版社，2014年版，第270页。

3. 文化消费需求的旺盛与差异化为文化产业提供市场空间

（1）中国国内文化消费的旺盛需求

客观上说，“一带一路”倡议能为中国文化产业提供更大的市场，主要是中国国内整体文化消费比较旺盛。1991—2001年，全国城乡文化消费总量从668.21亿增长至10126.19亿元，增加9457.98亿元，20年间总增长1415.42%，年增长14.56%[①]。2013年，中国实际文化消费规模约为1.0388万亿元，增速明显。根据中国人民大学发布的“2017中国文化产业系列指数”数据，中国文化消费综合指数持续增长，由2013年的73.7增至2017年的81.6，年平均增长率为2.6%。文化消费整体旺盛意味着需要更多的文化产品，这为中国文化产业引进“一带一路”文化资源生产新型文化产品、升级文化产业，提供了巨大市场空间。

（2）“一带一路”沿线国家文化消费需求差异形成了不同文化产业市场

“一带一路”沿线各国经济情况不同，决定了文化产品消费的差异性。一部分国家在原油市场积累的财富可以迅速转化到文化消费方面。以卡塔尔为例，2012年《福布斯》对全球182个国家和地区的人均GDP进行评估时，就得出卡塔尔是世界上最富有国家结论（因该国人均GDP高达88222美元）。由此说明，卡塔尔用于高端艺术品收藏的文化消费实力较强。早在2007年卡塔尔王室就以7280万美元的价格从洛克菲勒家族手中购买马克·罗斯科的油画《白色中心》（White Center）。2011年又以高达2.5亿美元的成交价购买了保罗·塞尚的《玩牌者》（Card Player）。这是当时艺术品市场最大金额的收购。2017年，人均GDP稳居世界前列的原油国家在高端文化旅游、文化产品的消费上各显神通，而西亚、东南亚、南亚、中东欧、非洲国家也有自己比较独特的文化消费需求。以约旦为例，其各种社会活动、正式会议婚礼、订婚、毕业典礼和生日派对等都要求摄影师前来摄影。换句话说，摄影服务和摄影教育培训业在此能够有一个新的市场空间。而人均GDP较高的中东欧国家也有差异化的文化消费需求，比如立陶宛需要影视和软件信息产业，而波兰更倾向琥珀文化艺术与手游。这样，

① 王亚南、高书生，《中国文化产业供需协调增长测评报告（2013）》，北京：社会科学文献出版社，2013年版，第2页。

差异化的文化消费需求为中国文化产业在“一带一路”沿线国家的发展提供了差异化的市场。

4. 金融体系、文产基金等提供资金保障

（1）丝路基金、金砖银行、亚投行等大型金融体系

丝路基金、金砖银行、亚投行、中国—中欧合作基金、中国—东盟海上基金、中国—东盟合作基金+周边友好交流专业基金、上海合作组织银联体、新布雷顿森林体系国际金融平台等大型金融体系，为“一带一路”倡议的实施提供了强大资金支持的同时，也为文化产业的基础设施建设提供了资金保障。丝路基金、金砖银行、亚投行三大金融体系虽未明文支持文化产业，但所涉投资领域也包含了一定的文化产业。

（2）“一带一路”专项基金及针对“一带一路”倡议的相关项目

为配合“一带一路”倡议的实施，2017年5月29日，中国文学艺术基金会等单位宣布成了“‘一带一路’文创专项基金”。而此前，相关部门主要是针对个别项目资助，比如，文化部办公厅2015年下发了《关于开展“中华优秀传统艺术传承发展计划”民族音乐舞蹈专项扶持工作的通知》。该通知提到将重点资助国内艺术院团、艺术机构赴“一带一路”沿线地区进行采风和体验生活，收集、提炼、加工当地的民族音乐舞蹈素材，汲取艺术营养，创作演出一批“一带一路”主题剧（节）目。此外，陕西省除西安丝绸之路经济带建设专项资金，还设立有规模500亿的丝绸之路经济带产业发展基金，广东省政府设立了“21世纪海上丝绸之路建设基金”。所有这些都部分涉及文化产业项目，它们在一定程度上为中国文化产业在“一带一路”国际合作中的发展提供了保障。

（3）可协助“一带一路”文化产业发展的其他文化产业基金

目前，中国有上百个文化产业基金。考虑到“一带一路”在国内的核心区域大部分在藏彝文化产业走廊，该走廊上的一些基金可以为“一带一路”文化产业提供资金支持。其中包括云南文化产业引导基金、云南省文化（旅游）产业发展基金、西藏文化发展基金、陕西文化产业投资基金、甘肃省文化产业发展基金以及中广丝绸之路文化创意产业基金和中广丝绸之路文化产业投资基金等。

四、“一带一路”中国文化产业发展对策

1. 利用国际关系、政策、资金等机遇，形成文化产业共同体

根据迈克尔·波特（Michael Porter）的钻石模型（Diamond Model）理论，政府在国家竞争与发展中起着重要作用。中国文化产业要在“一带一路”国际合作走出特色离不开相关各国政府的支持。近年来，中国发展态势推动中国与“一带一路”沿线国家建立了良好的国际关系。政府与政府之间在经济、文化、政治方面交往密切。中国文化产业可充分运用这种良好的国际关系，寻找文化旅游、影视产业、动漫产业、游戏产业等方面的合作，形成文化产业共同体，共同发展文化经济。此外，在前文所述各项政策中均有促进中国文化产业到“一带一路”沿线国家发展的具体条款，也有促进沿线文化产业进入中国发展的具体内容。此外，各类大型金融体系、“一带一路”文创专项基金、部分针对“一带一路”项目的基金等也为中国文化产业在沿线发展插上了腾飞的双翼。因此，中国各有关文化产业可抓住这些机遇与“一带一路”沿线文化机构、企业、集团、联盟等充分合作，形成文化产业共同体，共谋未来之路。

2. 选好文化产业类别，加大“走出去”与“引进来”力度

不同国家的文化产业分类不同，不同学者对文化产业的分类也不同。笔者根据文化部《文化及相关产业分类（2012）》文件，按照文化产业文化属性递减、产业属性递增的原则将文化产业分为文化创意产业（即西方国家所说的以版权、创意为核心的新闻出版发行、影视、动漫、游戏、文化艺术等核心文化产业），二次创意产业（主要包括了文化旅游、文化科技、教育培训），文化聚变产业（主要包括了文化地产、文化产业园区、创意农业）以及文化金融4类。“一带一路”沿线不同国家对于文化产业的政策不同，对中国文化产业进入当地的政策、管理也不同。“一带一路”沿线不同国家民众对中国文化产品的需求不同，中国不同地区对“一带一路”沿线不同国家的文化产品的需求也不同。中国诸如BAT、万达、华侨城、华强、华策影视等文化产业发展强势企业，可根据“一带一路”参与国家的政策以及民众的需求，择优选择前述文化产业类别，加速“走出

去”与当地企业合作，走出自己在“一带一路”沿线国家的理想路径。同时，中国各级各类文化企业亦可根据国内民众的不同需求，加速“引进来”，走出更加国际化的道路。只有“走出去”与“引进来”齐头并进，才能最终促进中国文化产业在“一带一路”国际合作中稳步发展，与沿线国家的文化产业实现互惠、互利。

3. 精选文化产业合作共赢模式，形成差异化文化产业生态圈

中国与“一带一路”沿线国家有着多样化的文化交流，而这种文化交流可促进产业领域的联动并加速中国文化产品在沿线的认知与推广。近年来，随着“一带一路”倡议在沿线的传播、普及、深入，中国不同的文化企业与这些国家的合作逐渐开展，推动了中国民众对沿线国家文化产品的认知、消费及传播。同时，中国文化产业与这些国家文化产业的合作也逐渐形成了诸如人才交流、版权合作、联合拍摄、资本合作等不同的合作共赢模式。但是，由于“一带一路”沿线国家对中国的认知不同、对中国文化产品的态度不同，加之民众之间所客观存在的差异化语言、文化、认知、需求、消费习惯等，中国文化产业的对外合作需精选文化产业合作共赢模式，构建差异化文化产业生态圈。为此，需要中国文化产业专家、团队、智库、联盟的齐心协力，充分了解沿线国家的政策、制度及管理方式，调研沿线国家文化企业的发展情况、竞合情况，调研沿线国家民众的具体文化需求以及消费欲望，深入发掘中国文化产业的优势，进而推动双方充分合作。

4. 加强风险管理，构建文化产业的安全机制，建构评估体系

中国文化产业在“一带一路”国际合作中面临各种机遇，但机遇与风险、挑战并存①。除了中国与这些国家间的政治博弈、经济博弈、文化博弈、国家主权信用风险之外，全球经济下行压力和部分国家经济欠发达与认知偏差、文化差异、宗教习俗、政策法制限制、社会欠稳定以及中国国内部分区域文化产业欠发达、文化产业人才素质欠佳等是中国文化产业在

---

① 蔡尚伟、车南林,《“一带一路”上的文化产业挑战及对中国文化产业发展的建议》[载《西南民族大学学报（人文社科版）》, 2016, 37(4):158-162]。

沿线发展的风险与挑战。因此，无论是整个中国在沿线发展文化产业，还是具体参与的文化企业都需要充分通过识别风险、评估风险和处理风险等措施加强风险管理，构建文化产业的安全机制。此外，还要针对中国文化产业在"一带一路"沿线国家的发展状况构建评估体系。科学评估文化产业合作状况可充分利用德尔菲专家评价法、层次分析法设计一套科学的评估指标体系。该指标体系主要由一级目标层、二级准则层和三级指标层组成，相关研究者可对指标层进行权重赋值，将其作为评估中国与"一带一路"沿线诸国文化产业合作状况和水平的标准、依据，为科学评估合作状况，调整合作策略提供支持。

5. 继续培养文化产业人才，为中国文化产业发展储备力量

人才是文化产业发展的要素之一。文化产业人才突出表现出智力性、能动性、资本性、高增值性以及再生性的特征[①]。文化产业无论是在"一带一路"的国内区域发展，还是在国外区域发展，关键是要解决人的问题。随着"一带一路"倡议逐渐深入，这一问题正在逐渐解决，但是，"一带一路"作为长远的倡议、规划，相关人才的培养是一个长期的过程。其核心是要重点培养掌握"一带一路"参与国家语言且具有问题导向、逻辑思维、政治素质以及国际视野的高端文化产业人才，其中包括策划人才、营销人才、管理人才、品牌打造人才、评估人才、谈判人才、版权保护人才、海外利益保护人才以及文化金融人才等。

① 蔡尚伟、车南林,《文化产业精要读本》，南京：江苏人民出版社/江苏凤凰美术出版社，2015年版，第12-13页。

宋佳芸　梁昊光[1]

“一带一路”背景下中国数字文化产业走出去的实施路径

内容介绍

〔摘　要〕“一带一路”的建设离不开文化的传播与交流，数字文化作为重要的文化产业新业态已经成为“一带一路”倡议的重要载体和切入点之一。数字文化产业的高渗透率和传播力，能够增进各国人民彼此间的文化认知，有利于消除偏见、增进共识，促进民心相通；数字文化产业能够释放巨大的市场需求，带动对外投资与贸易合作，为沿线各国的经济结构调整与转型提供契机。“一带一路”倡议的提出也有利于打开国际市场，加速中国数字文化产业“走出去”，推进数字文化产业区域协作，为中国数字文化产业外溢式发展提供新的思路与路径。

〔关键词〕“一带一路”；数字文化产业；走出去

① 宋佳芸，北京第二外国语学院旅游管理学院；梁昊光，北京第二外国语学院中国“一带一路”战略研究院执行院长。本文系北京市社科基金研究基地项目《北京文化“一带一路”国际传播战略路径研究》（18JDZGA003）阶段性成果。

中共十九大报告提出，要健全现代文化产业体系和市场体系，创新生产经营机制，完善文化经济政策，培育新型文化业态。数字文化产业作为文化产业中最具有活力的部分，已经成为国家经济发展的重要引擎和文化产业国际竞争力评价的核心指标之一，承载着弘扬中国传统文化和文化“走出去”的历史使命。当下，随着数字经济的蓬勃发展，推动中国文化产业数字化发展，是建设新时代中国特色社会主义的题中之意和适时之举。

一、新时代赋予数字文化产业新内涵

1. 数字文化产业是数字经济与文化产业发展的新阵地

当前，数字经济已成为国家经济稳定增长的新动能，是推动产业创新、技术进步的新引擎。中国信息通信研究院发布的《中国数字经济发展与就业白皮书(2018年)》显示，2017年中国数字经济总量达到27.2万亿元，同比增长超过20%，占GDP比重达32.9%，对GDP贡献为55%①。数字经济的蓬勃发展凸显传统产业在技术应用、商业模式和消费方式方面的不断革新，这为文化产业带来了发展新机遇。互联网和数字技术的广泛应用与普及，不断催生出动漫游戏、网络文学、网络音乐、网络视频、网络直播、虚拟旅游、移动听书等数字文化产业的新业态、新模式，具有数字化、移动化、个性化特征的数字文化产品层出不穷，已成为大众文化消费的主要模式，也将逐渐成为数字经济与文化发展的新阵地。

2. 数字文化产业是文化经济转型升级的新引擎

国家统计局2017年9月份发布的数据显示，2016年中国文化产业增加值达30785亿元，占GDP比重4.14%，文化产业增加值对GDP的贡献逐年增加，已经成为中国经济增长的新动力。文化产业的新业态和新模式势必带动文化经济转型升级，促进文化产业的提质增效。据国家统计局数据，2016年以“互联网+”为主要形式的文化信息传输服务业营业收入达5752亿元，同比增长30.3%。数字文化产业有利于优化产业结构，促进产业升

① 中国信息通信研究院，《中国数字经济发展与就业白皮书（2018年）》，2018年4月。

级与转型，产业关联性较高，能够带动相关产业发展、扩大就业范围；数字文化产业的高速更新也能够不断促进引导新兴消费，加快刺激培育新供给，深入推进文化领域供给侧结构性改革，是促进国家文化经济转型升级的新引擎。

3. 数字文化产业是文化贸易全球化合作的新热点

科技创新推动文化产业转型升级和提质增效，催生数字文化产业的新业态，改变文化产业的商业模式和贸易方式，带来了文化贸易新的增长点。数字文化产业产品保留文化属性的同时增加了科技属性，相比传统文化产业更具包容性、渗透性，更能增进各国间的文化理解与包容，减少文化折扣，为文化贸易合作提供坚实的"软支撑"，有利于各国特色文化产业产品通过数字化走向国际市场。同时，在当今互联网时代，数字文化产业的产业链更具开放性，能够有效促进资源的全球化整合，便于跨国间的产业合作。此外，数字文化贸易在一定程度上能打破技术和标准的贸易壁垒，给更多企业提供广阔的发展空间和业务合作机会，进而为全球化文化贸易发展与合作提供更加广阔的空间。

二、中国数字文化产业呈外溢式发展

截至2016年底，中国数字文化产业呈井喷式发展，已集聚了超过4500家数字文化企业，相关从业人员近22万，年产值超过1000亿元，数字文化产业的各个环节已经进入快车轨道。"网红经济"、网络直播、VR（虚拟现实）与AR(增强现实)技术应用、网剧、文化艺术众筹众包等一系列数字文化产业的新业态如雨后春笋般迅速发展。从市场规模来看，中国已超越美国成为全球第一大电子竞技市场，市场规模约2354.9亿；网络文学规模从2012年的26亿元迅速增长到2017年约130亿元，国内动漫产业的总产值已超过1200亿元，呈现出高速发展的态势。中国的数字文化产业已进入高速发展时期，相关产业支持政策路径也逐渐清晰，总体呈外溢式发展。

1. 产业支持政策路径逐渐清晰

随着全球进入数字化时代，以“互联网+”为主要形式和特征的数字文化新业态发展日趋强劲，已成为中国文化产业中最具活力的重要部分。数字文化产业的高融合度与创新在推动中国经济社会发展迈向“后工业化”阶段的过程中起着不容忽视的作用。近年来，国家层面有关数字文化产业的相关文件密集出台（如表1所示），为数字文化产业的发展指明了方向，数字文化产业迎来了前所未有的政策红利期。

表1　数字文化产业相关政策发布情况

时　　间	部　　门	文件名称	相关内容
2014年3月	国务院	《关于推进文化创意和设计服务与相关产业融合发展的若干意见》	明确提出加快数字内容产业发展。
2016年5月	文化部等	《关于推动文化文物单位文化创意产品开发的若干意见》	提出支持数字文化、文化信息资源库建设，用好各类已有文化资源共建共享平台，面向社会提供知识产权许可服务，促进文化资源社会共享和深度发掘利用。
2016年12月	国务院	《“十三五”国家战略性新兴产业发展规划》	首次纳入数字创意产业内容，并提出以数字技术和先进理念推动文化创意与创新设计等产业加快发展，促进文化科技深度融合、相关产业相互渗透。
2017年3月	国务院	《2017年国务院政府工作报告》	首次提出大力发展数字经济，为数字创意产业的发展壮大提供强有力的支持；力求形成政策合力，共同推动数字文化产业创新发展。
2017年4月	文化部	《关于推动数字文化产业创新发展的指导意见》	首次明确了数字文化产业的概念，并进一步确定了中国数字文化产业发展方向和路径。
2017年8月	国务院	《关于进一步扩大和升级信息消费持续释放内需潜力的指导意见》	再度提出大力发展数字创意产业，并透露将制定相关政策，促进数字创意产业的进一步发展。

图1 2016年文化产业营收构成比例（%）

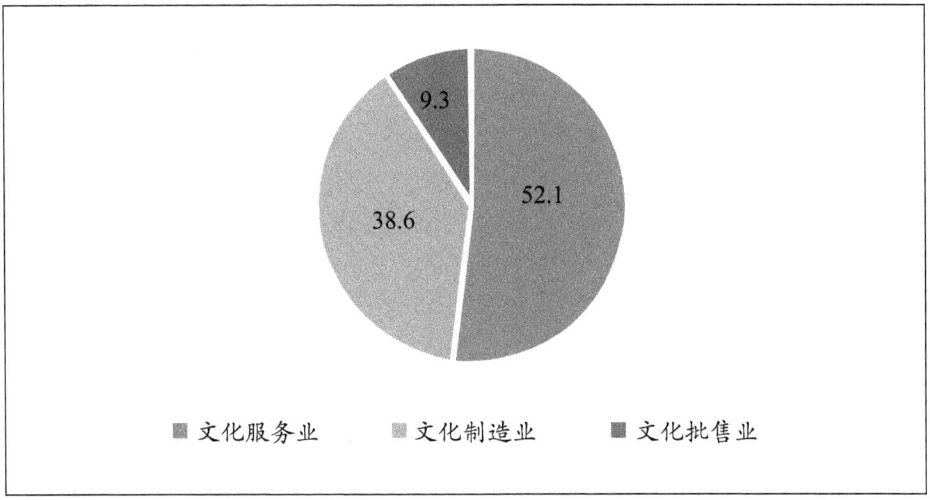

2. 数字文化产业规模快速增长

近年来，随着互联网信息技术的快速迭代升级，人民群众消费需求日益丰富和个性化，中国的数字文化产业迎来了空前的大发展。如图1所示，2016年文化产业整体增加值为30785亿元，而其中与数字文化产业相关的文化服务业增加值为16024亿元，增长17.5%，占52.1%，已成为推动文化产业发展的主体力量。

（1）数字文化产业上市公司营收增长率持续提升

从数字文化上市公司营收情况来看，如图2所示，自2010年至今，中国数字文化产业上市公司营收在经济下行压力增大的背景下逆势增长，营收增速一直保持在20%以上的高位，且总体呈不断上升趋势，充分显示出了数字文化产业近年来如火如荼的发展态势。

（2）近8亿网民是数字文化产业广阔的消费市场

截至2017年12月，中国网民规模高达7.72亿，互联网普及率为55.8%[①]。其中，网络视频和网络音乐用户均超过5亿，如表2所示；2016年视频网站周访问量超过7亿次，如表3所示。可见数字文化用户量非常

① 中国互联网信息网络中心（CNNIC）发布的第41次《中国互联网络发展状况统计报告》。

可观，数字文化产品的消费市场前景广阔。

图2 中国数字文化产业上市公司营收增速情况

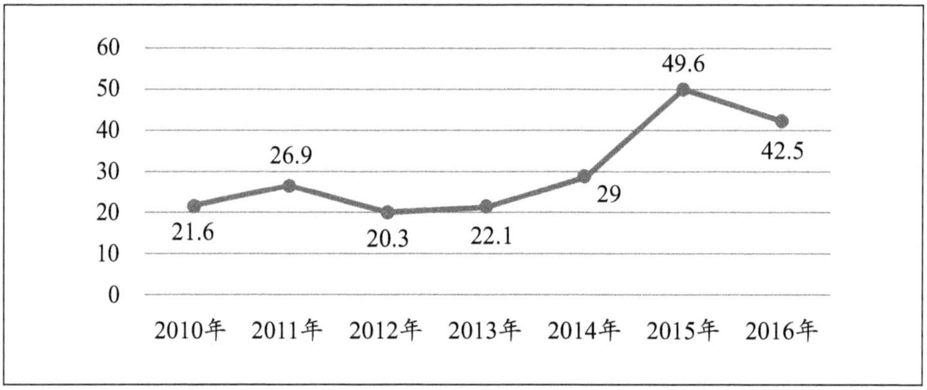

表2 2017年主要数字文化市场用户量

访问人次	网络视频	网络音乐	网络文学	网络直播
用户量（亿）	5.79	5.48	3.53	3.98

表3 2016年各类数字文化网站的周访问量

访问人次	视频网站	游戏网站	音乐网站	文学网站	文献网站
访问量（亿次）	7.36亿次	3.24亿次	0.34亿次	0.8亿次	1.45亿次

（3）数字文化各领域行业发展势头强劲

从细分领域行业数据来看，以网络游戏和动漫为代表的较为成熟的数字文化细分行业规模较大，稳定增速发展。当前，中国游戏产业达到全球体量的1/4，市场规模已超越美国成为全球第一。图3数据显示，2017年，中国游戏市场销售收入达2031亿元，市场规模保持在20%左右的增长率。动漫产业作为21世纪最具创意的新兴文化产业，2017年中国动漫产业总产值达1500亿元，虽然2015年之后动漫行业产值增速有所放缓，但仍然将保持15%左右的年增长率，如图4所示。

图3　中国网络游戏市场规模变化情况

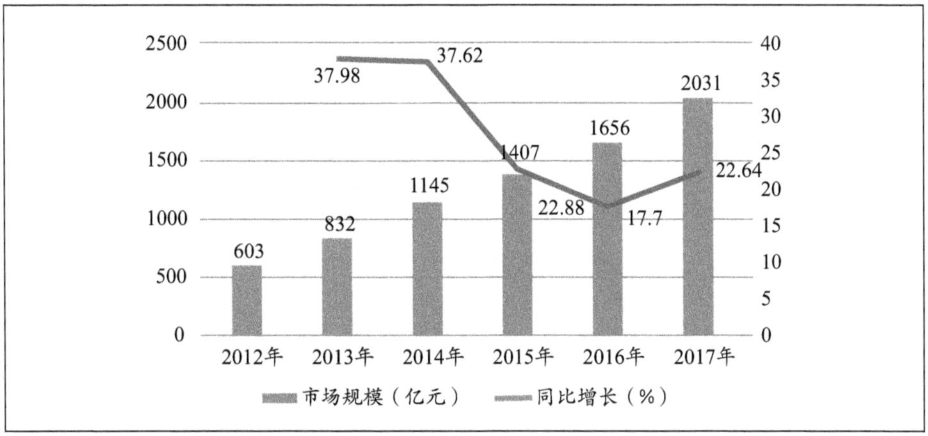

图4　中国动漫产业规模变化情况

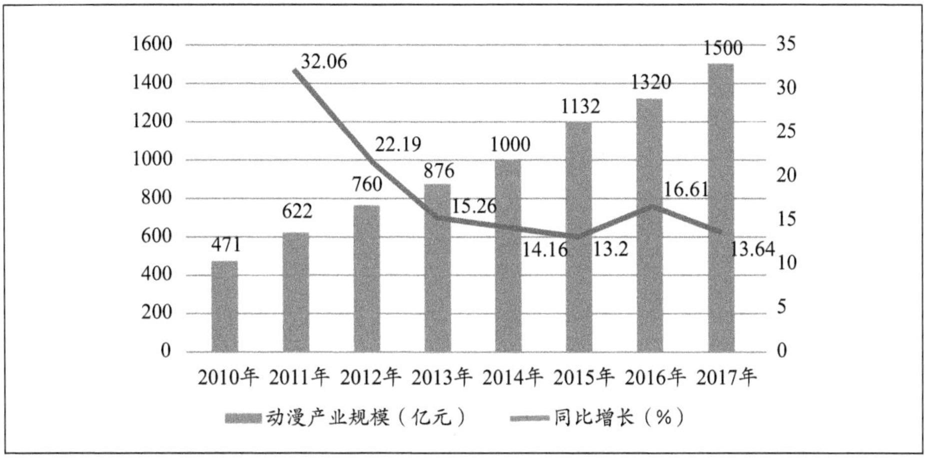

数字阅读、网络文学等新兴数字文化业态发展迅猛，存在较大的可拓展市场空间。2017年中国数字阅读行业市场规模为151亿元，增长率为25.83%，6年年均复合增长率高达33.23%（如图5所示），发展势头较为强劲。2017年中国网络文学市场规模稳步上升达127.6亿，同比增长32.1%，自IP元年2015年起，网络文学市场衍生出众多新兴产业，爆发出了强大的实力，市场规模逐年大幅增长（如图6所示）。

总体而言，中国数字文化产业发展迅速，并且产业规模不断扩大。近年来产业发展趋于平稳，国内人口红利日渐饱和，数字文化产业自身面临结构优化升级、提效增质、创新融合、联动发展等迫切需求。在企业同样面临着外向型发展的转变与提升背景下，借势“一带一路”倡议的政策利好，进一步加快数字产业“走出去”的步伐。

图5　中国数字阅读行业市场规模变化

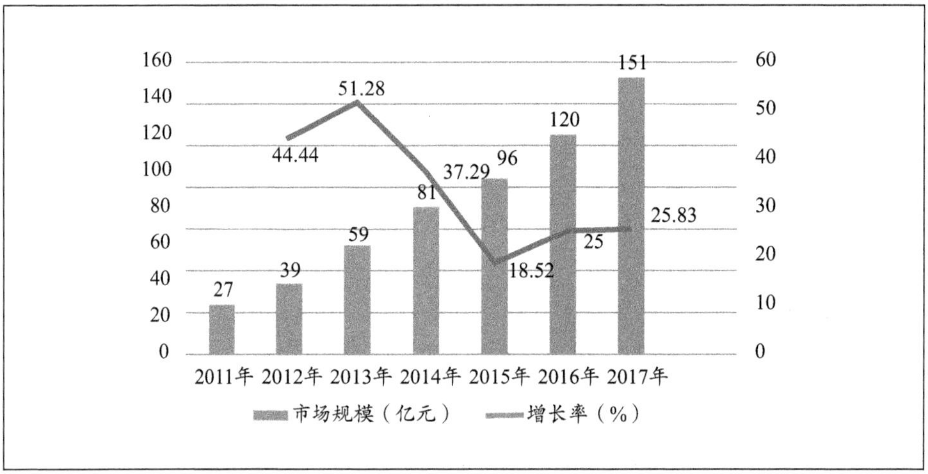

图6　中国网络文学行业市场规模变化

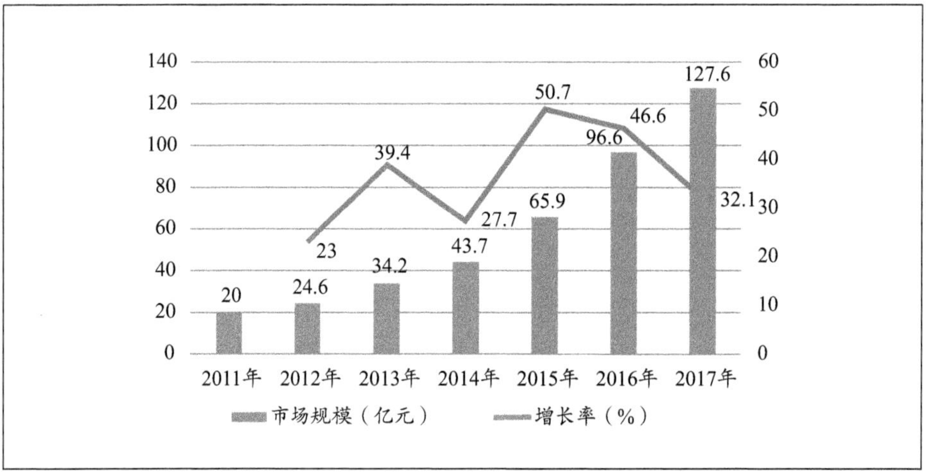

三、“一带一路”倡议与数字文化产业走出去

“一带一路”倡议是全方位、多领域的开放型合作倡议，其中包含了丰富的文化产业。中国数字文化产业的外溢式发展，可以借助“一带一路”倡议的东风“走出去”，让各国民众足不出户就可以通过网络视频、网络音乐、电子图书、动漫游戏等多样的数字文化形式体验了解各国的自然风光、人文风俗、经济社会发展情况等。这不仅能够丰富各国民众日常生活，提高各国民众生活质量，也可增进民众的文化认同感与信任感。此外，数字文化产业可以为政治、经济、社会发展搭台，传播各国好声音，营造良好融洽的通商合作氛围，为沿线国家间的经贸旅游交往奠定基础，且推动沿线发展中国家的产业转型，实现经济社会的跨域式发展。

1.“一带一路”倡议为数字文化产业走出去提供重大机遇

从数字文化产业格局看，“一带一路”连接东亚与欧洲两个活跃的经济体，贯穿亚欧非大陆，跨越东西方发展不平衡、地区发展不平衡、沿海与内陆发展不平衡的数字文化产业格局，打造多元参与、互联互通、合作共享的数字文化产业共同体也是“一带一路”建设的题中应有之义。中国数字文化产业依托“一带一路”倡议，可以加快发展步伐，促进提高国际竞争力和影响力。“一带一路”沿线汇聚了全球比重最大的年轻人口，数字文化产品的主要消费者正是这些年轻人，同时年轻人的消费观念和价值取向将会深刻影响全球数字文化产业的未来发展趋势①。

从“一带一路”倡议的具体内容上看，“一带一路”建设的“五通”重点内容，为数字文化产业走出去提供了便利条件。基础设施的互联互通将为沿线国家的人员物资往来提供更加便利的通信条件；投资贸易的畅通合作，可进一步消除投资和贸易壁垒，构建良好的营商环境，有利于数字文化产品和服务的进出口；此外，政策的沟通与战略对接，也为中国数字文化产业拓展国际市场提供可进入性的保障。“民心相通”建设不仅有利于加

① 李凤亮、宇文曼倩,《“一带一路”对文化产业发展的影响及对策》[载《同济大学学报（社会科学版）》，2016，27(05):48-54+60]。

深沿线各国间的文明互鉴与文化共鸣，也将为中国数字文化产业进入这些国家提供融洽的社会基础和巨大的发展机遇。中国与“一带一路”沿线国家具有相同的丝路基因，历史文化渊源深厚，彼此文化有相通共鸣之处。截至2017年底，中国在“一带一路”沿线11个国家设立了文化中心。商务部的统计数据显示，2017年中国与“一带一路”沿线国家文化贸易额达176.2亿美元，增长18.5%，贸易份额占比提高至18.1%。影视、动漫、网游等数字文化产品出口同比增长25%，版权输出达到1万种。《杜拉拉升职记》《欢乐颂》《三生三世十里桃花》等一大批热播影视剧出口到泰国、马来西亚、哈萨克斯坦、阿联酋等“一带一路”沿线国家，并受到当地民众的热情追捧。

2. 数字文化产业走出去是“一带一路”建设的重要环节

（1）数字文化产业促进“一带一路”沿线经济发展

“一带一路”沿线多数为发展中国家，经济社会面临着迈向工业化、城镇化、现代化阶段的诸多挑战与矛盾。数字文化产业作为数字经济重要的组成部分，借助“文化+互联网”的融合，为文化产业的发展注入新动能，有利于加快培育经济新业态、新模式，促进文化产业的转型与升级，通过推动数字经济与实体经济深度融合，为经济社会发展提供双轮驱动力。同时也能有效加快推进数字“一带一路”建设，完善“一带一路”沿线国家的基础设施建设，构建数据互联互通网络，盘活本土资源并带动利用全球资源，以数据流、文化流带动技术流、资金流、人才流和物资流，从而提高资源要素的有效配置，使沿线国家参与国际分工，并在全球价值链中占据有利的区位，不断积累国际竞争优势，带动国内经济发展与升级。

（2）数字文化产业促进“一带一路”文明互鉴

民心相通是“一带一路”建设的社会之本。文化交流是带动民心相通、文化交融互信的重要渠道。正如美国传播学学者萨默瓦和波特所言：“各种不同文化模式之间的交流、沟通和互动是人类文化发展的基本动力。”“一带一路”沿线国家文化多样性显著，通过文化先行的方式加强中国与“一带一路”沿线各国在文化信仰和价值理念上的沟通，以文化共鸣推进民心相通，让“一带一路”走得通、走得久、走得远。而文化产业的发展与合作在这其中发挥着重要作用，数字文化产业更是大有可为。大数据时代，数字化产业已经成为促进文化繁荣与文化交流的重要力量。数字文化产品是蕴含文化符号与精神价值的物化载体，通过大数据技术挖掘“一带一路”沿线国家彼此更多的文化关联，减少国家及地区间的文化折扣，同时加以数字媒体等可视化的呈现技术，更加生动形象真实地展现各地文化特色，加强不同文化之间的兼容并包、相互尊重、求同存异，促进人类文化大融合。

四、数字文化产业走出去面临的主要问题

1. 数字文化进出口结构不合理

尽管目前中国数字经济、互联网经济紧跟世界步伐，但不可否认中国仍然是一个制造大国，而非处于世界领先地位的制造强国。因此中国在享受第四次工业革命成果的同时，更需要思索“中国制造”向“中国智造”转型之路。虽然中国文化出口海外收获良好口碑，但中国文化的国际影响力和核心竞争力仍有待提升，尤其是数字文化相关的文化服务和知识产权出口市场份额不足，数字文化贸易逆差较为明显。如表4所示，2017年中国文化产品和服务进出口总额1265.1亿美元，其中，与数字文化息息相关的文化服务进出口总额293.9亿美元，仅占文化产品和服务进出口总额的23.2%。具体来看，文化服务232.2亿美元，出口仅为61.7亿美元，约占文化服务进出口总额的21%。再就进口与出口情况而言，文化产品与文化服务的进口与出口相差较大，中国文化服务进口大于文化产品进口，然而文化服务的出口却远远低于文化产品的出口。从以上数据可以反映出中国数字文化的进出口结构不合理，涉及到知识产权等产业链高端的产品主要依靠进口，出口的大都是产业链低端的产品，在国际市场缺少竞争力。

表4　2017年中国文化产品和服务进出口情况

项　　目	进口（亿美元）	出口（亿美元）
文化产品	89.3	881.9
文化服务	232.2	61.7

2. 数字文化内容竞争力不足

首先，数字文化产业的灵魂是创意，强调的是原创IP（Intellectual Property，知识产权）。目前，中国数字文化的特色品牌产品、高附加值的数字文化版权服务产品以及代表性的精品项目与工程数量不足，还未形成较大的规模，且大多产品主要是低成本、低附加值的文化制造产品，品牌效益和社会效益较低，同时也缺乏具有竞争力和综合实力的数字文化交流合作平台，总体外向型数字文化企业的数量不多、实力不济，独立抵抗风险能力不足，市场竞争力较差。其次，中国传统文化博大精深，但优秀文化资源转化性不强。艺术品、非物质文化遗产以及地方特色文化内容等传统文化资源并没有得到很好的开发与挖掘，而且其数字化的呈现技术与方式还不成熟，致使中国数字文化产品缺乏原创的地方特色，同质化发展较为严重。最后，中国的数字文化产品和服务的国际竞争力不足。据相关数据显示，中国的数字文化产品和服务的出口贸易持续期较短，品牌持续影响力不足。尽管目前中国的文化产品出口量较大，但缺少具有中国文化特色的元素与核心IP，致使中国的数字文化产品出口品质远不如美国、英国、韩国、法国和日本等国，在国际市场中还未形成一定的影响力与感召力。

3. 数字文化产业存在管理缺失和政策执行力不足

（1）数字创意产业园过度扩张

伴随着国家发展数字文化产业相关文件的出台，各地方政府也纷纷颁布了配套措施鼓励本地企业发展，吸引外来投资。目前，全国数字创意产业园区数量已经超过2500家，文化部先后批准20家国家级文化产业示范园区以及335家国家文化产业示范基地。然而，这一华丽的数字背后却是重复建设和同质化发展带来的产业秩序混乱、开发定位不准确。这不仅导致资源浪费，而且多数地方园区企业难以盈利。据统计，目前全国有90%的数字创意产业园区面临亏损或闲置，仅能靠政府补贴得以维系。

（2）数字文化产业缺乏管理经验，优势资源整合性较差，产业关联性不强

当前，中国数字文化集群集聚效应不明显，产业的市场影响力与号召

力不足；同时不少文化企业也面临着资金不足、融资渠道不顺畅，在走出去的过程中缺少稳定、充足、持续的资金支持。此外，数字文化合作平台与机制运作不完善，在一定程度上也成为制约数字文化产品走出去的瓶颈。

（3）对数字文化产品的知识产权保护力度颇为薄弱

当前在国家知识产权保护并没有完全成熟的境况下，侵权行为将会严重影响企业发展。尤其是在数字文化产业领域，内容和设计的原创层级盗版现象依然普遍，网络版权秩序混乱，严重影响了数字文化平台的市场规范。

（4）数字文化产业领域人才培养方式和评价机制亟待完善

一方面数字文化创作人才短缺，个人创作与团队创作的动力激发不出来；另一方面，数字文化企业走出去时缺少市场运营与推广的管理人才。目前，中国数字文化企业大都采用海外市场授权代理的模式，没有市场运营的自主权，数字文化产品的营销渠道还未打通，数字文化产品的海外营销效果较差。

五、"一带一路"数字文化产业走出去的实施路径

1. 完善促进数字文化产业合作多边机制与支持服务体系

（1）制定相应数字文化产业走出去的促进与支持政策

纵观全球数字化时代，数字经济已受到各国高度重视。印度、马来西亚、阿联酋等众多"一带一路"沿线国家制订了数字经济发展战略，这为数字文化产业在"一带一路"沿线的发展与合作奠定基础①。中国一方面应在"一带一路"倡议合作框架下，积极对接沿线各国数字经济战略，寻求数字文化产业合作空间，加强在文化资源数字化输出、数字基础设施、网络治理等方面的合作；另一方面，加快建立与"一带一路"沿线国家数字文化多边交流合作机制，鼓励沿线各国政府、商会和企业家定期举办多种形式的动漫展览、数字出版、网络音乐、网络文学等数字文化活动与展览。着眼国内，政府要制定科学的数字文化产业规划，在改革的方向上，

① 范周,《从三个方面解读数字文化产业发展新思路》[载《人文天下》，2017(09):22-26]。

既要完善市场自由机制，发挥市场主导作用、减少直接干预，营造数字文化良好的市场环境；同时，又要统筹优势资源，加大财政、贷款等政策支持力度，对数字文化公司开展海外投资与合作项目可以给予所得税优惠和关税优惠鼓励，通过制定相应的金融、保险促进与支持政策为中国数字文化走出去保驾护航。

（2）健全与沿线国家数字文化贸易合作的机制与服务体系

尽快与有关国家达成数字文化产业相关的投资与贸易保护双边和多边协定，促进数字文化发展的资金融通，提高数字文化贸易自由化便利化水平。同时建立完善国际化、外向型的“一带一路”数字文化交流合作平台。传承丝路文化精髓，加强与“一带一路”沿线国家和地区数字文化交流、传播、合作创新发展，整合“一带一路”沿线独具特色的文化资源，就数字出版、网剧、动漫、网络文学、数字文化馆等“‘一带一路’数字文化工程”重点项目开展务实合作，为中国与“一带一路”沿线加强经贸合作往来搭建资源共享、开放自由的合作交流平台。此外，加强数字文化走出去的决策支持，加强对海外数字文化市场的实地调研与科学评估，为“一带一路”数字文化走出去进行风险预估与规划指导，围绕投资并购、版权合作、联合运营、商业法律、保险、维权等业务，积极与“一带一路”沿线国家间的商会协会、中介机构、民间智库等非官方组织开展合作与交流，探讨建立双边、多边数字文化贸易争端解决机制，保障中国数字文化顺利出海，减少不必要的损失。

2. 创新合作模式，提高数字文化产业“走出去”的产销力

（1）抱团出海形成合力，提升走出去国际竞争力

目前，中国国内的数字文化企业虽然处于快速发展阶段，电影、电视剧、动画、动漫、游戏、出版物等数字文化产品的年产量均居世界前列，但数字文化产业走出去的国际竞争力并不强①。作为文化产业核心的数字文化产业整体上在国际贸易中仍存在明显逆差。要加快建立国内“一带一路”组团合作模式，探索由多家数字文化企业联合组建的丝绸之路数字文

① 朱江丽,《中美文化创意产业出口的比较分析——兼论中国文化产业“走出去”的策略》[载《西南民族大学学报（人文社科版）》，2017，38(08):168-173]。

化产业联盟，促进数字文化企业之间形成创新网络，产生集聚效应；资源通过市场得到了优化配置，就能够顺畅地从效率较低的环节流向效率较高的环节，从而推动数字文化产业形成核心竞争力，提升团队作战能力，加快走出去步伐。

（2）借力国外优秀平台与渠道，探索数字文化企业的海外投资与并购模式

中国数字文化产业在走出去过程中可通过考核评估国外具有竞争力的企业采取海外投资甚至并购方式快速进入国际市场。这一方面可避开东道国的贸易保护壁垒，减少不必要的贸易争端与冲突；另一方可凭借海外具有良好受众基础与竞争力的数字内容平台和载体，扩展传播渠道，扩大境外优质文化资产规模，提高数字文化产业的国际竞争力。

（3）建立“一带一路”数字文化产业园区，促进数字文化贸易合作

“一带一路”沿线国家资源禀赋各异、数字文化资源种类多样。为此，建议明确各自数字文化产业发展方向及重点，注重差异化发展，避免各国间同质化竞争。在“一带一路”沿线地缘相邻、数字文化产业互补性和联动性强的地区，可整合文化资源优势打造“一带一路”数字文化产业园区和数字文化产业基地，促进数字文化产业集聚，形成具有联动效应的数字文化产业带[①]。一方面可选取与中国数字文化产业合作密切的国家和地区作为“一带一路”支点区域，通过打造数字文化产业合作样板示范基地，带动与“一带一路”沿线国家的数字文化产业合作。另一方面，借助“一带一路”数字产业园区的建设，可为基础设施薄弱的国家提供硬件支撑，为其经济社会发展提供动力，加速物流、人流、技术流、信息流、资金流等交易要素的流动，促进全方位的互联互通，为数字文化贸易产业发展营造良好的环境，带动沿线国家数字文化产品贸易发展。

3. 拓宽投融资渠道，加强数字文化产业发展金融布局

资本走出去是“一带一路”建设的重要支撑与保障。中国FDI（Foreign Direct Investment，直接对外投资）连续24年居发展中国家首位，是第三

---

① 花建，《“一带一路”战略与提升中国文化产业国际竞争力研究》[载《同济大学学报（社会科学版）》，2016, 27(05):30-39]。

大直接对外投资国家①。据商务部统计，2016年中国资本流出大幅增长，已经成为资本净输出国。但目前数字文化的相关产业对外投资占比微薄，资本要素在数字文化贸易领域还没有形成规模。应着重鼓励文化企业创新投资方式，加强文化出口平台和渠道建设，开展并购投资、联合投资，扩大境外优质数字文化资产规模，以资本走出去带动优质数字文化产业和数字文化产品走出去。

（1）探索设立“一带一路”数字文化产业基金

加强“一带一路”在数字文化领域的金融合作，围绕重点数字文化产业和重点项目，探索设立“一带一路”数字文化产业基金，重点推动“一带一路”沿线文化资源的数字化，实现文化资源的可持续化，促进数字文化资源的有效配置、生产要素合理流动、文化市场深度融合②。同时，也可依托丝路基金、亚洲基础设施投资银行等成熟的“一带一路”金融机构，整合金融资源，确保融资渠道顺畅，形成多层次、宽领域、全方位的“一带一路”数字文化产业发展金融布局。

（2）积极推动互联网金融与文化产业的创新融合

互联网金融具有“开放、平等、协作、分享”的特征，通过大数据、互联网等现代信息技术，能够有效整合分散的资金，突破时间地域的限制；区块链在金融领域的广泛应用提高了金融的透明度，不仅能够满足数字文化产业发展所需的大量资金支撑，也为互联网金融在数字文化领域的应用提供了良好的信誉机制保障。此外，数字文化企业的资金供给者和需求者可以通过P2P借贷、众筹等互联网融资方式进行低成本、规模化和简单化的交易。这种互联网金融创新交易模式有助于未来的数字文化产业生产高附加值的文创产品③。

（3）拓展跨国合作的数字文化公私伙伴关系模式

中国已经成为全球规模最大、最具影响力的公私伙伴关系模式（Public-Privale-Partnerchip, PPP）市场，资金规模较为雄厚，已经超过10

① 2016年《世界投资报告》。

② 张耀军、宋佳芸《数字“一带一路”的挑战与应对》[载《深圳大学学报（人文社会科学版）》，2017，34(05):38-43]。

③ 杨睿、苏玉珠,《“互联网+”视角下中国文化产业发展路径探究》[载《改革与战略》，2017，33(03):136-138+142]。

万亿元。“一带一路”数字文化产业走出去的过程中要实现线上线下的良性互动，PPP模式的引进对于数字文化的建设与发展具有重要意义。PPP模式可以将政府的高信用优势与民间资本管理运行的高效率优势最大化，降低民营企业的融资成本，提高数字文化项目的融资效率；可尝试设立“一带一路”沿线国家数字文化投融资平台，利用BOT（建设—经营—转让）、BOO（建设—拥有—经营）、PFI（民间主动融资）等多样化的PPP模式，为数字文化资源长期开发运营的项目提供大规模、稳定性的资金支撑，进而促进文化资源数字化的开发与合作。

4. 创新数字文化内容，提升内容IP竞争力

数字文化产业的灵魂是文化内容和创意服务。中国数字文化产业能够顺利“走出去”，并且能成功走进国际市场一定要有自身的竞争力，在内容为王的互联网文创时代，具有创新力、吸引力、竞争力的IP显得尤为关键。因此，应从多渠道促进数字文化内容的创新，提升数字文化附加值。

（1）加强学术交流，培养高素质的数字文化产业人才

当数字化社会不断向纵深方向发展时，物质消费产品的界限将会逐渐模糊，人们的消费将更倾向于高情感性产品。这要求数字文化生产者有能力去创造满足人们多样化、个性化的文化产品，因此，数字文化人才是中国数字文化产业创新发展的重要保障。为此，建设中国政府有关机构与“一带一路”沿线国家及地区的政府、高校等机构合作开展数字文化人才培养计划，培养创意设计、数字营销和运营人才等。此外，也可与“一带一路”沿线国家和地区开展数字文化科研项目，加强科研交流与合作，促进国际型数字文化人才的培养与交流，为数字文化产业的创新发展提供源源不断的智力支撑。同时，要完善从内容创意创作源头到播放终端的知识产权保护机制，保障创意主体的合法权益，为数字文化内容的创新提供有力的知识产权保护，间接鼓励原创内容的生产。

（2）借助大数据技术实现文化资源的数字化，提升中华文化的内涵价值

中华文化历史悠久、内涵丰富，要不断加强对文化资源地开发和创新，使文化资源永葆活力。对传统文化IP进行系列开发的成功案例也不胜枚举，我们有很多经典的形象都成为了国外翻拍的热点，比如《功夫熊

猫》《花木兰》等，尤其是以《西游记》故事为背景的影视剧、游戏、漫画作品形式多样。

随着互联网与信息科技的进步，应大力推进博物馆、艺术馆等文化载体的数字化，促进传统文化得以生动、真实地传播与展示，为人们提供“深度沉浸式”文化体验。比如，故宫近年来在数字化方面做了很多有益的探索，把实体的故宫博物院搬到互联网上，通过数字化将故宫的各种信息互联互通起来，通过AR/VR文物展示、APP应用、网上虚拟展览、故宫视听馆、故宫旗舰店等形式使故宫文化以活态、流动的形式融入人们的日常生活中。

当然，通过传统文化也赋予了影视、动漫、游戏、网络文学等数字文化产品更多的中国元素与内涵,为数字文化“走出去”创造出了新的文化内涵和商业价值。比如，腾讯公司就与UNESCO合作，打造出一款讲述“一带一路”传奇故事的游戏，以数字技术深挖丝路文化特色，获得国内外消费者的热烈好评。这样的创意不仅更容易被青年一代去认知学习，而且也使网络游戏通过文化价值的沉淀,对国内国际玩家产生深度影响,获取持久生命。

许志强　车南林　王雪梅[①]

数字“一带一路”生态圈探索研究

内容介绍

〔摘　要〕本文在厘清数字经济、全球联接指数、数字“一带一路”相关概念的前提下，对“一带一路”沿线国家信息基础设施建设现状进行了剖析，同时选取通信运营企业、阿里巴巴、今日头条与滴滴出行等企业的国际化布局作为典型案例，指出数字“一带一路”建设应充分考虑沿线各国信息化的发展现状与不同需求。围绕信息（出海1.0版）、产业（出海2.0版）与智能（出海3.0版）三个生态圈发力，并在此基础上尝试从平台型媒体、新兴科技、数字素养和智库建设四个维度提出沿线国家弥合数字鸿沟的路径和方式，为“一带一路”文化发展和数字文化工程研究奠定基础。

〔关键词〕“一带一路”；数字经济；数字文化；命运共同体；生态圈

① 许志强，男，高级工程师，四川传媒学院“一带一路”文化传播研究中心主任。车南林，女，副教授，四川传媒学院“一带一路”文化传播研究中心副主任。王雪梅，女，四川传媒学院副研究员。

当前，我国正处于经济社会转型升级与新一轮科技革命和产业变革突破爆发的历史交汇期，全球经济向以网络信息技术产业为重要内容的经济活动加速转变。数字化技术使得信息的获取、使用、控制以及共享变得更加高效和开放，使得劳动工具转向了基于数据、信息、知识、价值和智能的智力工具，继而催生了大量新技术、新产业、新业态和新模式，正在颠覆人类的生活、生产、信息传播以及社会运行的方式并衍生出一种新经济形态——数字经济。

一、数字经济与“一带一路”建设

1. 数字经济开启国际竞争新篇章

数字经济是以信息和知识的数字化编码为基础，数字化资源为关键生产要素，以现代信息网络为重要载体，推动互联网、大数据、人工智能同实体经济深度融合，不断推动软件、硬件和服务“三位一体”的智能制造，形成了以信息产业以及信息通信技术对传统产业提升为主要内容的一系列经济活动。从全球范围来看，数字经济作为一种新的经济形态，开启了对传统工业经济的裂变式改造，直接关系到全球经济的未来走向和格局，成为各个国家新一轮国际角逐中最重要的砝码之一。

数字经济在互联网基础上发展起来但又与之截然不同，从“以IT（数字化）为驱动的1.0版”演进到“以信息技术、互联网平台为重要载体、以DT（数据化）为驱动的2.0版”，从“网民人数成长、上网时间的增加和网上的信息量不断增加”演进到“算法、算力和数据”，呈现的是全面连接之后的产出和效益。未来，线上线下互为促进、逐步融合，智能化和智慧化将逐步成为数字经济的新特征。

2. 全球联接指数与国家GDP发展水平具有正相关关系

全球联接指数（Global Connectivity Index，GCI）是对国家数字经济发展现状的量化评估，旨在聚焦探索新一代信息通信技术（Information Communications Technology，ICT）对国家经济发展的促进作用，其中包括4个经济要素（供给、需求、体验和潜力）和5种使能技术（宽带、数据中心、云计算、大数据和物联网），共计40个指标[①]。

业界通过持续研究技术对经济的影响发现CGI得分与GDP发展水平具有明显正相关关系。联接指数每上升1%，将撬动国家竞争能力、创新能力及生产能力分别提高2.1%、2.2%及2.3%，并呈现出S型曲线规律。总体来看，英、美、法等发达国家可以在经济方面保持较高的增长率并实现快速、健康与持续的发展，其主要原因便是各国数字经济占比同这些国家的基本经济结构保持同步[②]。

数据显示：如果一个国家在ICT基础设施投资年增长能够稳定地保持为10%，则该国未来的经济增长有望得益于越来越多创新的行业应用和商业模式倍增效应。2016年，每新增1美元ICT投资便能拉动3美元的GDP增长。由此推断，至2025年，每新增1美元ICT投资便能拉动5美元的GDP增长产出。这意味着从2016—2025年全球GDP增长回报总额累计将高达17.6万亿美元。

图1　S曲线-GCI表现与人均GDP对比

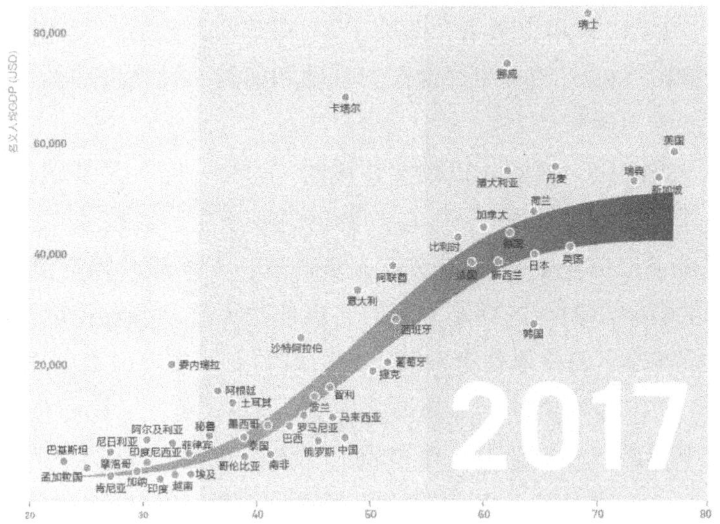

---

① 华为,《2017年全球联接指数(GCI)》，2017年第4期。

② 许志强,《智能媒体创新发展模式研究》[载《中国出版》，2016 (6):17-21]。

“一带一路”所涉国家多为发展中国家和新兴经济体，信息化水平和跨国通信的基础设施相对落后甚至严重滞后（如尼泊尔、巴基斯坦等），全球信息社会发展呈现不均衡分布状态。缩小数字鸿沟，通过应用带动技术的引进和发展，让各国人民共享信息文明已成为全球性课题。

3. 数字“一带一路”建设为经济合作和文化发展开启了新篇章

“一带一路”中的“一带”指的是“丝绸之路经济带”，“一路”指的是“21世纪海上丝绸之路”。这是习近平总书记先后提出共建“新丝绸之路经济带”（2013年9月，哈萨克斯坦）和“21世纪海上丝绸之路”（2013年10月，印度尼西亚）的重大倡议，它着眼于中国新一轮对外开放战略构想的实施，以全球发展为视角，旨在推动中国周边的区域经济合作。

共建“一带一路”涉及多方面的工作建设，既要建立并加强与沿线各国的伙伴关系，保持互联互通，又要创建网络体系，并促其朝着全方位、多层次方向发展。需要特别指出的是，该建设工作不可仅局限于政治、经济等现实空间领域的互利互惠，还须加强互联网领域、通信领域以及信息领域的互联互通。从战略层面来看，全球化从劳动力密集型1.0版到资本密集型2.0版进化到知识密集型的数字3.0版的今天，空中（数字）丝绸之路既是支撑沿线国家之间经贸合作的基础和前提，又是推动其科学发展和跨越式发展的内涵和动力。

数字丝绸之路，实际是以现实领域的“一带一路”为基础，借助互联网信息技术构建起“互联网+”模式的信息经济带。在构建“网上丝绸之路”过程中，以信息流带动技术流、资金流、人才流、物资流，使各国、各地区间的数字鸿沟得以缩小的同时，促使数据红利能够得以共享，进而推动“一带一路”倡议得到更好的实施。事实上，在我国提出“一带一路”倡议之后，以沿线国家使用人数最多的3种语言（英语、阿拉伯语和俄语）在互联网上抓取“丝绸之路”关键词时，发现该词汇在这3种语言中同时形成了10年之内的峰值，其中阿拉伯语的波峰尤为明显。2016年7月，《国家信息化发展战略纲要》指出要基于“一带一路”建设工作，促使网络互联得以增强、信息互通得以推动，从而形成网络空间命运共同体；2016年12月，国务院在其颁布的《“十三五”国家信息化规划》首次提出：网上丝绸之路建设行动优先，以尽快实现沿线国家在数据信息服务、互联网业务和国际通信业务领域的互联互通；2017年12月，为拓展数字经济领域的合作，中国、泰国等多个国家代表在乌镇举办的第四届世界互联网大会上共同发起《“一带一路”数字经济国际合作倡议》，致力于实现互联互通的“数字丝绸之路”，并积极打造“利益共同体”、“命运共同体”，从而实现互利共赢、共同发展。至此，“一带一路”数字经济合作开启了新篇章。

文化与经济是两个密切关联的概念，数字经济与文化发展存在内在关联和互相促进的关系。从经济史的角度看，文化的一部分内涵曾以制度、人力资本、技术等形式出现在主流经济学中。在数字经济背景下，随着文化创意成为新的经济生产要素，文化创新与技术创新、产业创新都显得同等重要。考虑到“数字技术”和“文化创意”是未来产业升级并行不勃的两条腿，因此，在“一带一路”数字经济基础上，文化发展也相应开启了新征程。

二、发展现状——优势带动，共同打造数字丝绸之路

在全球经济治理体系实施变革的情况下，沿线国家在信息化建设方面有着较大的需求，而且信息化建设工作对贸易经济有着重要的推动作用，能够促使国家经济得到更好的发展。在实施“一带一路”建设过程中，信息化建设属于基础性内容。就信息通信基础设施现状而言，“一带一路”沿线不乏阿富汗、缅甸、伊拉克、也门、孟加拉等发展滞后的发展中国家或不发达国家。这些国家信息设备制造能力、网络普及率和信息化质量相对较薄弱，国家信息化治理体系建设相对滞后，已成为制约“一带一路”建设纵深推进的主要障碍。数据显示，“一带一路”沿线国家信息基础设施发展水平排名前3的是新加坡（90.44分）、爱沙尼亚（82.59分）与以色列（81.75分），排名后3的是伊拉克（25.77分）、缅甸（25.38分）与阿富汗（14.08分）。其中，排名倒数第一得分（14.08分）与正数第一相比落后近85%；就排名后10位国家情况来看，其平均得分（27.84分），相较于前10严重落后，达到了65%。

得益于中国纵深宽广而又规模庞大的市场，快速增长的经济和全面发展的社会，非对称管制的政策以及对复杂场景的创新性理解，以华为等为代表的传统企业、以BAT（百度、阿里、腾讯）等为代表等互联网巨头、

以滴滴、小米为代表的科技创新型企业狂飙猛进，无论是用户数量、经济规模还是技术创新能力、净利润等各个方面都飞速成长。它们已经成为世界数字经济领域的重要力量，并纷纷走出国门、走向海外，且正逐步实现从CTC（Copy To China，抄袭者）到CFC（Copy From China，布道者）的过渡，代表着新时代的新趋势[1]。截至2017年12月，中国网民规模突破7.72亿，互联网普及率为55.8%，用户规模稳居世界第一，并已建成全球最大规模的宽带通信网络[2]。中国互联网产业占GDP比重6.9%，仅次于韩国，位列全球第二位，而且在电子商务、移动支付等很多方面处于世界领先位置；2016年中国数字经济规模3.4万亿美元，占GDP比重30.3%，成为仅次于美国（10.8亿美元）的第二大数字经济体，远超法国、英国、德国、日本等发达国家；增速高达16.6%，显著高于同期GDP6.7%的增速，位居世界第一。由此可见，中国在“互联网+”行动计划、大数据发展战略规划纲要、智能制造2025、国家信息化发展战略纲要等一系列战略和政策引领下，逐步构建并完善了在多个方面均有较强竞争力的信息产业体系，有力推动信息基础设施的互联互通。

表1　“一带一路”沿线国家信息基础设施得分情况

	排　名	国　家	分　数		排　名	国　家	分　数
排名前10	1	新加坡	90.44	排名后10	10	印度	34.74
	2	爱沙尼亚	82.59		9	叙利亚	33.04
	3	以色列	81.75		8	东帝汶	31.54
	4	卡塔尔	77.90		7	尼泊尔	31.50
	5	白俄罗斯	76.41		6	巴基斯坦	30.26
	6	巴林	76.31		5	孟加拉国	29.68
	7	克罗地亚	75.25		4	也门	28.24
	8	匈牙利	74.75		3	伊拉克	25.77
	9	立陶宛	74.31		2	缅甸	25.38
	10	拉脱维亚	73.63		1	阿富汗	14.08

① 郭全中,《从CTC到CFC：我国互联网企业大力推进国际化战略》[载http://www.cet.com.cn/ycpd/sdyd/1986254.shtml，访问时间：2017年12月7日]。

② 中国互联网络信息中心,《第41次中国互联网络发展状况统计报告》，2018年1月。

表2 “一带一路”沿线国家信息基础设施发展差距测算

相关指数	ICT基础	ICT应用	总 分
最高得分	36.66	53.78	90.44
64国平均得分	24.61	30.78	55.39
最低得分	4.90	8.18	14.08
最大相对差距指数	0.839	0.848	0.844
最低值与平均值的相对差距指数	0.76	0.734	0.746
前10名平均值	31.71	48.08	78.33
后10名平均值	14.77	12.34	27.84
前10名与后10名的相对差距指数	0.534	0.743	0.645

与“一带一路”沿线各国相比，中国在科技人才、数字产品、创新服务、光纤设备、智能手机以及服务器制造等技术核心要素诸多领域都具有领先优势。与此同时，中国与“一带一路”沿线许多国家发展阶段类似，在发展路径的选择上容易达成共识，可为沿线国家提供深具借鉴意义的发展经验。因此，中国已具备输出信息化产品、技术解决方案和商业模式的基本条件、底气和自信。

网络的本质在于互联，信息的价值在于互通。因此，在“一带一路”建设中，中国应首先发挥自身在全球网络、全球云服务平台和全球数据中心方面的优势，这一方面有利于促使实力雄厚的信息企业走向国际舞台，助推信息基础设施的互联互通，同时将中国信息化建设和“互联网+”发展的能力、经验和成熟模式形成充满“中国智慧”的方案大力输出，极大地推动沿线国家的共同繁荣发展；另一方面，有助于缩小沿线国家同发达国家在信息化建设方面的差距，并推动沿线国家充分利用网络和信息通信技术构建智能信息高速公路，并以最快的速度建立协同机制，进而形成“世界方案”，共同打造数字丝绸之路。

三、发展路径——共建全球智能信息生态圈[①]

数据显示，2017年全球网络广告支出达到2090亿美元，占广告市场的41%，并首次超过电视广告（35%）；预计到2019年认知计算的市场规模将达到126亿美金，云计算的机会将达到4190亿美金；2020年全球智能手机保有量将高达62亿，占到全球人口的70%，一半的电视与视频观看将来自移动屏幕；2021年一个人需要花500万年的时间才能看完每个月通过全球IP网络传输的视频量；2030年全球75%的人口将会拥有移动网络连接；2045年将有超过1000亿台机器和设备进行互联，全球数据使用量将超过40ZB（ZettaBytes，1ZB相当于10万亿亿字节），这一数据量是2011年的22倍[②]。人类社会将发现由此产生的数据与我们当前所体验到的数据完全不在一个数量级上。

由此可见，新的数字化技术将重新定义人与人、人与信息以及人与服务的连接方式，并颠覆全球化3.0时代的整体运作环境，推动产业变革并促进工业经济向信息经济转型升级。笔者认为，生态圈是人与环境的综合作用体，数字“一带一路”可围绕信息基础设施形成三个全面发展又相互依存的生态圈：信息生态圈、产业生态圈和智能生态圈。因此，需要充分考虑沿线各国信息化的发展现状，并根据各个国家的不同需求积极建设信息通信基础设施，大力发展以互联网应用为代表的信息网络产业；结合各国实况创建适配性较好的合作机制并稳步推进，共同推动沿线信息化建设顺利进行。

1. 信息生态圈

信息生态圈主要是指从物理载体到数字载体(Information Technology，IT)的转变，不仅包括前端电子设备、宽带速度和宽带资费等信息通信设施的基础环境（ICT基础），还包括用户终端设备、互联网服务和通信服

① 本节部分数据与“一带一路”主题虽不甚吻合，但笔者尝试运用跨案例研究方法，从竞争、创新和产业链的视角对广泛输出国内成功的实践经验、管理理念与方案企业的国际化布局进行分析，以期抛砖引玉，为相关研究提供一些参考与借鉴。

② 市场研究公司IDC,《数字宇宙研究报告》，2012年12月。

务等信息通信应用的普及率情况（ICT应用）。我们可将该阶段视为“出海1.0”版，主要服务GCI得分偏低的国家，应重点解决ICT的供给问题，让更多的人享受接入数字世界的权利。该类企业主要是以中国移动、中国电信、华为、中兴等为代表的通信运营类、电子设备制造类传统型企业。

随着全球经济数字化趋势不断增强，沿线国家存在持续的信息基建增长空间。在“一带一路”倡议推动下，中国企业应结合沿线国家的不同需求，积极参与相关国家在互联网、电信等领域的数字基础设施建设，带动沿线国家借助移动通讯的“换道超车”，同时带动中国标准输出和信息通信业优势产能输出，形成“区域型的数字化网络枢纽”，共同构建“互联网+”新常态下的网络生态。比如，通信运营类企业扮演着设施联通的角色，为用户终端及建立在用户终端基础上的服务提供条件。中国智能手机渗透率（51.7%）和移动互联网使用率（54.4%）呈“双高”特征，移动互联的人口红利渐失；而沿线国家还有很多国家互联网渗透率不高，正处于移动互联红利的爆发前期。其中，最为典型的便是“双印”（印度、印度尼西亚）市场，其人口总和15.8亿，超过沿线国家的50%，经济体量大且增长速度快，但从智能手机渗透率和移动互联网使用率来看，印度（分别为22.4%、23.4%）和印度尼西亚（分别为20.7%、27.9%）均还未到30%。相对而言，“双印”市场环境与2009年左右的中国相似。可见，沿线国家互联网及移动互联网服务发展潜力巨大。以中国通信运营类企业为例。近年来，中国移动、中国电信、中国联通积极布局海外，做好跨境陆缆、跨海光缆等通信建设工作，给予沿线国家诸多的支持，打通信息沟通的战略性通道，提高国际通信互联互通水平。

又如，用户终端设备在国际化领域扮演着媒介角色，可为互联网经济服务提供硬件平台。相对于传统电子设备，用户终端指能够为个人和机构提供与广播、电视有关的音视频服务，涉及计算机、手机及其他更接近消费类的电子产品。通信与IT的加速融合正在模糊通讯业与互联网业的边界，深度融合下的用户终端也由过去的单一功能逐步转变为具备视听、信息处理与双向网络通讯等多元功能，就像智能手机设计的初衷是为了满足尽力而为的通信业务，而当前的智能手机已发展成为具备娱乐、旅游、教育、出行等衣食住行全覆盖的服务功能，形成了围绕个人需求的完整消费闭环，而沿线国家还有很多处于功能机向智能机转换的时代，需求旺盛。

近年来，“中国制造”在全球引起强烈反响，广受欢迎，在互联网经济领域，“中国服务”也大力实施了走出去战略。我国具有制造能力且布局海外的手机制造商大致有10家。按照其类型可以划分为OEM制造商、ODM制造商及自有品牌制造商3大类。

表3　通信运营类企业“一带一路”沿线国家产业布局

主体	光　缆	业务疏通能力	未来规划
中国移动	跨境陆缆：8条，包括中国—俄罗斯（中俄2条）、中国—蒙古（中蒙）、中国—哈萨克斯坦（中哈）、中国—印度（中印）、中国—越南（中越）、珠海—澳门（珠澳）、深圳—香港（粤港），陆地光缆带宽达到6270G。 国际海缆：5条，包括亚太一号（日—中—新/SJC）、亚太二号（日—中—新/APG）、亚欧一号（新—欧/SMW5）、厦金（厦门—台湾金门）、福淡（福州—台湾淡水），海底光缆带宽达4300G。	在北京、上海、广州、深圳、福州建成5个国际通信业务出入口局，在沿线国家和地区建成29个“信息驿站”（POP点，网络服务提供点）。未来三年，POP点将增加到61个，形成贯穿“一带一路”的带状“信息驿站”。	打造连接全球的通信基础设施网络体系，推进中国—缅甸、中国—尼泊尔、中国—巴基斯坦、中国—吉尔吉斯斯坦跨境光缆等重点项目建设，筹划建设亚洲、欧洲和美国等方向新海缆和新的国际通信业务出入口局。
中国电信	跨境陆缆：泛亚网络：中老泰马新信息高速公路、中缅印孟信息高速公路；中尼跨境互联网；中巴信息走廊；丝路光缆：中西亚信息高速公路、中东信息高速公路；欧亚快线；东北非信息高速公路。阿富汗：容量银行。 国际海缆：37条。其中，2013年以来，新参与投资4条，分别是：SMW5、SJC、APG、BBG+EIG。	信息大通道已覆盖或者计划覆盖11个战略通道和3个区域通道中的12条通道。到2025年，基本建成“一带一路”沿线主要区域信息高速公路。 建设5大全球互联网中心，包括亚太、美西、美东、欧洲、中东非，形成互联网大流量交换环。	“中非共建非洲信息高速公路”（该项目拟投资、建设、运营连通非洲各国“八纵八横”光缆骨干网，信息高速公路的倡议，网络覆盖非洲48个国家、10亿人口，全长15万公里，途经82个大中城市）。
中国联通	跨境陆缆：中缅国际穿境陆缆系统。配合广西南宁东盟信息港、云南昆明辐射“两亚”通信信息枢纽建设，深耕东盟和“两亚”国家业务市场，建设形成区域性业务汇聚转接节点。 国际海缆：亚非欧1号（AAE—1），连接亚非欧19个国家；亚太直达海缆（APG）：连接亚太8个国家（地区）；亚欧5号海缆（SMW5）：连接亚欧19个国家。	围绕“中国—中南半岛”、“孟中印缅”等经济走廊规划建设，自主建设中缅国际穿境陆缆系统。配合广西南宁东盟信息港、云南昆明辐射“两亚”通信信息枢纽建设，深耕东盟和“两亚”国家业务市场。拥有多达44个POP点，至2019年将达到73个。	围绕中蒙俄、中国—中亚—西亚经济走廊建设，在提升完善传统的中—蒙—俄—欧、中—俄—欧方向欧亚陆缆电路容量、性能基础上，拓展乌鲁木齐—中亚—西亚方向新路由。

表4 手机制造商“一带一路”沿线国家布局

公司	类别	主要布局国家	布局形式
富士康	OEM	印度、东南亚	建立东南亚、印度代工厂
和硕联合	OEM	捷克、巴西	建立欧洲、美洲工厂
OPPO	自有品牌	印度、印尼	2015年建立印度、印尼工厂
VIVO	自有品牌	印度	2015年建立印度工厂
传音控股	自有品牌	非洲	2017年第一个分支机构——尼日尼亚办事处，进军非洲
中兴	自有品牌	巴西、印度	建立巴西、印度销售分公司
金立	自有品牌	印度	2007年建立印度工厂做ODM代工，2012年起生产自有品牌手机
华为	自有品牌	欧洲、非洲、东南亚、印度	全球建立销售网络；2016年在印度建厂生产手机
财富之舟	ODM	印度	2015年建立印度组装基地
与德	ODM	印度	2015年建立印度工厂

2. 产业生态圈

产业生态圈主要是指在IT化的基础上，通过技术能力将多元信息和业务引入互联网，并借力数据资产（Data Technology，DT）统一所有数字流程和技术，可将该阶段视为“出海2.0”版，主要服务GCI得分居中的国家，应重点解决ICT的需求，尤其是如何有效促进行业转型和经济的有质量增长。该类型企业主要是以BAT等为典型代表的各大互联网巨头。

在“一带一路”倡议推动下，中国与沿线国家的联系加深，为诸多企业国际化实践提供了更宽阔的平台。包括电商类、内容类、工具类在内的互联网服务企业，借力ICT基础设施提供的硬件环境不断完善服务体系。比如，电子商务类企业，通过搭建电商平台，供国内外用户方便快捷地浏览、搜寻、购买、分享各国产品，并为出口企业提供跨境贸易平台；通过数据中心，可为企业以及政府机构提供高性能、低成本云计算服务；通过在线支付，使其具备转账、收款、充值、O2O等一系列业务入口；通过线下物流，使其围绕人、物、资金以及数据服务迎来技术化、数据化转型，整合优化与开放共享物流基础设施，为客户提供高价值数据应用及精细化数据管理。以阿里巴巴经济体为例。近年来，在布局“一带一路”过程中，阿里巴巴正在积极推进包含数字中枢（eHub）和数字之路（eRoad）建设在内的产业生态实践。其战略投资集中电商平台、数据中心、在线支付以及线下物流各不同方面所对应业务。

又如，一些包含新闻、直播、游戏在内的泛内容类企业在“一带一路”国际合作中，一方面正助力沿线国家文化产业发展，另一方面也在潜移默化地促进中国文化与当地文化的碰撞与融合。从历史发展的角度来看，“意识形态”自其产生以来就一直受到各个国家的高度重视，沿线国家众多且社会文化、地区信仰与法律法规等都不一样。因此，泛内容业务必须具备国际化的适应能力，克服本土文化、语言、政策等方面的障碍，生产“更好更多”的本土化精神文化产品是该类企业“走出去”的关键所在。结合文化融合的难易程度，采用先进的互联网思维选择性地开展“参股控股+技术输出+分享成长”等本地化运营工作，对目标国家降维打击，或是选择行之有效的方式讲好中国故事、完善传播话语体系。以今日头条为例。作为国内第一家走向海外且取得规模化当地用户的信息平台，其采用人工智能技术积极与本土内容伙伴合作，目前已在“一带一路”沿线多个国家持续取得进展，并创新性地引领区域内容各有关企业跨越式发展。

3. 智能生态圈

智能生态的本质是物联网，其通过互联网实现万物互联，再辅以大数据与云计算等信息技术，实现全局可感知和全流程可视化。智能生态圈主要是指能够重新想像内容价值链与生态系统，可将该阶段视为“出海3.0”版，主要服务GCI得分较高的国家，应重点关注ICT用户体验提升，并通过新兴科技的应用，实现更加高效、智能的社会发展。该类企业主要是以滴滴、小米、美团等为典型代表的科技创新型企业。

在以推动“一带一路”国际合作、发展实体经济等为代表的新政策，以共享经济、消费升级等为代表的新理念，以物联网、人工智能等为代表的新科技的共同孕育下，一大批类似于滴滴、小米、美团的科技创新型企业正不断涌现，并加快步伐“走出去”，借以探索更广阔的发展空间。与此同时，我国与许多沿线国家有共同的发展条件和需求，从而为新理念、新科技、新物种的国际化发展提供了成长土壤。CT、IT、DT三者深度融

表5 阿里巴巴经济体“一带一路”沿线国家产业布局

领域	项目/动作	所属/所在地	投资方式
电商平台	Ali Express（全球速卖通）	杭州	覆盖沿线全部国家， 沿线国家用户占比45.4%
	Lazada（马来西亚电商平台）	总部设在印尼，覆盖东南亚有关国家	东南亚第一大电商平台， 参股83%
	Flipkart和Snapdeal（印度电商平台）	印度	投资5亿美元，拟增持
数据中心	中国	杭州、青岛、北京、深圳、中国香港	
	东南亚	新加坡	
	西亚、北非	迪拜	
	欧洲	德国	
在线支付	K-Bank（投资互联网银行）	韩国	因政策限制，参股20%
	VTB（银行开展合作）	俄罗斯	在当地使用支付宝
	Ascend Money（泰国支付平台）	泰国	在线支付和小额贷款，参股
	Paytm(印度支付平台）	印度	全球第三大电子钱包， 用户规模2亿，参股40%
	One 97 Communications（印度手机增值服务提供商）	印度	参股40%
	V-Key（微信公众服务平台）	新加坡	移动安全和加密技术，投资1200万美元
线下物流	新加坡邮政	新加坡	覆盖东南亚，参股10.35%
	巴西邮政	巴西	参股
	Lazada（马来西亚电商平台）	印尼	自建物流团队Lazada Express
	Payt、Delhivery和Xpressbees（印度物流公司）	印度	Payt自建物流，同时拟收购 Delhivery和Xpressbees
	菜鸟网络	俄罗斯、英国	开辟俄罗斯、英国物流专用通道，以英国为服务站覆盖北西欧
	西班牙邮政	西班牙	以西班牙为服务站覆盖南西欧

表6　今日头条：从技术布道到海外扩张

时　间	国　家	项　目
2015年8月	北　美	今日头条海外版（TopBuzz）上线
2016年9月	中　国	今日头条海外视频版（TopBuzz Video）上线
2016年10月	印　度	投资印　度最大内容平台（Dailyhunt）
2016年12月	印　尼	控股印尼新闻推荐阅读平台（BABE）
2017年2月	中　国	主打东南亚市场的移动短视频App（Vshow）
2017年2月	美　国	全资收购美国短视频应用（Flipagram）
2017年7月	中　国	火山小视频海外版（Hypstar）上线
2017年8月	中　国	抖音海外版（Tik Tok）上线
2017年11月	美　国	收购全球移动新闻服务运营商（News Republic）
2017年11月	中　国	收购2亿海外用户的音乐视频分享应用（Musical.ly）

合的DICT时代，随着新科技在海量、多源、异构数据的生产、采集、存储、计算、传递以及应用等重要环节的异军突起和迅猛发展，其对产业结构调整、经济发展模式、社会生活方式等各方面产生着全方位的影响，使人类社会生活步入了更高境界的智能生态阶段。以滴滴出行为例。在交通智能化、共享化等驱动下，滴滴公司通过资本与核心技术输出以及商业模式创新战略，将已经在中国市场得到验证的移动出行技术、运营模式等输出到世界各地，借以提升城市的交通效率和居民出行体验。其合作网络已触达北美、东南亚、南亚、南美1000多个城市的4亿用户，每天订单量超过2000万。与此同时，试图以智慧交通作为切口，打造基于互联网+交通大数据的智慧出行、智慧监管、智慧运营、智慧决策等全域体系，并借力云计算、物联网、智能调度、路径规划、交易引擎等人工智能技术，帮助当地政府进行前瞻性的市政规划和基础设施布局。

表7 滴滴出行：全球生态版图

时　间	国　家	项　目
2015年8月 2017年7月	新加坡	投资东南亚地区的领先出行平台GrabTaxi，领投25亿美元
2015年5月 2016年1月	美　国	投资美国增长最快的共享出行平台Lyft，11亿美元
2016年8月	中　国	收购优步中国，与Uber全球达成战略协议
2017年1月	巴　西	投资巴西最大的出行公司99Taxi，数千万美元
2015年9月	印　度	投资印　度最大的移动出行平台OlaCabs，2500万美元
2017年1月	美　国	与安飞士(Avis)达成战略合作，提供境外租车业务
2017年3月	美　国	在规格设立滴滴美国研究院
2017年8月	欧洲、非洲	投资欧非出行领军企业Taxify
2017年8月	中东、北非	投资中东、北非最大的移动出行网络平台Careem

四、数字变革——弥合数字鸿沟新机遇

随着技术的更新迭代，全新的技术革命以及产业变革正在加速实施，进而引发了全球经济结构以及竞争格局的重大变革。全球化、信息化、网络化已成为发展必然趋势。在此情况下，形成了以数字经济为主导、不同类型企业为主体的信息生态圈、产业生态圈与智能生态圈。在顺应世界多极化、经济全球化、文化多样化、社会信息化的潮流下，为更好、更快地推进“一带一路”国际合作，围绕必需的连接、平台与应用的智能化，就得构建内容、技术、渠道、平台、服务等在内的智能生态系统以实现生产力的突破性解放和消费力的全新升级，进而弥合数字鸿沟。为此，下一步可重点从平台型媒体、新兴科技、数字素养、智库建设等多个维度开展工作。

1. 平台型媒体

数字经济时代，个人碎片化的资源将被重新整合，媒体组织将会扮演整合者的角色。在此背景下，包含内容（生产与整合）、渠道（精准推送）以及营销（资源变现与增值）在内的平台将逐渐成为重要的产业组织形式。平台型媒体朝着“去中心化”的方向不断进化与拓展，已成为一种新兴媒

体形态，其自身是公共信息及其他信息的生产与传播者，也是服务提供者；既能通过自身的力量生产和传播信息，又能实现对各平台服务力量的协调，促使其得到有效应用。同时，基于互联网生态系统，创建全新传播生态，将其打造成社会资源整合节点。

尽管当前涉及“一带一路”的相关资讯充斥着各大传播渠道，国际媒体合作也比较融洽，然而，由于沿线国家彼此间经济发展水平、社会文化、基础设施及人文风俗等迥异，相对“低维”的传统媒介无法有效地管理和运作此类“高维”媒介的事务，导致“一带一路”国际合作理念传播的广泛性、有效性还不够。高维挑战低维总有优势，应采用平台型媒体的思维，在兼顾不同国家、地区、民族、宗教等文化差异与风俗习惯基础上，调动各种力量和资源把内容生产和推送结合起来，并通过多元化、个性化、可视化等手段尝试突破文化壁垒，方能将中华文化带到“一带一路”相关国家的同时，也将相关国家的风土人情引入中国。比如新近上线的人民雄安网，同时推出了包含英语、俄语等在内的9个语种版本，并在海内外多个社交平台上开设、运营“雄安”账号，向全球同步推送。此外，还运用大数据技术对平台上的原始数据进行标引、采集、归集与聚类，探索建立以数据为纽带的生态链，分析监测沿线国家媒体和网民的关注焦点、变化趋势及情感倾向，归纳每种情绪的网民评论特征，从而定量化、常态化地为政府提供进展分析、态势研判、政策评价及潜力预测等决策服务。

2. 新兴科技

云计算、大数据、物联网等信息技术的突破和融合促进了数字经济的快速发展，而人工智能、区块链、生物识别、认知计算、数字双胞胎等新兴科技有望在未来与上述技术不断创新和迭代，以指数级速度展开，形成多种技术整体演进、群体性突破，导致新的社会组织与社会关系正在形成，进而推动数字经济循环创新发展。

“一带一路”国际合作贯穿亚欧非大陆，涉及国家众多，各国在文化、语言等方面存在障碍，在经济较为落后的区域，信息传播受阻。为此，该地区人们的互信水平低与交易成本高恶性循环，各方面比较优势无法通过互利交易体现出来。以新兴科技中的“区块链”技术为例，其可提供一种在不可信环境中进行信息与价值传递交换的机制，降低跨境沟通与交易成本、提高可信度并通过智能合约保障执行。它极大地推动了对未来信息基础设施的投资、建设和运营，促进了社会价值的创造与交易，并使互联网从信息互联网演进为价值互联网。在沿线国家特别是相对不发达的国家，通过全球记帐的区块链技术来积累更多人员参与的专项捐赠和互助，以此加快消除数据鸿沟，可以确保任何机构和个人随时都可以享受高速的网络连接服务。比如说征信方面，利用数字和技术来做信用背书，不需要权威的中介机构就能够自动完成，相对公正，而且资料永久地保存。

3. 数字素养

产业互联网蓬勃发展，智能制造、供应链管理、柔性定制服务风生水起，消费互联网、商业互联网中的移动电商、移动社交、LBS、O2O、自媒体、共享经济、众包等新业态、新模式不断涌现，这对沿线国家人才的数字素养（包括信息、交流、内容创建、安全意识和问题解决等）提出了更高的要求①。

当前跨境信息与数据流动是关键驱动。数据与信息流的整合将提高效率、减少冗余，标准化和集中管理可以降低出错率和不一致性，规模经济的形式则使成本大幅下降。为提升沿线国家数字经济基础普及能力，建立数字化的路线图和管理模式，应加强与专家、智库、高校的交流与合作，使综合人力资源结构得以优化，发挥国内在大数据、云计算、数字媒体、空间信息及智慧城市等领域的先进技术优势，线上与线下结合，在向沿线国家推广和输出数字教育的基础设施与提供智力支撑、实现数字人才本土化发展的同时，推进中国相关数字标准的国际化，进而推动沿线国家之间的经济、文化、教育的交流、合作与发展。比如，为提升沿线国家利用数字资源、数字工具的能力与数字使用的需求，中国连续多年举办相关技术培训并先后为来自巴基斯坦、哈萨克斯坦、乌克兰、尼日利亚等数十个国家培养了掌握传感器、语音、云计算和互联网等领域技术的万余名高技能人才，堪称具有积极意义的样本。

① 任友群、随晓筱、刘新阳,《欧盟数字素养框架研究》[载《现代远程教育研究》，2015(4):3-12]。

4. 智库建设

“一带一路”国际合作要在短期内增加国际社会的认知并获得更大的支持，我们须对其合作模式进行更多的探索与研究。在整个过程中，智库的支撑引领作用变得愈发重要。中国虽然先后成立了关注“一带一路”的国家级智库（如当代世界研究中心）、地方性智库（如上海国际问题研究院）、社会智库（如中国与全球化智库）以及高校智库（北京第二外国语学院中国“一带一路”倡议研究院）30余家，但从实际运行的效果来看，目前这些智库的研究基本还处于初始阶段，在理论体系、人才队伍、合作交流、话语体系等诸多方面与国际上成熟的高端智库相比均有非常大的差距。

若要使该类智库在“一带一路”的建设过程中发挥更大的作用，笔者认为，应从以下4个层面着手推进、系统运作：A. 坚持理论结合实际，引导开展多维度、多视角与全方位研究，构建与完善重点指标体系；B. 强化智库高端人才队伍建设，构建“一带一路”智力支撑体系；C. 深化智库国际交流与合作，提升智库国际影响力，形成系列决策服务和咨询品牌；D. 扩展传播话语体系，提升国际传播能力，加强智库成果转化。

李英杰　梁昊光①

“一带一路”新动能：体育交流与合作

内容介绍

〔摘　要〕中国与“一带一路”沿线国家体育领域交流合作有着广阔的发展空间。本文从中国与“一带一路”沿线国家体育发展现状入手，阐明了“一带一路”体育合作的重大意义：以国家领导人为主导的体育外交开启了公共外交新模式，有利于提升沿线国家体育运动水平，促进沿线国家体育事业发展，推动沿线国家民心相通，促进“一带一路”经贸合作发展。本文对体育用品制造业、体育赛事合作和“互联网+体育”等重点合作领域进行分析并给出了相关建议。

〔关键词〕体育；“一带一路”；新动能

---

① 李英杰，北京第二外国语学院国际商务硕士研究生，主要研究方向为国际体育交流与合作。梁昊光，北京第二外国语学院教授，博士生导师。本文受北京市科技重大专项项目(Z171100004417032)资助。

自2013年“一带一路”倡议提出以来，以共同构建人类命运共同体为目标，以“共商共建共享”为原则，以五通（政策沟通、设施联通、贸易畅通、资金融通、民心相通）为重点合作领域，以六大经济走廊为重点合作地区，“一带一路”建设正在稳步扎实地向前推进。五年来，该倡议逐渐由设想到行动，由规划到实施，各方面取得了显著成效，受到广大沿线国家的积极响应，得到了联合国的肯定与支持。“一带一路”倡议将在未来几十年内成为中国发展的重点方向和促进世界经济增长的重要推动力量。

在“一带一路”各项务实合作中，体育交流作为民心相通的重要组成部分，有利于各国之间的感情沟通，进而为其他各项合作的顺利开展奠定良好基础。

一、中国与“一带一路”沿线国家体育发展现状分析

1. 中国体育发展现状

自1949年建国以来，中国十分重视体育发展。毛泽东曾提出“发展体育运动，增强人民体质”的号召。改革开放初期，中国提出了竞技体育优先发展的战略。1984年中国首次派出大规模代表团参加奥运会，从此中国竞技体育快速发展，逐渐成为世界竞技体育强国。以夏季奥运会金牌榜为例，自中国射击运动员许海峰在1984年获得第一枚金牌开始，中国所获金牌数不断增多。由表1可知，1984—2016年，中国所获奥运会金牌数历年均处前八名，且自2000年开始中国金牌数排名始终位列前三，并在2008年北京奥运会奖牌榜上获得第一名。这说明目前中国体育竞技水平整体上已经达到了世界较高水平。

十九大报告明确提出，广泛开展全民健身活动，加快推进体育强国建设。这里所指的体育强国建设不仅需要竞技体育处于世界前列，而且需要广大群众参与到全民运动与健身行列中来，提升大众的身体素质和健康水平，还包括体育产业的升级优化。因此，即体育强国是包含竞技体育、群众体育、体育产业和体育文化协调发展的全面体育发展。

表1 中国1984—2016年历届夏季奥运会所获奖牌数一览表

年份	金牌	银牌	铜牌	总数	名次
1984年	15	8	9	32	4
1988年	5	11	12	28	8
1992年	16	22	16	54	4
1996年	16	22	12	50	4
2000年	28	16	15	59	3
2004年	32	17	14	63	2
2008年	51	21	28	100	1
2012年	38	27	23	88	2
2016年	26	18	26	70	3

资料来源：http://2016.sina.com.cn/history/

习近平总书记曾多次在国际场合提及中国发展体育的决心和意义。2017年6月，习近平在北京接见国际足联主席詹尼·因凡蒂诺时，指出足球运动不但是一种竞技比赛，更重要的是能够增强人们体质，培养人们爱国主义、集体主义、顽强拼搏的精神等；2017年1月，习近平在瑞士洛桑会见国际奥委会主席托马斯·巴赫时，再次表达办好冬奥会对中国具有的重大而特殊意义：由冬奥会所引领的全民健身计划可以保证中国人更加健康。

同时，国家宏观层面制定了一系列旨在促进体育发展的法规政策，以此促进国内体育发展。具体政策摘录如表2所示。中共中央、国务院、国家体育总局等各部门密集出台相关政策文件，将体育视为重点产业部门并为其快速发展提供政策倾斜，可见中国政府对于体育发展的重视程度之高。根据总体规划，到2025年中国基本建立布局合理、功能完善、门类齐全的体育产业体系，总规模将会超过5万亿元。

2. "一带一路"沿线国家体育发展现状

"一带一路"涉及65个国家和地区，贯穿亚欧非大陆，如此大的地域跨度和不同的经济发展水平决定了各国的体育发展水平参差不齐。详见2016年巴西里约热内卢奥运会期间，"一带一路"国家所获金牌数统计表。

表2 十八大以来中国制定的促进体育发展的法律法规一览表

时　间	法规政策	发文机关
2014年10月	《关于加快发展体育产业促进体育消费的若干意见》	国务院
2016年5月	《体育发展“十三五”规划》	国家体育总局
2016年6月	《全民健身计划（2016—2020年）》	国务院
2016年10月	《“健康中国2030”规划纲要》	中共中央、国务院
2016年10月	《关于加快发展健身休闲产业的指导意见》	国务院办公厅
2016年11月	《冰雪运动发展规划(2016—2025年)》 《全国冰雪场地设施建设规划(2016—2022年)》	国际体育总局等
2017年7月	《支持社会力量举办马拉松、自行车等大型群众性体育赛事行动方案（2017年）》	发改委等
2017年8月	《全民健身指南》	国家体育总局

资料来源：国家体育总局网站

表3 2016年“一带一路”部分国家在巴西奥运会上所获金牌数一览表

名　次	国　家	金牌数	名　次	国　家	金牌数
1	中　国	26	7	阿塞拜疆	1
2	俄罗斯	19		白俄罗斯	1
3	匈牙利	8		土耳其	1
4	乌兹别克斯坦	4		亚美尼亚	1
5	哈萨克斯坦	3		捷　克	1
	伊　朗	3		斯洛文尼亚	1
6	乌克兰	2		印度尼西亚	1
	塞尔维亚	2		罗马尼亚	1
	波　兰	2		巴　林	1
	泰　国	2		越　南	1
	格鲁吉亚	2		新加坡	1
	斯洛伐克	2		约　旦	1
				塔吉克斯坦	1

资料来源：http://2016.sina.com.cn/history/

由表3可知，获5枚（不含）以上金牌的国家仅有3个，占“一带一路”沿线国家总数比例为4.62%；获3—5枚的国家有3个，占比4.62%；获得2枚的国家有6个，占比9.23%；获得1枚的国家有13个，占比20%。由以上分析可知，“一带一路”沿线国家中，各个国家体育发展水平不一，且除中国和俄罗斯外，其余国家体育整体水平比较落后，具有很大的发展潜力。

3. 中国与“一带一路”国家体育交流与合作现状

2015年3月，国家发改委、外交部和商务部联合发布《推动共建丝绸之路经济带和21世纪海上丝绸之路的愿景与行动》(以下简称：愿景与行动)，明确提出积极开展体育交流活动，支持沿线国家申办重大国际体育赛事。此后，中国与“一带一路”沿线国家的体育合作逐年不断增多。

表4 2015—2017年中国与“一带一路”沿线国家体育赛事合作一览表

名　称	举办地	举办时间
2015年内蒙古“电力杯”“一带一路”国际青少年足球夏令营	内蒙古锡林浩特	2015年7月
2015年“丝绸之路·华山杯”中国足协渭南国际青年足球锦标赛	陕西渭南	2015年8月
2016年“丝绸之路·华山杯”中国足协渭南国际青年足球锦标赛		2016年7月
2017年“丝绸之路·华山杯”中国足协渭南国际青年足球锦标赛		2017年7月
2015丝绸之路中国越野拉力赛	陕西西安	2015年8月
2016丝绸之路国际汽车拉力赛	俄罗斯莫斯科	2016年7月
2017丝绸之路国际汽车拉力赛	俄罗斯莫斯科	2017年7月
2015中国淮安·丝绸之路国际户外运动挑战赛	江苏淮安	2015年11月
2016中国淮安·丝绸之路户外运动挑战赛		2016年10月
2017中国淮安·“一带一路”户外运动挑战赛		2017年11月
2016年梦想成真·“一带一路”(北海)国际青少年足球邀请赛	广西北海	2016年4月
2017梦想成真·“一带一路”(北海)中国—东盟青年足球邀请赛		2017年4月
2016“梦想成真·“一带一路””(梧州)国际青少年足球邀请赛	广西梧州	2016年7月
2017梦想成真·“一带一路”(梧州)国际青少年足球邀请赛		2017年7月

续表

名　　称	举 办 地	举办时间
2016江苏“一带一路”国际青少年足球友好邀请赛 2017“一带一路”苏宁杯·国际青少年足球邀请赛	江苏无锡 江苏南京	2016年7月 2017年8月
2016年“一带一路”国际乒乓球邀请赛	新疆乌鲁木齐	2016年9月
2016中俄“一带一路”国际游钓邀请赛	俄罗斯	2016年9月
2016北京格斗“一带一路”搏击对抗赛	中国北京	2016年9月
2016年首届“‘一带一路’·七彩云南” 国际汽车拉力赛 2017“‘一带一路’·七彩云南”国际汽车拉力赛	云南昆明	2016年10月 2017年12月
2016年“一带一路”汽车集结赛	广东广州	2016年11月
2017中国·韩城“一带一路”国际灯光艺术节	陕西韩城	2017年1月
2017年“一带一路”搏击对抗赛	中国北京	2017年4月
2017“一带一路”国际钓鱼友谊赛	中国北京	2017年7月
2017“一带一路”(中蒙俄哈)汽车集结赛	新疆乌鲁木齐	2017年9月

资料来源：各赛事官方网站

“一带一路”国际合作开展以来，中国各地政府和各赛事运营公司纷纷抓住机遇，结合部分“一带一路”沿线国家体育需求与本地区特色，积极筹办相关体育赛事。由表4可知，2015—2017年中国与“一带一路”相关的体育赛事不断增多，在体育合作领域方面，主要有青少年足球赛、汽车拉力赛、乒乓球和搏击等赛事；在举办地方面，赛事遍布中国各个地区和省份；在“一带一路”沿线国家的参与程度方面，参加的国家数量和各个国家所派出的代表队与运动员逐年增加。

另外，目前中国与“一带一路”沿线国家体育合作的另一个热点是马拉松运动。一方面，马拉松在中国的火爆不断蔓延。根据《2017中国马拉松大数据分析报告》，2017年国内共有1102场规模赛事（指800人以上的赛事）举行，拥有498万人次的参赛规模，目前国内马拉松基本上是周周有比赛、月月有大赛。由此可见，国内马拉松运动的热度。另一方面，中国马拉松开始“走出去”，“一带一路”为中国马拉松事业向全世界推广提供了契机。2016年，由中国田径协会推出的“一带一路”马拉松系列赛在“一带一路”沿线国家的主要城市举办，极大地促进了中国与沿线国家马拉松产业的合作。

综上所述，中国与“一带一路”沿线国家体育交流与合作符合各方人民利益，获得了沿线国家参赛方的肯定，具有较强的发展潜力。

二、中国与“一带一路”沿线国家开展体育合作意义重大

作为人文交往的方式之一，体育交流合作由于其本身具有的通用性和所包含的更高更快更强的特点，能够超越政治制度、宗教信仰等方面的差异，增强不同国家的相互信任，拉近彼此之间的距离。加强与“一带一路”沿线国家体育交流合作不仅有利于打造“一带一路”特色体育品牌，进一步扩大中国对外体育交流与合作，而且对于“一带一路”民心相通及整个倡议的稳步推行以及中国总体外交的发展都具有极为重要的意义。

1.“一带一路”体育外交——开启中国特色大国外交新模式

十八大以来，中国在外交领域提出了一系列新理念、新思想、新战略，不断开创中国特色大国外交新局面。其中，体育外交发挥着重要作用。

中国国家领导人在国际外交舞台上多次以体育为主题开展活动。例如，为了发展足球运动，习近平总书记在其出访期间，多次参观考察外国足球发展状况。其中，2015年访问英国期间，习近平参观曼彻斯特城市足球学院，并与时任英国首相卡梅隆和球星阿圭罗自拍合影，引起足球媒体和国际社会的广泛关注①。同时，不少球员也赠送习近平印有他名字的球衣作礼物。例如，2014年习近平访问阿根廷期间，收到了象征球队核心的国家队和博卡青年队两件10号球衣。由此，习近平被称为国际舞台上的“足球先生”。国外许多媒体曾评价习近平的足球外交是一大创新。通过足球，人与人、国与国之间的友谊得到了加强。领导人之间的体育非正式会晤，在展现个人魅力的同时，对改善和加强两国关系产生了重大影响。

随着中国与“一带一路”沿线国家的各项合作不断深入开展，以体育为代表的中国特色大国外交，必将对双方的体育产业发展产生积极影响，对改善两国整体政治和经济等关系具有积极的正向影响。

① 陈刚,《基于“一带一路”的体育公共外交研究》[载《公共外交季刊》，2017(2):59-64]。

2. “一带一路”体育合作是推动沿线国家民心相通的有力抓手

“一带一路”沿线国家众多，无论从经济总量、人口总量还是资源储量等角度都在世界版图中占据举足轻重的地位，体育市场潜力十分巨大。“一带一路”倡议为中国体育发展“走出去”开辟了一个新天地。体育赛事往往涉及到人口流动、信息交流和文化传播等多重效应，通过电视、网络等媒体呈现在全球公众面前，每名运动员都是一个民间外交的参与者，与世界各国运动员在竞技舞台上相互交流，展示各国的形象，有利于拉近各国彼此间的距离，进而减少可能存在于“一带一路”经济建设中的误解和阻力，为贸易和投资等方面的合作奠定基础，从而进一步巩固和夯实“一带一路”倡议成果。因此，在“一带一路”倡议下推动体育交流合作具有广阔的空间和深远的意义。

3. “一带一路”体育合作有利于中国对外输出优质产能

从国内情况来看，中国体育场馆建设等产能从1990年亚运会到2008年北京奥运会近20年的时间里，得到了飞速的发展。中国许多城市为奥运会、亚运会、全运会、城运会和大学生运动会等建设了大量的运动场馆，积累了宝贵的建设经验，也培养了大量的体育场馆设计与建造人才[①]。到目前为止，中国建设体育场馆的水平处于世界领先水平，相对饱和的国内市场使得体育场馆建设的优质产能视线转向国外。

“一带一路”沿线国家体育基础设施较为落后，而中国凭着在体育场馆建设方面的优势，与这些国家开展体育场馆建设合作，在满足其举办比赛建设体育场馆需求的同时，还有利于中国对外输出优质产能，从而达到双赢的效果。

三、中国与“一带一路”沿线国家体育合作重点领域分析

根据国家统计局2015年9月发布的统计标准，体育产业范围主要为体

① 李润,《“一带一路”格局下我国体育产业发展的理论构想》[载《广州体育学院学报》,2017(7):37-39]。

育竞赛表演活动、体育健身休闲活动、体育场馆服务、体育中介服务、体育培训与教育、体育传媒与信息服务、体育用品及相关产品制造和体育场地设施建设等11个大类，其中这11个大类又可分为37个中类、52个小类。结合目前中国和“一带一路”沿线国家的体育发展现状以及交流合作实践来看，我们认为，中国应该在以下几个方面加强与“这些国家的体育交流与合作。

1. 体育用品制造业

中国体育用品制造业经历了改革开放40年的发展，实现了从无到有，由小到大的飞跃，但与西方体育制造业发达国家相比还存在明显差距。中国福建、广东等地曾是鞋业、服装等加工集聚地，被称为“世界工厂”。但近年来，随着劳动力成本不断上升和人口红利逐渐消失，国际知名品牌纷纷把这些工厂的投资移到劳动力成本更低的印度、越南等地，中国东南沿海部分城市则出现了工厂倒闭潮。由此表明，中国在体育服装品牌和自主知识产权方面处于弱势，一旦别人的品牌撤走了，我们的生产设备和产能就会陷于瘫痪。中国东南沿海的体育用品制造企业在全球价值链中处于增加值较低的环节。此外，中国大部分体育用品制造企业都是小规模的，生产较为单一，抗风险能力较弱。虽然大型体育用品生产厂商有李宁、安踏、匹克、361度、特步和贵人鸟等，但它们与国际知名品牌仍有不小差距。

因此，中国体育制造业急需提升技术含量的转型升级。例如，我们可以加大对运动训练与运动健身的智能化设备、电子化设备的研发和生产，开发功能性强、环境适应力强的高技术体育服装用品等。这些高技术部分的壮大将是催生中国体育名牌品牌和促进体育产业结构合理化发展的主要动力。

2. 体育赛事合作

2005年王子朴等将体育赛事主要分为周期性综合赛事（例如奥运会、亚运会等）、周期性单项赛事（例如世界杯足球赛、全国田径锦标赛等）、联赛（例如NBA、欧洲足球五大联赛等）、临时性赛事和主体参与型赛事等类型[①]。

在“一带一路”倡议下，一方面中国可以筹划举办以“一带一路”为主题的运动会，邀请沿线国家代表队和运动员来华参加比赛。另一方面，如果其他国家有条件和能力主办，也可将“一带一路”运动会的举办地设在相应国家。好的体育赛事往往会取得经济效益和社会效益双丰收。

首先，“一带一路”运动会对于体育不太发达的国家意义重大。A. 可以锻炼新人，此类运动会为“一带一路”沿线国家提供了一个锻炼新人的重要舞台，很多新人在比赛场上不断历练，能够为后续的奥运会等国际大赛做好充分准备。B. 运动员在此类区域型运动会的获奖，能极大地振奋该国人民对于体育的热爱。C. 提升国家对于体育的重视和投入，从而借此机会发展本国体育。总之，“一带一路”运动会能够促进沿线体育发展水平较为落后国家的体育快速发展。

其次，推动中国打造具有民族特色的体育赛事，提高中国文化的传播力和影响力。如摔跤、赛马、武术、太极、舞龙舞狮等，都是深具中华民族特色的体育项目，

再次，可以开发培育具有当地特色的赛事品牌。目前我国拥有大量的退役运动员和体校毕业生，出现了该类人才相对过剩的局面，“一带一路”倡议为中国体育培训产业输出创造了较好条件。可由中国体育专业人士与相关管理专业人士组成运营团队和赛事运营公司，深入“一带一路”沿线国家，开发具有当地特色的运动项目推向当地市场。这项工作既可为当地体育做出贡献，又有助于推动中外人文交流。

最后，体育赛事往往能够带动体育旅游的发展。“一带一路”沿线国家地域广阔，不同的国家和地区之间风土人情差别很大，加强对沿线旅游资源的开发，让不同国家和地区的人们能够体验和享受异地风情。这是中国与“一带一路”沿线国家开展体育合作的又一重要领域。体育旅游包括观赏性体育旅游活动（如观赏体育赛事、体育节、体育表演等内容的旅游活动）、体验性体育旅游活动（如参与滑雪、帆船、帆板、漂流、马拉松等运动的旅游活动）、景区体育旅游活动（如户外宿营、徒步骑行、汽车露营等形式的旅游活动）等。如此多层次的体育旅游，如果能够稳步推动和

① 王子朴、杨铁黎,《体育赛事类型的分类及特征》[载《上海体育学院学报》，2005(12):24-28]。

落实，则会极大地促进沿线国家的旅游产业，带动当地经济的发展。

3. “互联网+体育”

互联网可以提高工作效率，节约生产生活成本，正悄无声息地改变着人们的日常工作和生活。如果能够将“互联网”这个工具应用到“一带一路”体育合作中，则会提供极大的便利。以跑步软件为例，其以记录跑步为核心功能，以商城购物、赛事推荐等为附加功能。像这类“互联网+体育”科技公司可以尝试“走出去”，到“一带一路”沿线国家开发更加广阔的市场。此外，鼓励开发以移动互联网、大数据、云计算技术为支撑的健身休闲服务，推动传统健身休闲企业由销售导向转变为服务导向，提升场馆预定、健身指导、运动分析、体质监测、交流互动、赛事参与等综合服务水平，积极推动健身休闲在线平台企业的发展壮大。

四、对策与建议

根据以上分析，针对“一带一路”沿线国家的体育交流与合作现状，我们的主要对策与建议如下。

1. 尽早开拓“一带一路”沿线国家体育市场

“一带一路”沿线国家的体育发展潜力巨大，我们应该尽早布局。具体来说，就是政府搭台、企业唱戏。政府和国家体育总局层面，为有意向的相关体育企业“走出去”提供便利，做好服务。例如，抓住领导人互访的时机，洽谈体育交流合作框架、签署备忘录,为企业参与“一带一路”沿线国家务实合作提供良好氛围和基础保障；组织专家考察“一带一路”沿线国家，通过实地调研，得出相关国家的体育发展报告，给出体育投资和贸易建议；出台关于体育企业参与“一带一路”建设的优惠政策，为体育企业提供相关信息的咨询服务，组织体育博览会和商务合作洽谈会等。企业层面，体育制造企业和赛事品牌运营企业应该早谋规划，开展相关国家的投资贸易可行性分析，提早布局有前景的国家和地区，尽早培养诸如语言、管理等人才，增强企业的整体核心竞争实力，为企业走进“一带一路”国家做好充分准备。

2. 继续增加和提高“一带一路”体育赛事的数量和质量，增强体育与“一带一路”的融合力度

开展与“一带一路”相关的体育赛事是目前体育中发展相对较快的一个方面。自前述《愿景与行动》文件于2015年发布以来，全国各省市都积极响应并立即行动，但也面临诸多挑战。例如，各有关赛事与“一带一路”结合深度不足，只是在名称中加入了“一带一路”，活动本身与“一带一路”关联甚少。建议在以后的赛事活动中，增强体育活动的丰富性，即增加具有“一带一路”特色的相关活动，如各国的风土人情展览，真正把“一带一路”精神融入到体育赛事中，达到民心相通的效果。

3. 促进中国体育制造企业向价值链高端迈进

在全国上下转变生产方式的大潮下，体育制造企业也急需改变过去的“世界工厂”形象，努力提高自主创新能力，进而完成中国体育用品制造业在全球范围内的转型升级，迈向价值链的高端。为此，走出国门进行并购不失为一种便捷的方式。欧洲是全球体育产业的发源地和集散地，是全球体育产业先进理念、技术创新和一流人才集中分布之地。我们可以对欧洲老牌体育厂商和研发能力强的体育生产厂商进行收购，通过与该地区近距离的接触，合作建立研发中心、设计中心、人才中心、咨询中心等。这有助于在较短时间内掌握先进的研发和制造技术，从而快速获取研发优势和经营协同，提升自身品牌的竞争力。

“一带一路”从始至终所秉持的理念是共商共建共享，体育领域也不例外。在中国体育产业向“一带一路”延伸时，必须充分挖掘沿线国家体育产业互补的机遇与条件，努力寻求合作切入点，在体育产业合作中真正践行“一带一路”的平等互利、共同发展理念，应着眼于长远利益，而不是仅把这些国家当作单纯的市场。

随着2022年北京—张家口冬奥会和杭州亚运会的举办，中国体育的世界影响力必将进一步扩大。加强“一带一路”沿线地区体育交流合作，扩大合作广度和深度，增强“一带一路”地区的体育互联互通的便利程度，对于“一带一路”沿线国家人文交流乃至整个地区的持久和平、稳定以及繁荣发展都具有较为深远的历史意义。

司 思[①]

“一带一路”视阈下中国民族音乐走出去路径探析

内容介绍

〔摘 要〕本文尝试在“一带一路”倡议视阈下以及国家引导和鼓励文化“走出去”背景下，通过对中国部分民族音乐演出“走出去”成功案例的举证，颇析中国民族音乐海外传播的优势与劣势以及存在的瓶颈和问题，阐释产业价值链的下游部分即观众拓展环节的重要性，并据此提出中国民族音乐产品跨文化传播的路径选择，以期借力这些创新路径，开创中国民族音乐海外传播实践的社会效益和经济效益双赢局面。

〔关键词〕“一带一路”；民族音乐；走出去；跨文化传播；文化软实力

① 司思，中国音乐学院艺术管理系副教授，艺术管理理论教研室主任，中国传媒大学传媒经济学博士。本文为中国音乐学院2018年课题《“一带一路”背景下我国民族音乐海外传播策略研究》(项目编号：YYB1812)、国家艺术基金2018年度艺术人才培养资助项目《跨文化艺术管理人才培养》阶段性成果。

中国民族音乐有着几千年的悠久历史，是中华文化的艺术瑰宝，并在发展中形成了较为完善的音乐理论及实践体系。在当今的艺术舞台上，中国民族音乐展现出强大的生命力和艺术魅力，种类众多，形式各异。然而，就中国民族音乐“走出去”现状而言，存在市场低迷、名作匮乏、商业价值较低、贸易逆差严重等问题。基于此，乘着国家“一带一路”倡议的东风，中国民族音乐理应以传统音乐形式为基础，开拓创新演出形式及新曲目、新作品，开创新时代新风格，与“一带一路”文化传播政策接轨。新时期很多“走出去”的民族音乐作品，对传播中国民族音乐文化，促进“一带一路”沿线国家和地区民族文化交流融合具有十分重要的意义。

一、中国民族音乐的海外传播

伴随着“一带一路”倡议的逐步落实，以经济贸易和文化发展为双核的国际合作日益深化，中国企业、中国商品以及中国文化艺术也在一步步走向世界。在跨国界、跨民族、跨地域、跨文化的碰撞与交融中，中国民族音乐的海外传播事业逐渐发展壮大。

1. 源起：中国民族音乐发展源远流长、海外传播起步较早

所谓“中国民族音乐”，是指祖祖辈辈生活、繁衍在中国这片土地上的各民族，从古到今在悠久历史文化传统上创造的具有民族特色、能体现民族文化和民族精神的音乐。广义上的中国音乐泛指世界上具有五声调式特征的音乐①。

从新中国成立到20世纪60、70年代，随着中国对外文化交流的日益扩大，中国民族音乐开始尝试走出国门开展演出。期间，中国派出了众多知名音乐家及部分音乐团体出访演出，他们的足迹到达苏联、东欧以及亚非拉国家，促进了中国与“一带一路”沿线国家以及世界其他国家音乐界之间的了解和互动。由于新中国建国初期国家级艺术院团较少，音乐艺术事业人才匮乏，因此这一阶段中国的对外音乐活动形式主要是开展文化交

① 孙继南、周柱铨,《中国音乐通史简编》，济南：山东教育出版社，1999年版，第223页。

流和考察学习，几乎没有商业演出。

党的十一届三中全会以后，中国民族音乐“走出去”迎来了第二个繁荣发展时期。这一时期，随着对外开放程度的加深，本土民族音乐与世界音乐的融合步伐不断加快，其中既包括音乐的创作和表现方法，也包括民族音乐的海外演出和文化交流活动等。这时中国民族音乐在世界上的认可度和知名度大大提升，如歌唱家宋祖英在悉尼歌剧院、美国肯尼迪艺术中心、维也纳金色大厅等地的海外演出引起当地观众对中国民歌的瞩目；李玉刚在悉尼歌剧院“盛世霓裳”的个人演唱会，让近两千名中澳观众饱赏来自中国艺术家不一样的艺术展现；民族乐器演奏团体“女子十二乐坊”也曾风靡日本乃至整个东南亚，他们将中国民族乐器的演出以现代化、团体化的形式呈现，为传播中国民族音乐，宣传中国民族器乐演奏艺术做出了重大贡献。这些成功经验为今后中国民族音乐的海外传播提供了宝贵经验。

2. 政策：推动中国文化、艺术产业“走出去”的相关政策和号召相继面世

近年来，中央高度重视文化产品和服务的“走出去”工作，有关部门也颁布了相关政策性文件，扶持和发展包括演出产品在内的文化产品出口。2006年10月，《中共中央国务院关于深化文化体制改革的若干意见》与《国家“十一五”时期文化发展规划纲要》提出“将推动文化产品和服务出口工作作为一项重要的战略任务”；2011年3月，《中华人民共和国国民经济和社会发展第十二个五年规划纲要》提出“提高全民族文明素质，推动文化大发展大繁荣；积极开拓国际文化市场，创新文化‘走出去’模式，增强中华文化国际竞争力和影响力，提升国家软实力”；2013年9月和10月习近平总书记分别提出了建设“新丝绸之路经济带”和“21世纪海上丝绸之路”的合作倡议[①]；2017年10月，党的十九大将建设中国特色社会主义文化写入党章，提出要坚定“文化自信”，推动社会主义文化繁荣兴盛。习近平总书记指出，没有高度的文化自信，没有文化的繁荣兴盛，就没有中华民族伟大复兴；加强中外人文交流，以我为主、兼收并

① 陈积敏，《正确认识“一带一路”》[载《学习时报》，2018年2月26日]。

蓄；推进国际传播能力建设，讲好中国故事，展现真实、立体、全面的中国，提高国家文化软实力。这些政策都为中国民族音乐“走出去”提供了坚实的政策支持。

现有与音乐艺术海外传播有关的举措可以概括为以下几个方面：第一，降低门槛，为演出产品和服务“走出去”营造良好外部环境；第二，加强对文化产品和服务“走出去”的指导和服务；第三，帮助企业解决出口资金短缺问题；第四，完善文化产品和服务出口表彰奖励机制。

3. 现状：中国民族音乐产品海外市场逐步开发、出口总量较低

近年来，中国文化产业整体规模发展情况良好，其在加快新旧动能转换、推动经济高质量发展方面发挥了重要的推动作用。“十一五”期间，中国文化产业增速高于同期国内生产总值的平均增速。“十二五”(2011—2015年)期间，历年全国文化产业增加值从2011年的13479亿元，连续5年持续增长到2015年的27235亿元。2016年，全国文化产业增加值已高达30785亿元，2017年增加值为34722亿元，占GDP的比重为4.2%，比上年提高0.06个百分点[①]。

文化产业方面，影视、出版、发行、演出行业带动文化消费，国际文化贸易逆差局面也有明显改善。文化产品和服务进出口逆差逐步减少。2010年中国核心文化产品进出口总额143.9亿美元。2017年中国文化产品和服务进出口总额已达1265.1亿美元，其中，文化产品进出口总额971.2亿美元，同比增长10.2%；文化服务进出口总额293.9亿美元，同比增长14.4%。另外，中国与“一带一路”沿线国家进出口额达176.2亿美元，增长18.5%，占比提高1.3个百分点，达到18.1%；文化服务出口61.7亿美元，同比下降3.9%。期间，处于核心层的文化和娱乐服务、研发成果使用费、视听及相关产品许可费等3项服务出口15.4亿美元，同比增长25%，占比提升5.7%至24.9%，出口结构呈持续优化态势[②]。

作为文化产品出口的重要内容，中国的音乐作品尤其是传统戏曲、民

① 国家统计局，《2017年我国文化及相关产业增加值占GDP比重为4.2%》[载http://www.stats.gov.cn/tjsj/zxfb/201810/t20181010_1626867.html，访问时间：2018年10月10日]。

② 孙韶华，《2017年我国文化产品服务进出口1265亿美元》[载《经济参考报》，2018年2月11日]。

族音乐作品早在建国初期就以交流的形式“走出去”，但当时的形式较为单一，演出形式一般为民歌合唱、器乐演出等；区域也比较有限，主要集中在当时的苏联、东欧等社会主义国家。20世纪80年代以来，随着经济的高速发展，市场经济的建立，中国海外商业演出市场从无到有，主要集中于欧美、日韩等文化消费发达国家。值得指出的是，中国民族音乐因自身经营不善、经典作品缺乏、营销管理手段落后等诸多问题，就民族音乐产品出口而言，尽管境外商演场次逐年增多，但出口总量整体较低，且真正以盈利为目的的商业演出寥寥无几。

4. 优势：中国民族音乐“走出去”有广泛的华人华侨受众群体

尽管中国民族音乐的“走出去”之路困难不少，且很多“一带一路”沿线国家和地区属于文化艺术消费不发达国家，但近年来还是有一批艺术家乘着“一带一路”的东风，创作了很多中西贯通、具有国际化风格的音乐作品。这些艺术家的作品在海外演出，不但受到当地华人观众的青睐，并且能够引起海外其他观众的关注。其中，2017年中央民族乐团打造的大型民族器乐剧——《玄奘西行》即是值得称颂的一例。该剧讲述了玄奘法师以古长安城为起点，一路历经坎坷，西行求得真经的故事，合计有15个章节。其依托“丝绸之路”上经济、人文、商贸的千年传承，融合了汉族、维吾尔族、哈萨克族、塔吉克族、印度等风格特征的音乐文化，且不拘泥于常规音乐表演形式，将舞台表演和乐器演奏有机结合，生动展现了“一带一路”跨文化的中国音乐图景。

2006年中国著名歌唱家宋祖英在美国肯尼迪艺术中心举办的《好一朵美丽的茉莉花》独唱音乐会，其演出安排之巧妙至今为人所赞叹。这场音乐会中，宋祖英遴选了16首经典民歌并增加了一首美国民歌，创新了部分传统民歌的演出形式。她在演唱《小河淌水》时邀请了3位美国青年用中文伴唱；在演唱湖北民歌《龙船调》的对唱部分时，邀请了1位美国观众用中文（而且是方言）回应“我来推你嘛”……这些形式增强了音乐的表现力，拉近了中国民族音乐与当地海外受众的距离。

以上案例说明，中国民族音乐海外传播具有自身无可比拟的优势。这一方面得益于中国文化源远流长、博大精深、有自己独特的价值体系；另一方面是因为中国民族音乐在海外拥有庞大的华人华侨受众群体。这些华人华侨渴望听到乡音，对中国音乐文化有强烈的认同感，希望在民族音乐作品中寻找到共情和共鸣，是民族音乐海外传播有力的支持者和推动者。

二、中国民族音乐“走出去”的发展瓶颈

尽管中国民族音乐的海外传播已取得一定成绩并显现出巨大潜力，但由于国际公认的中国民族音乐代表作缺乏、民乐演出产业起步较晚、跨国项目经营管理经验不足以及项目融资较难、人才匮乏和相关法律法规不够完善等因素，目前，中国民族音乐海外市场的价值链仍处于断裂、无序状态，发展过程瓶颈重重。

1. 音乐文化折扣影响

音乐文化折扣现象主要是指音乐演出在跨文化传播过程中会因进口市场的观赏者难以认同音乐表演中传递的异国文化内容（如音乐表现手法、音乐题材、音乐审美、价值观、宗教、历史、神话、物理环境等）而造成音乐表演效果的折损[①]。

在当前国际音乐表演市场上，甚至在丝绸之路沿线的中东欧国家，西方音乐始终占据着主导地位。为此，包括林林总总的中国民族音乐在内的东方音乐、宗教音乐、西域音乐在跨文化传播时会遭遇较高的文化折扣。在此背景下，规避“走出去”过程中的文化折扣现象，是当下解决民族音乐海外传播滞后的重要议题之一。

2. 营销推广方式落后

中国文化艺术市场发展中的一个常见现象是营销观念以及营销手段的落后。总体来看，中国演出行业的营销费用投入比例和电影行业的营销费用投入比例比较相似，一般维持在节目制作费用的6%—10%之间，极少数能达到20%，而西方在文化产品上的营销费用一般占到20%—30%，有

① “文化折扣”亦称“文化贴现”，指因文化背景差异，国际市场中的文化产品不被其他地区受众认同或理解而导致其价值的减低。霍斯金斯（Colin Hoskins）和米卢斯（R. Mirus）在1988年发表的论文《美国主导电视节目国际市场的原因》（Reasons for the U.S. Dominance of the International Trade in Television Programmes）中首次提出此概念。目前，音乐文化折扣尚无公认定义。

时甚至能到达50%。营销经费的拮据和营销手段的滞后直接导致海外市场的开发和演出知名度不够，甚至导致演出项目的产销脱节。国外很多演出团体的市场营销都是提前一年甚至几年就开始制定计划并组建专门团队运作，进行全方位的整合营销传播，通过各种媒介渠道包装、宣传、推广海外演出项目。这些先进的海外演出团队经验值得中国从业者借鉴。

3. 管理手段亟待调整

近几年，中国国有艺术表演团体为适应市场经济的发展进行了转制（由事业单位转企业），管理理念和手段却没有跟上时代步伐。长期以来，国有艺术表演团体采用的是科层制的行政管理模式，很多原来的行政上的干部转制后成为新的演出公司主管，有的演出公司直接由稍有名望的专业艺术工作者担任。然而，很多院团管理人员大多没有企业管理经验和相关背景知识，对转制后的院团还保留在老旧的"管人、管事"的管理手段，对现代公司制度下管理的战略意义和基本内容缺乏足够的重视，无论在对内的财务管理、绩效管理、人力资源管理，还是对外的市场开拓、公共关系、国际关系等方面，都缺乏经验，甚至难以承担起推动院团发展的重任，因此，对于跨国跨文化演出项目的管理和发展更是难以实现。

4. 政策金融支持不足

当前，中国文化"走出去"已提升为国家战略，中国文化的国际竞争力在不断增强，文化国际影响力逐年提升。但严格地讲，中国在文化体制改革的进程中，还没有建立起完善的文化"走出去"政策扶持体系，已有的扶植政策都是零散不成系统的。在资金方面，亟待制定规模化的、系统化的退税、贴息、金融支持、金融补贴等一系列政策，以加大对文化艺术企业和"走出去"艺术项目的全面扶持。

同时，文化演出企业也应积极响应国际已有的支持政策，开拓海外主流文化市场，努力打造自主高端品牌产品，在立足传统民族音乐的基础上，注重高新科技的开发与运用，积极开拓海外文化产品与服务市场，并在资金可能的情况下通过并购、合资、重组等多种方式，在世界各地建立中国文化产品海外制作与营销的前沿阵地，打造文化演出的完整产业链条。

5. 缺乏专业艺术管理人才

制约中国民族音乐“走出去”的另一瓶颈因素是缺乏组织跨国演出的专业艺术管理人才。中国的艺术管理高等教育刚刚发端，艺术管理专业到现在为止仅仅十余年历史。在“一带一路”倡议的利好背景下，中国的民族音乐“走出去”不仅需要艺术管理人才具备较高的艺术鉴赏能力、艺术修养、外语水平、一定的国外相关法律法规知识，还需有较高的跨国界、跨文化甚至跨艺术门类的沟通能力，对国外观众艺术审美心理认知，对国际演出市场、演出制作以及演出管理过程有深刻了解。在目前中国音乐演出市场上，这种综合素质的跨国型艺术管理人才十分匮乏。

三、中国民族音乐“走出去”路径

在国家“一带一路”倡议的视阈下，分析我国民族音乐“走出去”的现状，探究艺术作品海外传播过程中遇到的“走出去”瓶颈，以及基于民族音乐产业价值链分析，对民族音乐海外传播进行深层次研究，以此探析中国民族音乐在跨地域、跨文化舞台上“走出去”的具体可行性路径。

1. 传播经典作品，引起受众共鸣

中国的民族音乐是中国文化艺术的瑰宝，其中很多是国内受众传唱度很高的经典音乐作品。许多脍炙人口的民歌作品（例如江苏民歌《茉莉花》、湖北民歌《龙船调》、陕北民歌《兰花花》、四川民歌《太阳出来喜洋洋》等）、民族器乐作品（例如二胡曲目《二泉映月》、古筝曲目《梅花三弄》、琵琶曲目《十面埋伏》、唢呐曲目《百鸟朝凤》等）以及很多古曲（如《高山流水》《渔舟唱晚》《春江花月夜》等）都是中华民族音乐的经典代表作品[①]。这些旋律优美的经典民乐作品在跨文化海外传播中，能够引起海外华人的共鸣，唤醒民族记忆，同时吸引众多热爱音乐的海外受众，从而引起世界对中国文化的兴趣。

---

① 李晓丹,《我国演出产业商业模式研究》[载《剧影月报》，2014(05)]。

此外，很多经典民族音乐作品，由于地缘、文化、民族、宗教等综合因素，能够更多地为“一带一路”沿线国家喜爱和接受。丝路沿线的很多亚洲国家（如哈萨克斯坦、乌兹别克斯坦、伊朗、叙利亚、黎巴嫩、巴勒斯坦、沙特阿拉伯）和非洲国家埃及等，大多与伊斯兰文化同宗同源并与阿拉伯音乐文化紧密相联。新疆维吾尔族的许多音乐歌舞作品（像著名的民歌《阿拉木汗》《达坂城的姑娘》《半个月亮爬上来》等），有浓重的阿拉伯音乐风格，能够吸引这些国家和地区受众的音乐共鸣。此外，大部分维吾尔民歌在曲调、风格等方面融合了中国音乐、阿拉伯音乐、欧洲音乐三种音乐体系，因此某种特定类型和风格的民族音乐“走出去”，能够引起丝路沿线同文化根源国家的共鸣。

2. 创新民族音乐，东西文化融合

中国音乐历史和文化源远流长，相较于西方音乐，中国民族音乐源起于五声调式，并且在演绎内容与形式上与西方音乐差距较大，受众在接受和理解中国音乐的时候有较大的文化差异。若要将中国的音乐艺术传播到世界，让全世界受众在感受中国文化的时候达到情感共鸣，音乐作品在作曲、编曲、配器、演奏乐器、表现形式等方面需将东西方音乐素材和乐器有机融合，以创作出西方听众乐于接受并喜爱的新作品。

中西音乐融合较好并获得世界认可的案例是李安执导的电影《卧虎藏龙》的主题曲及其配乐。影片配乐与电影内容浑然一体，加之马友友悠扬而浑厚的大提琴演奏，使神秘的中国功夫、精彩的武侠故事备受西方人的青睐。谭盾和马友友都是活跃在国际上的华裔音乐家。他们的联合不仅使中国功夫片常用的纯民乐配乐得以升华，而且使西洋乐器和民族乐器完美融合。影片主题曲以吉他和弦及提琴演奏为主，中间的配乐大量使用了中国民族器乐（如古筝、琵琶、竹笛、二胡、民族鼓、葫芦丝、马头琴等）。这部电影也是迄今为止在西方世界知名度和影响力最为深远的影片之一。

3. 赛事节会推广，促进国际交流

考虑到“一带一路”涉及国家多，中国民族音乐“走出去”时，如采取一国对一国的传播和交流形式，不仅工作量巨大，而且很可能前期收效

甚微。但若通过音乐交流季、音乐节以及国际音乐赛事等方式，不但能起到事半功倍的效果，而且在短时期内有助于将沿线国家的艺术家、从业者集合到一起，进行音乐交流或音乐比赛，从而加深彼此间的认知、联系，为今后进一步开展与沿线国家的沟通交流合作奠定基础。

目前，“一带一路”倡议下的音乐跨文化交流传播以博览会、音乐会、音乐节的形式居多。例如，一年一度的北京文化创意博览会、宁波“海丝国际音乐节”、深圳“一带一路”国际音乐季等将中国音乐推广到海外。

4. 政策金融支持，行业支持

2009年以前国家金融机构对文化产业的帮扶贷款数额几乎为零，但2009年文化部与中国进出口银行达成了《关于扶持培育文化出口重点企业、重点项目的合作协议》，规定协议签署后的5年合作期内，中国进出口银行向中国文化企业提供了不低于200亿元人民币或等值外汇的信贷资金[①]。这是中国进出口银行与中国文化企业签订的第一份银企战略合作协议。银行在战略合作基础上，发挥其信贷资金规模大、融资期限长、资金来源稳定的政策性优势，根据文化演出企业的融资需求和特点，提供包括文化产品出口信贷、境外投资订购、投融资、海外担保、国际结算等一揽子金融服务；探索创新金融产品，为符合“走出去”战略的项目提供评估咨询和融资顾问服务。

截至2018年1月，中国金融机构支持文化产业的贷款金额已超过4000亿元，共支持百余项文化产业项目“走出去”。自国家9部委出台金融支持文化产业繁荣发展政策以来，文化产业逐步迈出“走出去”步伐。它们在实现经济效益的同时，担当起了“讲好中国故事”“传播好中国声音”的历史重任。以云南文投集团投资的大型文化旅游歌舞剧《吴哥的微笑》为例，该剧自2010年11月在柬埔寨正式公演到2017年8月底，共演出3000余场，吸引各国游客观众约150万人次，收入超过4000万元。这是中国文化部和柬埔寨文化部共同支持的一台展示柬埔寨吴哥王朝的驻场演出，是“一带一路”文化合作产物。得益于国家政策以及各大金融机构的支持，

① 段传娅，《扩展中国文化软实力——中国音乐国际化问题研究》[载《前沿》，2012(18)]。

云南文投集团也从2009年3亿元资产，发展至现在的47亿元体量，业务也拓展到了美国、欧洲、非洲等国家和地区。云南文投集团负责人陶国相认为海外演艺的前景很大，市场很大，但同时要有金融的支持，演出达到一定的品质，才有竞争力。金融支持文化“走出去”，文化的传承与传播尤其是大型文化旅游演出项目的推介，能够向世界展现一个既有传统文化魅力又具现代市场活力的“文化中国”。

5. 多语言跨文化传播，讲好中国故事

音乐虽无国界，但音乐剧、歌剧、戏剧、戏曲等是有歌词的，而且在大部分情况下，中文歌词、台词表达的意境很难翻译。此外，结合文化背景的歌词、台词更难以翻译。因此，中国民族音乐在跨文化海外传播过程中，歌词、台词的翻译与语言的表达非常重要，这是我们讲好中国故事所必须关注的重中之重。

例如，京剧《霸王别姬》是京剧的传统经典剧目之一，其蕴含深厚的历史文化背景以及复杂的人物关系。坐落于北京和平门有300多年历史的正乙祠戏楼，采取浸没式演绎方法并邀请夏威夷大学的华裔教授对（改编至一个半小时的）《霸王别姬》）进行翻译，用英文对该剧唱词和文言词汇进行还原处理。目前，该剧成为外国游客到北京观看、了解中国京剧的最好选择之一。

6. 新时代新办法，新技术新形式

基于“一带一路”倡议，中国民族音乐“走出去”面临着巨大的发展机遇与挑战。这一方面来自政策的支持和国际文化市场繁荣的机遇与挑战，另一方面来自融媒体文化传播时代的机遇与挑战。为此，中国民族音乐海外传播需采取以下革新策略。

（1）参与式、浸没式民族音乐演出的引入

为传播与传承中国民族音乐艺术，结合国家文化旅游演出产业的繁荣发展，民族音乐“走出去”除采用大型演出以及实景演出之外，还可采取引入参与式、浸没式音乐演出、传播方法，借力最新的新媒体平台以及大数据、AI（人工智能）、VR（虚拟现实）、AR（增强现实）等先进技术的

支持和辅助，有助于增加观众的参与度和身临其境的印象，进而提升观众对中国民族音乐艺术的认识。

（2）云传播方法及在线数字音乐会的引入

以成功的海外演出实践案例来看，网络直播、VR技术等已经应用于世界舞台。例如新加坡华乐团利用网络直播音乐会吸引大量海内外受众，中国大陆的观众利用微信购票方便快捷。中央民族乐团不但直播音乐会，而且乐团的青年音乐家与陌陌直播合作，以往高大上的民乐演奏家成了陌陌直播上的“网红”，拓展了观众群体。国家大剧院的观众拓展工作一直结合票房大数据，并借助VR、AR和360°全景电影等技术，将产业链向剧场外延伸。又比如，腾讯QQ音乐与敦煌研究院合作，举办了一场“古乐重声音乐会”，借以展示敦煌古乐器复原仿制的阶段性成果。音乐会上箜篌奏响，五弦发声，并以高科技手段再现还原了方响、筚篥等六种古乐器。曾经只存在于敦煌壁画上的古老乐器在现代技术的帮助下走出壁画，发出新声，用数字音乐形式重新阐释了丝路民族音乐文化，让观众更加立体地感受敦煌文化，并使在线数字传播民族音乐会变成可能。

（3）与影视剧等其他文化产业门类相结合

藉由民族音乐配乐或民族与西洋音乐融合配乐来烘托电影情节，进行跨越民族国家界限的国际传播，不失为一个好方法。多年来，中国电影市场“引进来”了很多海外影片，但“走出去”仍然路漫漫。借助全球通用的艺术语言——音乐的传播力量，降低文化折扣的影响，创新推动中国电影及民族音乐共同“走出去”的思路和模式，能够同时拓宽中国电影及民族音乐的海外市场，实现“走出去”的双赢局面。

四、结　语

英国历史学家彼得·弗兰科潘在《丝绸之路：一部全新的世界史》一书中写道：“丝绸之路曾经塑造了过去的世界，甚至塑造了当今的世界，也将塑造未来的世界。”作为和平、繁荣、开放、创新、文明之路，“一带一路”必将会行稳致远，惠及天下[①]。随着中国文化艺术经济的繁荣发展以

① 陈积敏，《正确认识“一带一路”》[载《学习时报》，2018年2月26日]。

及"一带一路"沿途文化资源的开发，以推动中国文化海外传播、实现经济效益和社会效益双丰收为己任的国际文化贸易必将蓬勃发展。这不仅会大大提高中国文化艺术的国际影响力，而且有助于形成与中国国际地位相匹配的中国文化软实力。在民族音乐方面，需坚持"两条腿"走路，既有政府间文化音乐交流形式，也要有能创造商业价值的海外演出，这样"走出去"之路才能走得更稳定、更持久。迄今为止，中国民族音乐海外演出已经积累了一定的经验，亦有着自身无可比拟的优势，未来蕴含着巨大的市场商机。"西部歌王"王洛宾曾说过："丝绸之路是用音乐铺成的，在这条古道上，可以听到最美的音乐。"可见，随着"一带一路"倡议的深入发展，中国的民族音乐沿着丝绸之路和海上经济带走出国门，虽然是万里长征的开端，但相信通过几代音乐人、艺术管理人的努力，中华民族音乐能够在海内外开花结果，在"走出去"的同时也会助力国家文化软实力的提升，进而打造中国国家形象新名片，促进国际文化艺术交流与合作，为实现中华民族伟大复兴梦贡献一份力量。

图书在版编目（CIP）数据

2019中国“一带一路”人文与外交发展报告 / 梁昊光，张耀军主编. —北京：世界知识出版社，2019.6

ISBN 978-7-5012-6016-4

Ⅰ. ①中… Ⅱ. ①梁… ②张… Ⅲ. ①“一带一路”—文化交流—研究报告—中国 Ⅳ. ①G12

中国版本图书馆CIP数据核字（2019）第126168号

责任编辑 曾伏华
责任出版 赵 玥
责任校对 张 琨

书　　名 2019中国“一带一路”人文与外交发展报告
2019 Zhongguo “Yidai Yilu” Renwen Yu Waijiao Fazhan Baogao

主　　编 梁昊光 张耀军

出版发行 世界知识出版社
地址邮编 北京市东城区干面胡同51号（100010）
网　　址 www.ishizhi.cn
联系电话 010-85114541（编辑部） 010-65265923（发行部）
010-85119023（邮购）
印　　刷 北京虎彩文化传播有限公司
经　　销 新华书店
开本印张 720×1020 毫米 1/16 17⅝印张 2插页
字　　数 300 千字
版次印次 2019年7月第一版 2019年7月第一次印刷
标准书号 ISBN 978-7-5012-6016-4
定　　价 88.00元